城市住房价格影响因素研究的空间尺度

王 洋◎著

吉林大学出版社
·长春·

图书在版编目（CIP）数据

城市住房价格影响因素研究的空间尺度/王洋著. --
长春：吉林大学出版社，2023.5
ISBN 978-7-5768-1710-2

Ⅰ.①城… Ⅱ.①王… Ⅲ.①城市—房价—研究—中国 Ⅳ.① F299.233.5

中国国家版本馆 CIP 数据核字（2023）第 094098 号

书　　名：	城市住房价格影响因素研究的空间尺度
	CHENGSHI ZHUFANG JIAGE YINGXIANG YINSU YANJIU DE KONGJIAN CHIDU
作　　者：	王　洋
策划编辑：	卢　婵
责任编辑：	卢　婵
责任校对：	王寒冰
装帧设计：	三仓学术
出版发行：	吉林大学出版社
社　　址：	长春市人民大街 4059 号
邮政编码：	130021
发行电话：	0431-89580028/29/21
网　　址：	http://www.jlup.com.cn
电子邮箱：	jldxcbs@sina.com
印　　刷：	武汉鑫佳捷印务有限公司
开　　本：	787mm×1092mm　1/16
印　　张：	16
字　　数：	230 千字
版　　次：	2023 年 5 月　第 1 版
印　　次：	2023 年 5 月　第 1 次
书　　号：	ISBN 978-7-5768-1710-2
定　　价：	88.00 元

版权所有　翻印必究

内 容 简 介

本书提出了城市住房价格影响因素的空间尺度理论框架。分别从宏观尺度、中观尺度和微观尺度阐述了城市住房价格的影响因素，并开展了相应的案例研究，同时剖析了尺度交叉情况。不同空间尺度下，住房价格影响因素的分析视角及其指标体系有较大差别。

本书可作为城市地理、城市经济、城市规划、城市管理、房地产、土地利用、宜居环境等领域相关人士的专业读物，也可作为相关专业高年级本科生、硕士生、博士生的参考教材。

前 言

城市住房价格是政府和居民始终关注的焦点，是涉及人民生活水平提高、居民幸福感提升、社会公平与稳定、城市化可持续健康推进、房地产市场和金融市场稳定发展的关键问题，与经济社会发展和居民生活息息相关。研究城市住房价格的影响因素是解释住房价格变化与差异的切入点，也是了解住房市场的重要前提。科学分析住房价格的影响因素，有助于判断房价是否合理，解释房价高低与变动趋势，进而指导居民进行合理的购房选择和房产投资决策。正确认识住房价格影响因素还有助于政府开展住房价格调控，发布住房政策，进而为引导房地产市场健康发展提供决策支撑。

研究城市住房价格影响因素，需要区分时间维度的变化和空间维度的差异。二者研究的逻辑和切入点不同。在时间维度上，主要研究整个研究对象（例如国家、区域、城市）总体价格变动趋势的因素；在空间维度上，主要关注某一时间节点或时间段，不同空间位置住房的价格差异因素。本书主要关注空间维度，即某一时间段，城市住房价格空间差异的影响因素。

在不同的空间尺度，住房价格影响因素的研究视角差别较大。例如，在分析中国不同城市住房价格的影响因素与分析某城市内部不同住房的价格影响因素时，选取的解释视角及其因素指标体系相差很大。前者主要关注城市基本面，后者主要关注住房的基本特征，二者不能混为一谈。此为因空间尺度不同而产生的研究切入点差异。那么，不同的空间尺度下，研究城市住房价格影响因素的切入点有何不同？因素指标体系各有何差异？这是本书重点关注和试图回答的关键问题。

本书聚焦于城市住房价格的空间维度差异，考虑到尺度带来的影响，提出了城市住房价格影响因素的空间尺度理论框架。该理论框架的主要观点是：在研究城市住房价格影响因素时，可根据空间尺度划分为三个基本尺度（宏观尺度、中观尺度、微观尺度）和两个交叉尺度（宏观与中观交叉、中观与微观交叉）。在不同空间尺度下，住房价格影响因素的分析视角及其因素体系有较大差别：宏观尺度的因素主要从城市住房供需、城市经济基本面与宜居性、城市住房市场与政策3个理论视角开展分析；中观尺度的因素主要考虑小区特征、便利性特征、环境特征、区位特征4个类别的内容；微观尺度的因素主要包括住房微观位置、住房内部特征、住房人居环境、住房所在楼栋特征4个方面。在上述三个尺度下，分别对中国城市、广州都市区、TJJY 小区开展了相应的案例研究。在此基础上，分析了空间尺度的交叉情况，并以珠江三角洲为例开展了宏观与中观的尺度交叉研究，以广州市 TH 区为例开展了中观与微观的尺度交叉研究。

本书是国家自然科学基金项目面上项目"社会空间视角下广州市外来人口租房的区位选择特征与机制"（项目编号：41871150）资助下的系列研究成果。其中既包括已经公开发表或出版的，也包括部分尚未发表的成果。同时，本书还受到了广东省科学院建设国内一流研究机构行动专项资金项目（项目编号：2020GDASYL-20200104001）的资助支持。在本书的撰写和出版过程中，云南师范大学地理学部、广东省科学院广州地理研究所为笔者提供了研究平台保障和支撑，在此表示由衷感谢。

笔者在求学历程和学术生涯中，有幸得到了方创琳研究员和修春亮教授这两位著名人文地理学者的悉心指导与培养；在本成果的研究过程中，岳晓丽在数据收集与分析中给予了重要帮助；孙贵权、杨敏、高晗、王静在参考文献整理和稿件校对中付出了辛勤劳动。本书的顺利完成离不开他们的支持，笔者在此向他们表达最诚挚的谢意！

城市住房价格的影响因素涉及地理、建筑、经济、社会、人口、文化、政策、人居环境、区位、气候、心理等多个学科领域，极其复杂。加之笔者能力有限、时间仓促，书中不足之处在所难免，恳请各位读者批评指正。本书撰写过程中除了参考笔者已发表或待发表的成果外，还参考了很多专家学者的科研成果，并在书中注明，但仍恐漏注之处，还请读者多包涵。望同仁提出宝贵意见！

王泽

2023 年 1 月于昆明

目　录

第一章　绪　论……………………………………………… 1

第一节　城市住房价格影响因素的复杂性与时空维度 ………… 2
　　一、研究意义与复杂性 ……………………………………… 2
　　二、城市住房价格影响因素的时空维度 …………………… 3
第二节　城市住房价格影响因素的空间尺度理论框架 ………… 4
　　一、住房价格影响因素研究的主要理论视角 ……………… 4
　　二、城市住房价格影响因素的空间尺度划分 ……………… 7
　　三、不同尺度下的分析视角及其重点关注的因素 ………… 9
第三节　城市住房价格影响因素的主要研究方法 ……………… 10
　　一、全局回归模型 …………………………………………… 10
　　二、局部回归模型 …………………………………………… 12
　　三、地理探测器 ……………………………………………… 17
第四节　研究思路与案例地选取 ………………………………… 18
　　一、总体研究思路 …………………………………………… 18
　　二、不同空间尺度的案例地选取 …………………………… 21

第二章　宏观尺度的城市住房价格影响因素……22

第一节　宏观尺度下城市住房价格研究的影响因素……23
一、宏观尺度下城市住房价格研究的影响因素体系……23
二、城市住房供需……24
三、城市经济基本面与宜居性……28
四、城市住房市场与政策……31

第二节　宏观尺度城市住房价格影响因素的案例研究……33
一、中国城市住房价格的空间差异特征……33
二、中国城市住房价格的影响因素特征……36
三、中国城市住房价格的主要影响因素……39

第三章　中观尺度的城市住房价格影响因素……42

第一节　中观尺度下城市住房价格研究的影响因素……43
一、中观尺度下城市住房价格研究的影响因素体系……43
二、小区特征……44
三、便利性特征……49
四、环境特征……53
五、区位特征……61

第二节　中观尺度城市住房价格影响因素的案例研究……63
一、广州都市区住房价格的空间差异特征……63
二、广州都市区住房价格的影响因素特征……66
三、广州都市区住房价格的主要影响因素……71

第四章 微观尺度的城市住房价格影响因素 … 76

第一节 微观尺度下城市住房价格研究的影响因素 … 76
一、微观尺度下城市住房价格研究的影响因素体系 … 76
二、住房微观位置 … 78
三、住房内部特征 … 78
四、住房人居环境 … 81
五、住房所在楼栋特征 … 83

第二节 微观尺度城市住房价格影响因素的案例研究 … 85
一、广州 TJJY 小区住房价格的差异特征 … 85
二、广州 TJJY 小区住房价格的影响因素特征 … 87
三、广州 TJJY 小区住房价格差异的主要影响因素 … 92

第五章 城市住房价格影响因素研究的尺度交叉 … 94

第一节 宏观尺度和中观尺度交叉的城市住房价格影响因素 … 95
一、珠江三角洲住房价格的空间差异特征 … 95
二、珠江三角洲住房价格的影响因素特征 … 98
三、珠江三角洲住房价格的主要影响因素 … 102

第二节 中观尺度和微观尺度交叉的城市住房价格影响因素 … 105
一、广州市 TH 区住房价格的空间差异特征 … 105
二、广州市 TH 区住房价格的影响因素特征 … 108
三、广州市 TH 区住房价格的主要影响因素 … 111

参考文献 … 115

附　表 … 140

第一章　绪　论

本章阐述了城市住房价格影响因素研究的意义和复杂性，区分了住房价格研究在时间维度和空间维度存在的差异。总结了城市住房价格影响因素研究的主要理论视角，包括供需理论、效用理论、成本理论、博弈理论、预期理论、特征价格理论。本书聚焦于空间维度，提出了城市住房价格影响因素的空间尺度划分方式，包括三个基本尺度（宏观尺度、中观尺度、微观尺度）和两个交叉尺度（宏观与中观交叉、中观与微观交叉）。在不同空间尺度下，住房价格影响因素的分析视角及其因素体系有较大差别：宏观尺度的因素主要包括城市住房供需、城市经济基本面与宜居性、城市住房市场与政策；中观尺度的因素主要包括小区特征、便利性特征、环境特征、区位特征；微观尺度的因素主要包括住房微观位置、住房内部特征、住房人居环境、住房所在楼栋特征。上述内容构成了城市住房价格影响因素的空间尺度理论框架。在此基础上，介绍了城市住房价格影响因素的主要研究方法，包括全局回归模型、局部回归模型和地理探测器。最后提出了本书的总体思路，即"理论框架—宏观尺度—中观尺度—微观尺度—尺度交叉"，并简要介绍了不同空间尺度的案例区选取情况。

第一节　城市住房价格影响因素的复杂性与时空维度

一、研究意义与复杂性

（一）住房价格已长期成为政府和居民持续关注的焦点问题

近年来，中国特大城市住房价格持续波动性上涨。与此同时，城市间和城市内部的住房价格出现明显分化（王洋 等，2015a）。在这样的背景下，住房价格问题已长期成为政府和居民持续关注的焦点。住房价格与人民生活水平提升、居民幸福感、社会公平与稳定、城市化可持续健康推进、房地产市场稳定发展、金融安全等方面密切相关。

1. 住房价格与人民生活水平提高和居民幸福感提升密切相关

超高的房价收入比增大了中低收入居民的购房压力，阻碍了居民幸福感的提升。房价快速上涨对居民购买力和消费能力有负面影响，进而影响生活质量，不利于内需的扩大和中国经济的健康可持续发展。

2. 住房价格关乎社会公平与社会稳定

特大城市房价上涨过快加剧阶层财富分化。住宅价格的居高不下极大地改变了社会收入分配格局，造成社会极化。高房价已经开始影响到居民的价值观，一些炒房客在短时间内的炒房收入超过了很多人一辈子的工资收入，造成心理失衡（彭鸿斌，2010）。房价的高涨使得拥有多套住宅的高收入阶层财富猛增，而中低收入阶层生存更加困难，进而影响社会稳定，不利于和谐社会的建设。特大城市高房价问题既是重大的民生问题，又是具有挑战性的社会难题。

3. 住房价格影响城市化的可持续健康推进

一方面，住房价格过高将阻碍人口向该城市流入，或者降低已流入人口的居住质量和生活质量，对健康城市化产生障碍；另一方面，住房价格长期低迷会影响该城市的土地市场价格，影响城市的财政收入，进而影响城市的管理运营和公共服务能力。

4. 住房价格关乎房地产市场和金融市场稳定健康发展

住房价格上涨过快可能催生房地产市场泡沫，而过快下跌则不利于房地产市场的发展，更会威胁到金融市场的安全。因此，住房价格与经济社会发展相适应的稳定变化是房地产市场和金融市场稳定健康发展的重要方面。

5. 住房价格与居民生活息息相关

居民购房并获得住房产权是居民拥有稳定居所的前提。住房本身也是大多数普通家庭的最重要资产。因此，住房价格的高低决定了居民购房的难度，也决定了居民财产额度的走向。在特大城市，住房已成为居民改变财富阶层的重要工具。居民拥有的住房数量和总价已成为划分居民财富阶层的一个重要依据。因此，住房价格与居民日常生活息息相关。

（二）住房价格影响因素是需要持续研究的复杂议题

要正确把握和理解住房价格的时空变化规律，就离不开对住房价格影响因素的理解。而住房价格影响因素涉及地理、建筑、经济、社会、人口、文化、政策、人居环境、区位、气候、心理等多个领域，极其复杂。分析住房价格的影响因素，有助于解释房价高低和房价差异的现象，判断房价是否合理，预测房价未来趋势，进而指导居民进行合理的购房选择和房产投资决策。住房价格影响因素还是政府进行住房价格调控、发布住房政策、引导房地产市场健康发展需要研究的重要议题。在学术研究层面，剖析住房价格影响因素是正确解释房价形成机制的研究前提。因此，有必要持续从多个视角全面解析住房价格的影响因素。

二、城市住房价格影响因素的时空维度

研究城市住房价格的影响因素，首先可将其划分为两个维度：时间维度和空间维度。时间维度是关注整个研究对象（例如国家、区域、城市）

总体住房价格趋势变动，即所有住房平均价格的变动趋势；而空间维度则关注某一时间节点或时间段，不同空间位置住房的价格差异。因此，时间维度和空间维度的住房价格影响因素研究的切入点必然有所差异。

时间维度的影响因素主要包括政策因素、金融因素、社会经济因素、人口因素4个方面，是住房价格的基础性因素。其中，政策因素主要包括住房市场决策导向、土地政策、税收政策、指导价等；金融因素包括货币供应量、利率变动、汇率变动等；社会经济因素主要涉及房地产周期、经济增长、居民收入、物价水平等；人口因素包括人口流动、人口数量、人口结构等。

空间维度的影响因素受空间尺度影响。在某一时间节点或时间段，城市之间、城市内部、小区内部住房价格差异影响因素的解释切入点都有所差别，这是本书关注的内容。

第二节　城市住房价格影响因素的空间尺度理论框架

一、住房价格影响因素研究的主要理论视角

供需理论、效用理论、成本理论、博弈理论、预期理论、特征价格理论是解释住房价格影响因素的主要理论视角。供需理论、效用理论、成本理论是解释住宅价格影响因素的三个基础理论，而博弈理论、预期理论、特征价格理论则通过上述三个基础理论作用于住房价格，属于衍生理论（王洋等，2015a；王洋等，2015b）。

（一）供需理论

供需理论是解释价格形成的基础理论。在其他条件不变的前提下，住房价格就是住房供给和需求形成均衡时的价格。根据该理论，当住房的需求减少而供给增多时，住房价格下降；当住房的需求增多而供给减

少时，住房价格上升。住房供给和需求当中的一方变化都会影响住房价格。例如人口快速增加、收入大幅增加、就业率上升、利率下调、福利房取消、住房拆迁的货币化安置等因素都会引起购房需求增大，进而使得住房价格上升。

（二）效用理论

住房的效用可以理解为住房满足居民某方面需要的能力。从效用理论的视角看，住房效用和住房价格成正相关关系。由于住房同时具备居住价值（使用价值）和投资价值，因此住房价格受到居住效用和投资效用的影响。如果住房居住便利、结构合理、质量优良、设施完备、外观漂亮，则房价相对较高。另外，住房的投资效用体现在通过持有住房可实现盈利并抵消通货膨胀等。

（三）成本理论

成本理论的思想基础来源于马克思的生产价格理论。从成本理论视角看，住房价格等于其成本价格加平均利润。如果平均利润基本固定，住房成本就决定住房价格。土地获取成本、金融成本、前期各种费用、建材安装成本等都是住房成本的重要组成部分（王光玉，2008）。在特大城市，土地成本往往占据住房成本的较高比例，土地价格的变动直接导致住房价格变动（Glaeser et al.，2005a）。从该理论视角看，住房价格主要由土地价格和建造成本决定。

（四）博弈理论

博弈理论认为市场中的任何行为都是基于人的综合行为作用。住房价格的确定过程也必然有人的参与，离不开博弈过程。该理论是基于效用理论和成本理论联合作用的结果，即：住房价格是生产者的成本函数和消费者的效用函数在博弈中产生均衡价格的结果。根据博弈理论，人的选择行为会对住房价格的形成起到决定性作用。房地产开发商在博弈过程中，会在市场竞争和成本函数的约束下追求最大利润。当市场有多个开发商时，考虑到购房者对价格的敏感性，最终会形成一个均衡价格，该价格就是住房价格。消费者的博弈行为是指在住房市场的多种选择过程中多次进行比较，从而实现自身效用最大化的住房购买过程。其中，政府通常以土地出让方、市场调控方和保障性住房建设方的身份出现，在博弈过程中也起到了重要调节作用。

（五）预期理论

预期的实质是判断当前各种经济活动变量的未来值。由于住房的使用时间非常长，属于耐用消费品，因此住房的未来供需均衡情况会影响当前现实价格。由于购房者总是希望所购住房能保值增值，因此购房者在进行购房决策时，不仅考虑当前情况，更考虑未来升值空间。这使得预期因素成为当前价格形成过程中的重要影响因素。如果住房处于城市未来的重点发展区位，居民对其预期向好，当前价格往往会更高。预期理论的归宿依然是供需理论，预期改变了现实的供需关系，将未来的供需均衡提前反映到现实中。

（六）特征价格理论

特征价格理论源于新消费者理论，Lancaster（1966）认为购房者并非从住房本身得到效用，真正的效用来自住房所具备的一系列特征及其所提供的服务。如果住房所含的特征不同，价格也相应不同（Ohta et al.，1976）。Rosen（1974）基于供给方和需求方对产品特征的市场均衡展开分析，构建了特征价格理论的技术框架。在一系列理论假设的基础上，购房者对具有不同特征住宅给出的最高价和开发商给出的最低价形成双重包络线，这形成了特征价格。因此特征价格理论实际上是建立在供需理论和效用理论的基础上。购房者对住房的各类特征做出估价，所有特征的价格集合成为隐含价格，并可通过特征价格模型估算。

二、城市住房价格影响因素的空间尺度划分

尺度是地理学关键的问题之一，尺度不同，研究的思路、适用的理论、研究的结论都有所差异。人文地理学的"尺度"概念的出现受19世纪70年代新马克思主义思潮的影响，"尺度"被认为是在特定空间构建的社会关系，是对不同范围的地理空间和不同层级的权力进行划分、组合和再现，并形成等级化认识（杨凌凡 等，2022）。

在不同尺度下，城市住房价格影响因素研究的主要理论视角和主要内容必然有所差别。鉴于此，本书从城市之间、城市内部、小区内部三个空间尺度构建城市住房价格影响因素的空间尺度理论框架，进而明晰不同尺度下城市住房价格影响因素适用的研究视角及其主要因素构成。

宏观尺度主要研究某个时点（或时段）国家/区域内部不同城市之间住房价格高低的影响因素，主要是经济地理学和区域经济学关注的议题，用来回答"应在哪个城市购房"的现实问题。这里的区域指国家内部的大区域或省域，例如中国南方地区、广东省等。

中观尺度主要研究某个时点（或时段）城市内部不同位置/不同类型小区/楼盘之间住房价格高低的影响因素，主要是城市地理学和城市经济学关注的议题，用来回答"在某城市应在哪个小区/楼盘购房"的现实问题。

微观尺度主要研究某个时点（或时段）的小区/楼盘内部不同住房之间价格高低的影响因素，主要涉及人居环境学和建筑学等学科领域，用来回答"在某小区/楼盘内应购买哪套住房"的现实问题。

图1-1展示了宏观、中观、微观尺度下城市住房价格影响因素问题的研究范围和研究单元/对象。

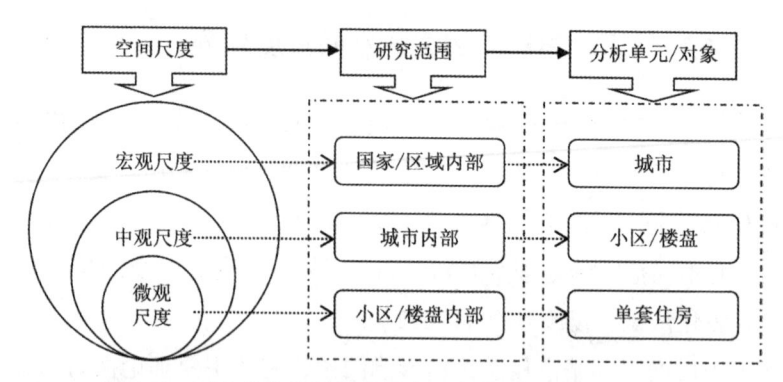

图 1-1 城市住房价格影响因素研究的三个基本空间尺度

当然，上述三个尺度并非泾渭分明，在现实研究中也会出现尺度交叉的情况，即：宏观尺度与中观尺度的交叉，或者中观尺度与微观尺度的交叉。

当宏观尺度与中观尺度交叉时，主要研究某个时点（或时段）城市群/都市圈内部不同街道/镇/板块之间住房价格高低的影响因素，学科范畴主要属于经济地理学与城市地理学的领域交叉，或区域经济学与城市经济学的领域交叉，用来回答"在某城市群/都市区内应在哪个街道/镇/板块购房"的现实问题。

当中观尺度与微观尺度交叉时，主要研究某个时点（或时段）城市分区/片区内部不同住房之间价格高低的影响因素，学科范畴主要属于城市地理学/城市经济学与人居环境学/建筑学之间的领域交叉，用来回答"在某分区/片区内应购买哪套住房"的现实问题。

因此，基于三个基本尺度和两个交叉尺度共同构成五个空间尺度的住房影响因素研究逻辑，其空间尺度、研究范围、分析对象见表1-1。

表 1-1 城市住房价格影响因素研究的五个空间尺度

空间尺度	研究范围	分析单元/对象
宏观尺度	国家/区域内部	城市
宏观与中观尺度交叉	城市群/都市圈	街道/镇/板块购房
中观尺度	城市	小区
中观与微观尺度交叉	城市分区/片区	单套住房
微观尺度	小区/楼盘	单套住房

三、不同尺度下的分析视角及其重点关注的因素

由于空间尺度的不同，城市住房价格影响因素研究时的侧重点必然有所差别。例如，解释国家内部不同城市间房价差异与解释小区内部不同单套住房的价格差异时采用的分析视角有所差异。当然，无论是哪个层级的空间尺度，前述的6个基本理论（供需理论、效用理论、成本理论、博弈理论、预期理论、特征价格理论）都可以解释住房价格的差异。

宏观尺度下，在研究国家/区域内部不同城市住房价格差异的影响因素时，主要从城市基本面出发，重点关注城市住房供需、城市经济基本面与宜居性、城市住房市场与政策3个方面的内容。在这些视角下，住房价格的影响因素主要包括人口、购买力、土地和住房供应、经济发展、产业结构、自然地理条件、城市建设水平与公共服务、城市环境、土地价格、房地产市场活跃度、住房政策等方面。

中观尺度下，在研究某城市内不同小区/楼盘住房价格差异的影响因素时，主要从小区/楼盘的基本特征出发，重点关注小区特征、便利性特征、环境特征、区位特征4个方面的内容。在这些视角下，住房价格的影响因素主要包括小区基本属性、小区内部设施与管理、小区综合环境、交通出行便利性、就业便利性、就学便利性、日常消费与公共服务便利性、实体环境或景观、建成环境、社会环境、地理位置、片区基本面等方面。

微观尺度下，在研究某小区/楼盘内不同单套住房的价格差异影响因素时，主要从单套住房的基本特征出发，重点关注住房微观位置、住房内部特征、住房人居环境、住房所在楼栋特征4个方面的内容。在这些视角下，住房价格的影响因素主要包括单套住房的微观平面位置情况、所在楼层、建筑面积、住房间数、户型格局、装修装饰、住房设施、朝向、采光、通风、视野、声环境、室内空气质量、房龄、建筑结构、电梯配备、梯户比、总层数等方面。

综上所述，在宏观、中观、微观尺度下，解释住房价格差异的分析视角及其主要影响因素可归纳为表1-2。

表 1-2　不同尺度下的分析视角及其重点关注的因素

空间尺度（研究视角）	大类内容	影响因素
宏观尺度（城市基本面）	城市住房供需	人口、购买力、土地和住房供应
	城市经济基本面与宜居性	经济发展、产业结构、自然地理条件、城市建设水平与公共服务、城市环境
	城市住房市场与政策	土地价格、房地产市场活跃度、住房政策
中观尺度（小区/楼盘的基本特征）	小区特征	小区基本属性、小区内部设施与管理、小区综合环境
	便利性特征	交通出行便利性、就业便利性、就学便利性、日常消费与公共服务便利性
	环境特征	实体环境或景观、建成环境、社会环境
	区位特征	地理位置、片区基本面
微观尺度（单套住房的基本特征）	住房微观位置	微观平面位置情况、所在楼层
	住房内部特征	建筑面积、住房间数、户型格局、装修装饰、住房设施
	住房人居环境	朝向、采光、通风、视野、声环境、室内空气质量
	住房所在楼栋特征	房龄、建筑结构、电梯配备、梯户比、总层数

第三节　城市住房价格影响因素的主要研究方法

一、全局回归模型

在各类空间尺度下，研究某空间尺度范围内住房价格的全局影响因素时，可采用全局回归模型。常用的全局回归模型包括普通最小二乘法（OLS）线性回归模型、空间滞后模型（SLM）和空间误差模型（SEM）等，其中，SLM 和 SEM 考虑到了住房价格的空间相互作用，使用时需验证住房价格的空间相关性程度（王洋，2021）。

（一）OLS 线性回归模型

普通最小二乘法（OLS）是全局回归模型中最常用的方法，可用于研究住房价格（因变量）与各影响因素（自变量）之间的线性关系。OLS模型的假设前提是变量间相互独立。该模型中，变量的空间信息被忽略。OLS模型是全局回归模型的最常用表达式和基础表达式，可表示为（王洋，2021）：

$$y_s = \beta X_s + \varepsilon_s, [\varepsilon_s \sim N(0, \delta^2 I)] \qquad (1-1)$$

式中，s 为研究区的待研究样本。在宏观尺度下，研究样本为城市，在中观尺度下，研究样本为小区/楼盘，在微观尺度下，研究样本为单套住房。y_s 是第 s 个样本的住房价格；X_s 为住房影响因素 i 维行向量（$i=1, 2, \cdots, n$），表示第 i 个影响因素变量在第 s 个样本的观测值；β 为 i 维列向量，是这些因素变量相对应的回归系数；ε 是模型的误差项，$\varepsilon_s \sim N(0, \delta^2 I)$ 表示误差项服从正态分布，并且方差一致，即误差与协方差矩阵的积为0；I 代表单位矩阵。根据研究需要和数据实际情况，可以将 y_s（住房价格）和 X_s 向量的各自变量（影响因素）同时取自然对数，形成全对数模型；如果仅对 y_s 和 X_s 向量的其中之一取自然对数，则形成半对数模型。通过取自然对数对变量进行标准化处理，可以消除变量量纲差异对结果的影响，便于比较不同因素对住房价格的影响程度。

（二）全局空间回归模型

相邻（或相近）样本间的住房价格往往存在空间相互作用，即空间相关性。托卜勒（Tobler，1970）提出"一切事物都与其他事物相关，相近的事物比遥远的事物更相关"的研究假设。因此，空间回归可以证明邻近区域的变量是否比遥远区域的变量更重要。传统的线性模型（例如OLS）假设变量相互独立，没有考虑到样本存在的空间相互作用。空间回归模型可以解决该问题。常用的模型包括空间滞后模型（SLM）和空间误差模型（SEM）等。

1. 空间滞后模型

空间滞后模型（SLM）考虑到了某样本的住房价格对其他邻近样本住

房价格的影响,即空间溢出效应,是空间回归模型的一种形式。SLM 模型可表示为(Anselin et al.,2006;LeSage et al.,2009):

$$y_s = \rho \sum_{j=1}^{n} W_{sj} y_j + \beta X_s + \varepsilon_s, [\varepsilon_s \sim N(0, \delta^2 I)] \quad (1\text{-}2)$$

其中,ρ 为空间自回归的系数值;W_{sj} 表示空间权重矩阵;其他变量或字母的含义见前述 OLS 模型。

2. 空间误差模型

在模型的应用中,往往存在一些对住房价格影响的不可观测变量。若考虑这些不可观测变量作用的空间溢出效应,即模型的独立误差项可能存在空间自相关,则可选择空间误差模型(SEM)。这是由于存在的独立误差项可能影响样本之间的空间溢出效应,因此,没有独立误差项的空间自相关可能会导致得出有偏差甚至误导性的结论。SEM 可考虑到独立误差项的空间溢出效应。SEM 的基本形式是(Anselin et al.,2006;Arbia,2006):

$$y_s = \lambda \sum_{j=1}^{n} W_{sj} \phi_s + \beta X_s + \varepsilon_s, [\varepsilon_s \sim N(0, \delta^2 I)] \quad (1\text{-}3)$$

式中,ϕ 代表空间自相关误差项;λ 是误差项的空间自相关系数;其他变量或字母的含义见前述 OLS 模型。

上述三种回归方式(OLS、SLM、SEM)的全局回归模型比选通常可通过调整 R^2、AIC 值和对数似然值(log likelihood)共同判断。一般情况下,调整 R^2 越大、AIC 值越低、对数似然值越高,则模型的拟合优度越好(王洋,2021)。

二、局部回归模型

全局多元回归模型可以捕获自变量(影响因素)和因变量(住房价格)之间统计关系的平均强度和显著性,只需一个涵盖因变量和自变量的等式(王洋,2021),并且假设这种统计关系在任何地点都没有变化。但事实上,这种统计关系常常会随着空间位置的不同而发生局部变化。以地理加权回归（GWR）为代表的局部回归模型允许整个空间中自变量与因变量之间关系发生局部空间变化（Bitter et al.，2007；Hanink et al.，2012）。GWR 模型的形式类似于全局回归模型，但是，其参数随空间位置的变化而变化（Brunsdon et al.，1996）。GWR 模型通过将大的异质区域分成小的局部区域来考虑空间异质性，只有附近的研究样本才被包含在局部回归中，并且每个所包含的住房根据其到目标住房的空间距离给予权重，进而可以得出每个样本中的潜在因素与住房价格之间的局部对应关系，从而分析出住房价格影响因素的空间异质性。常用的局部回归模型主要有地理加权回归（GWR）、半参数地理加权回归（SGWR）、多尺度地理加权回归（MGWR）等。

（一）基于 GWR 的局部回归模型

全局多元回归模型只需要所有数据为一个方程，并且假设这种统计关系在任何地方都保持一致。GWR 模型允许在整个空间内独立变量和因变量之间的关系发生局部空间变化（Bitter et al.，2007；Hanink et al.，2012；Radoslaw et al.，2020）。GWR 模型相当于局部 OLS 模型的组合，将地理位置嵌入 OLS 模型中。每一个参数都是在空间上估计的，并且参数会随着空间位置的变化而变化（Brunsdon et al.，1996），这大大提高了模型的拟合度。因此，GWR 是处理住房价格影响因素空间异质性的主要方法。GWR 可表示为（Wang et al.，2021）：

$$y_s = \beta_0(u_s, v_s) + \sum_{i=1}^{n} \beta_i(u_s, v_s) x_{si} + \varepsilon_s, [\varepsilon_s \sim N(0, \delta^2 I)] \quad (1-4)$$

式中，s 表示分析样本，也是基本研究单元；y_s 表示第 s 个样本的租金；x_{si}（$i=1, 2, \cdots, n$）是住房价格影响因素变量；(u_s, v_s) 是样本 s 的地理位置坐标，$\beta_0(u_s, v_s)$ 是样本 s 回归模型的常数项，$\beta_i(u_s, v_s)$ 是样本 s 回归模型中第 i 个变量的回归系数，该系数随位置变化而变化；ε_s 代表模型的误差项，$\varepsilon_s \sim N(0, \delta^2 I)$ 表示误差项服从正态分布，并且方差一致，即误差与协方差矩阵的积为 0；I 代表单位矩阵。

任意样本（u_s, v_s）的弹性系数一般可采用加权最小二乘法估计，其估计值可表示如下（Mou et al.，2017；Wang et al.，2021）：

$$\hat{\beta}(u_s, v_s) = (X^T W(u_s, v_s) X)^{-1} X^T W(u_s, v_s) y_s \qquad (1-5)$$

式中，X 是住房价格影响因素变量矩阵；T 表示矩阵转置运算；$W(u_s, v_s)$ 是空间权重矩阵，该矩阵是由样本 s 与其周围样本之间地理距离的单调递减函数值组成。靠近回归坐标的住房在参数估计中起着更大的作用，且可以采用不同的函数。

由于地理加权回归是局部回归，因此，对于样本 s，应选取哪些邻近样本（分析单元）来估计参数是需要解决的重要问题。为了确定需要选择哪些样本点进行模型估计，就需要定义空间权重矩阵（W_s）。空间权重矩阵中的每个元素值可采用一个核函数确定。GWR 中常用的核函数主要有高斯核函数、二次核函数、距离阈值核函数、k 邻近核函数等（沈体雁 等，2019）。以常用的二次核函数（bi-square kernel function）为例，采用二次核函数计算的空间权重矩阵（W_s）中第 sk 个元素空间权重可表示为：

$$w_{sk} = \begin{cases} [1-(d_{sk}/h_s)^2]^2, & d_{sk} \leq h_s \\ 0, & d_{sk} > h_s \end{cases} \qquad (1-6)$$

式中，w_{sk} 代表样本 s 与样本 k 之间的位置空间权重值；d_{sk} 为样本 s 与样本 k 的距离；h_s 为带宽，带宽可以是固定带宽，也可以是自适应带宽。固定带宽是通过样本点的距离确定带宽，自适应带宽则是通过最邻近样本点的数量确定带宽。一般认为，自适应带宽能够更好地权衡模型总体的偏误和标准误，比固定带宽更优。自适应带宽的二次核函数可表示为（沈体雁 等，2019）：

$$w_{sk} = \begin{cases} [1-(d_{sk}/b_s)^2]^2, & k \in N_q(s) \\ 0, & k \notin N_q(s) \end{cases} \qquad (1-7)$$

式中，b_s 为自适应带宽，需通过邻近样本的个数来确定；$N_q(s)$ 表示距离样本 s 最近的 q 个样本组成的集合；w_{sk} 是 d_{sk} 的连续单调递减函数，当 $d_{sk}=0$ 时，$w_{sk}=1$。

由于样本的空间分布往往不均，有些区域的样本分布更密集，有些区域较为稀疏。因此，当样本密集分布时，带宽距离将变小，而当样本分布稀疏时，带宽距离将变大。因此，如何确定核函数中自适应带宽的大小，以获得最优带宽，是决定GWR回归效果优劣的关键问题之一。当前主要的确定准则包括：交叉确认准则（CV）、广义交叉确认准则（GCV）、赤池信息量准则（AIC）和修正的赤池信息量准则（AIC_C）。目前最常用的是修正的赤池信息量准则（沈体雁 等，2019）。AIC_C可表示为（Mou et al.，2017；Wang et al.，2021）：

$$AIC_C = 2n\ln\hat{\sigma} + n\ln(2\pi) + \frac{n+tr(S)}{n-2+tr(S)'} \tag{1-8}$$

式中，σ 表示随机误差方差的最大似然估计，$tr(S)$ 是矩阵 S 的轨迹。

（二）基于SGWR的局部回归模型

经典的GWR模型允许在整个空间内独立变量和因变量之间的关系发生局部空间变化（Bitter et al.，2007；Hanink et al.，2012；Radoslaw et al.，2020），其全部参数都会随着空间位置的变化而变化（Brunsdon et al.，1996）。但在某些情况下，并不是模型中的每一个回归系数都发生局部空间变化。可能出现的情况是：全局变量和局部变量同时存在。在这种情形下，如果仍采用经典GWR模型则会过多地捕捉噪声，不利于模型的解释（沈体雁 等，2019）。此时，更适合采用半参数地理加权回归（SGWR）进行分析。SGWR模型是全局多元回归模型和地理加权回归模型的组合。一些参数被设置为固定参数，它们对应的变量是全局变量，而一些参数被设置为变量参数，它们对应的变量是局部变量（Brunsdon et al.，1999）。因而，该模型也称为混合加权回归模型（Mixed GWR），由福斯林翰姆等人（Fotheringham et al.，2002）提出。参数估计采用两步迭代法。SGWR模型的一般形式是（Mou et al.，2017；Wang et al.，2021）：

$$y_s = \sum_{i=1}^{m}\alpha_i x_{si} + \beta_0(u_s, v_s) + \sum_{i=m+1}^{n}\beta_i(u_s, v_s)x_{si} + \varepsilon_s, \left[\varepsilon_s \sim N(0, \delta^2 I)\right] \tag{1-9}$$

式中，α_i 和 β_i 分别代表第 i 个因素指标的全局变量回归系数和局部变量回归系数；m 为纳入全局回归的影响因素变量数，n 为全部影响因素变量数。其余变量的含义见前述的 GWR 模型。

在回归系数中，全局变量和局部变量的区分可根据经典 GWR 模型分析中的局部系数地理变异性检验来判定。该结果中包含 DIFF 判定值（DIFF of Criterion）。如果 DIFF 判定值为正值，则表明该变量系数基本不存在空间变异性，需将其作为全局变量；如果为负值，就作为局部变量（Wang et al., 2021）。

（三）基于 MGWR 的局部回归模型

多尺度地理加权回归（MGMR）模型是在经典 GWR 的基础上，考虑到每个变量参数的带宽差异，形成不同变量拥有不同带宽的地理加权回归模型，即 MGWR 可实现不同变量拥有不同的回归尺度。这比 SGWR 对尺度问题的处理更为精细，因为 SGWR 只能将变量划分为全局尺度和局部尺度两种。MGWR 是福斯林翰姆在 2017 年提出的（Fotheringham et al., 2017），但当时缺乏实现该模型的统计推断方法。Yu 等在 2019 年完善了 MGWR 的统计推断方法（Yu et al., 2019），这使得 MGWR 可大范围用于案例应用研究中（沈体雁 等，2020）。MGWR 可表示为：

$$y_s = \beta_0(u_s, v_s) + \sum_{i=1}^{n} \beta_{bwi}(u_s, v_s) x_{si} + \varepsilon_s, \ [\varepsilon_s \sim N(0, \delta^2 I)]$$

（1-10）

式中，bwi 表示第 i 个变量回归系数采用的带宽。每个变量回归系数的带宽都不是固定的，而是随回归系数的不同而不同，即局部回归具有"多尺度"特点，这也是多尺度 GWR 与经典 GWR 的区别。经典 GWR 的带宽是固定的，不会随着系数的差异而变化。其余变量的含义见前述的 GWR 模型。

与经典 GWR 使用加权最小二乘估计法不同，MGWR 是采用广义加性模型（GAM）估计（Hastie et al., 1986；Hastie, 2017）。该模型可表示为（沈体雁 等，2020）：

$$y=\sum_{i=1}^{n}f_i+\varepsilon\ (f_i=\beta_{bwi}x_i) \tag{1-11}$$

可采用后退拟合算法（back-fitting algorithm）对该模型进行平滑项的拟合。该方法需对所有平滑项进行初始化设置，即需要对多尺度 GWR 模型的各系数进行初始化估计。初始化估计的方法可采用经典 GWR、SGWR、OLS 或者都设置为 0。一般采用经典 GWR 作为初始化方法。确定初始化方法后，就可计算实际值与初始化预测值的差距，即初始化残差（$\hat{\varepsilon}$），可表示为（沈体雁 等，2020）：

$$\hat{\varepsilon}=y-\sum_{i=1}^{n}\hat{f}_i \tag{1-12}$$

当采用经典 GWR 作为初始化方法时，该初始化残差 $\hat{\varepsilon}$ 加上 $\hat{f}_i$ 与第一个自变量进行经典 GWR 回归，搜索到最优的带宽 $bw1$ 和新的参数估计 $\hat{f}_1$ 和 $\hat{\varepsilon}$ 替换之前的估计。然后残差加上第二个加性项 $\hat{f}_2$ 与第二个变量回归并更新第二个变量的参数估计 $\hat{f}_2$ 和 $\hat{\varepsilon}$。依此往复进行类推计算，直到第 n 个自变量。以上过程构成一个完整步骤，重复这些步骤进行估计，直到符合收敛准则为止。收敛准则的判定方法一般有两种方式，一是经典的残差平方和变化比例（RSS），二是平滑项变化比例（f）。经典的残差平方和变化比例准则（SOC_{RSS}）可表示为（沈体雁 等，2020）：

$$SOC_{RSS}=\left|\frac{RSS_{New}-RSS_{Old}}{RSS_{New}}\right| \tag{1-13}$$

式中，RSS_{Old} 为旧步骤（上一个步骤）的残差平方和，RSS_{New} 表示本步骤的残差平方和（沈体雁 等，2020）。

三、地理探测器

定量探索住房价格的主要影响因素，除了前述的回归模型外，还可以采用地理探测器（Wang et al.，2010；王劲峰 等，2017）进行测算。地理探测器可以判断出住房价格与某影响因素之间的因果关系。其主要思路是：根据某一影响因素指标的数值进行分层，如果该影响因素指标与住房价格在空间分布上具有显著的一致性,就可认为该影响因素对住房价格具有影响。因素指标对住房价格的影响强度可采用地理探测力值（q 值）测度,表示为（Wang et al.,2016；王劲峰 等,2017）：

$$q=1-\frac{1}{N\sigma^2}\sum_{h=1}^{L}N_h\sigma_h^2 \qquad (1-14)$$

式中：$h=1,\cdots,L$ 为根据样本某一影响因素进行的分层。N_h 为层 h（即划分的子样本集）的样本数量,N 为全部分析样本数量。σ^2 和 σ_h^2 分别为研究区域全部样本和层 h 的影响因素指标数值的方差。q 值取值区间为 [0,1],q 值越大表明该影响因素对住房价格的影响强度越高。可采用地理探测器软件检验 q 值的显著性。

第四节 研究思路与案例地选取

一、总体研究思路

本书首先区分城市住房价格影响因素的时空维度并聚焦于空间维度。考虑到尺度的作用,提出了城市住房价格影响因素的空间尺度理论框架。基于此,分别从宏观、中观、微观尺度阐述了城市住房价格的影响因素。在上述三个尺度下,分别对中国城市、广州都市区、TJJY 小区开展了相对应的案例研究。在此基础上,以珠江三角洲为例开展了宏观与中观的尺度交叉研究,以广州市 TH 区为例开展了中观与微观的尺度交叉研究。全书形成"理论框架—宏观尺度—中观尺度—微观尺度—尺度交叉"的总体研究思路（见图 1-2）。

第一章 绪论

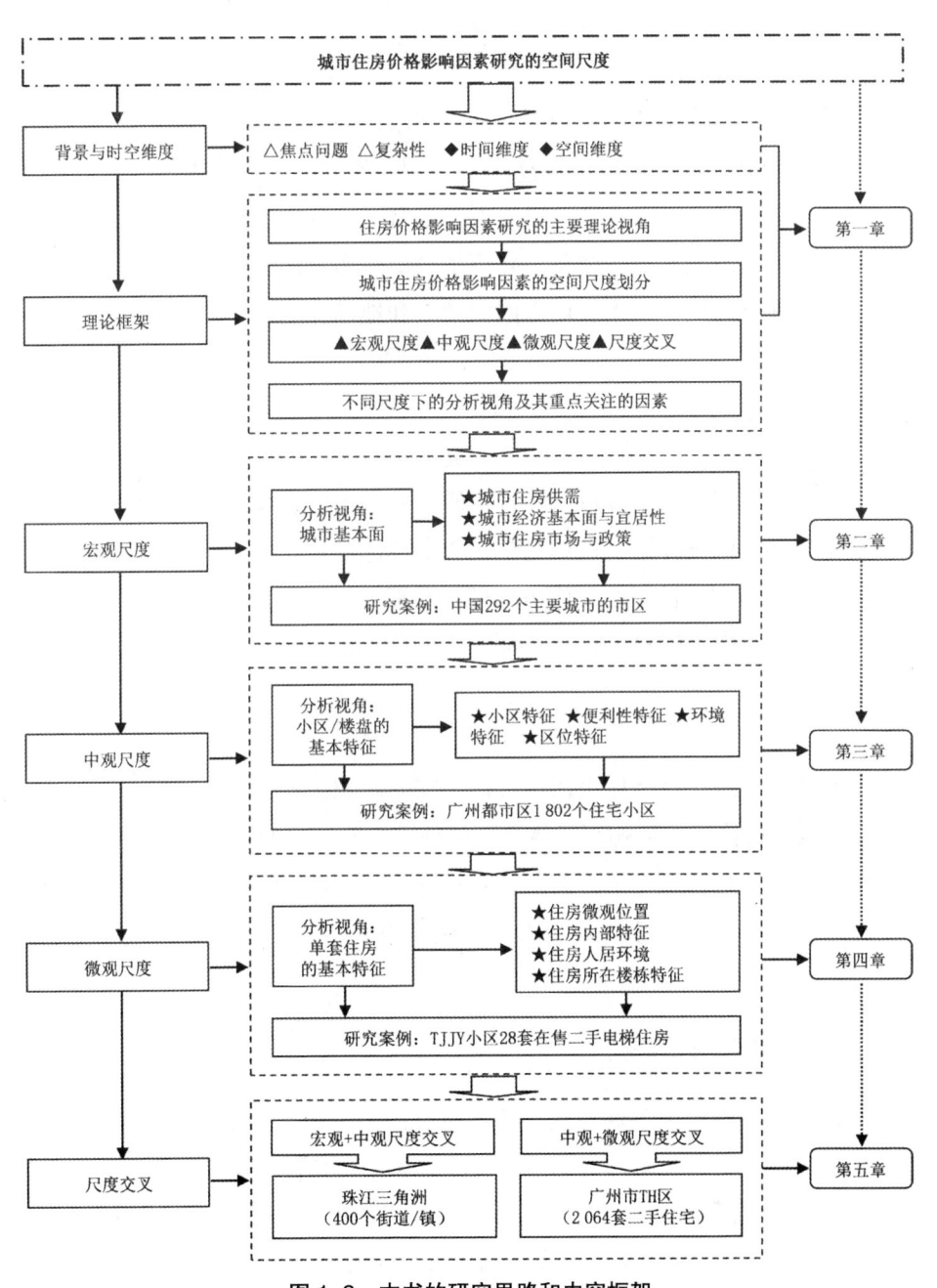

```
┌─────────────────────────────────────────────────────┐
│         城市住房价格影响因素研究的空间尺度          │
└─────────────────────────────────────────────────────┘
                         ↓

┌──────────┐    △焦点问题  △复杂性  ◆时间维度  ◆空间维度
│背景与时空│ →
│  维度    │
└──────────┘        ↓
              ┌────────────────────────────────┐
              │  住房价格影响因素研究的主要理论视角  │ → 第一章
              ├────────────────────────────────┤
┌──────────┐  │  城市住房价格影响因素的空间尺度划分  │
│ 理论框架 │→ ├────────────────────────────────┤
└──────────┘  │ ▲宏观尺度▲中观尺度▲微观尺度▲尺度交叉│
              ├────────────────────────────────┤
              │  不同尺度下的分析视角及其重点关注的因素 │
              └────────────────────────────────┘
                         ↓
              ┌────────────────────────────────┐
              │ 分析视角: │ ★城市住房供需           │
┌──────────┐  │ 城市基本面│ ★城市经济基本面与宜居性 │ → 第二章
│ 宏观尺度 │→ │          │ ★城市住房市场与政策     │
└──────────┘  ├────────────────────────────────┤
              │ 研究案例: 中国292个主要城市的市区   │
              └────────────────────────────────┘
                         ↓
              ┌────────────────────────────────┐
              │ 分析视角: │ ★小区特征 ★便利性特征   │
┌──────────┐  │ 小区/楼盘│ ★环境特征               │ → 第三章
│ 中观尺度 │→ │ 的基本特征│ ★区位特征              │
└──────────┘  ├────────────────────────────────┤
              │ 研究案例: 广州都市区1 802个住宅小区 │
              └────────────────────────────────┘
                         ↓
              ┌────────────────────────────────┐
              │ 分析视角: │ ★住房微观位置           │
┌──────────┐  │ 单套住房 │ ★住房内部特征           │ → 第四章
│ 微观尺度 │→ │ 的基本特征│ ★住房人居环境          │
└──────────┘  │          │ ★住房所在楼栋特征       │
              ├────────────────────────────────┤
              │ 研究案例: TJJY小区28套在售二手电梯住房│
              └────────────────────────────────┘
                         ↓
              ┌────────────────────────────────┐
              │ 宏观+中观尺度交叉 │ 中观+微观尺度交叉│
┌──────────┐  │       ⇓          │       ⇓         │ → 第五章
│ 尺度交叉 │→ │   珠江三角洲     │   广州市TH区    │
└──────────┘  │  (400个街道/镇)  │ (2 064套二手住宅)│
              └────────────────────────────────┘
```

图1-2 本书的研究思路和内容框架

（一）理论框架研究

提出了城市住房价格影响因素的空间尺度划分方式，包括三个基本尺度（宏观尺度、中观尺度、微观尺度）和两个交叉尺度（宏观与中观交叉、中观与微观交叉）。概要性地提出不同尺度下的分析视角及其重点关注的因素，并总结出因素指标体系。介绍了城市住房价格影响因素的主要研究方法，包括全局回归模型、局部回归模型和地理探测器。该内容对应本书第一章。

（二）宏观尺度研究

阐述了宏观尺度下城市住房价格研究的影响因素体系，即城市之间的住房价格影响因素体系。该体系包括3个理论视角：城市住房供需、城市经济基本面与宜居性、城市住房市场与政策。基于此，对中国292个主要城市的市区开展了案例研究。该内容对应本书第二章。

（三）中观尺度研究

阐述了中观尺度下城市住房价格研究的影响因素体系，即城市内部小区/楼盘住房价格的影响因素体系。该体系包括小区特征、便利性特征、环境特征、区位特征4个方面。在此基础上，以广州都市区为研究区，以1 802个住宅小区为基本研究单元开展了案例分析。该内容对应本书第三章。

（四）微观尺度研究

阐述了微观尺度下城市住房价格研究的影响因素体系，即小区/楼盘内部单套住房价格影响因素体系。该因素体系包括住房微观位置、住房内部特征、住房人居环境、住房所在楼栋特征4个方面。以广州市TJJY小区案例，对其在售的28套二手电梯房开展了住房价格影响因素分析。该内容对应本书第四章。

（五）尺度交叉研究

以珠江三角洲的 400 个镇街为案例分析了宏观尺度与中观尺度交叉的住房价格影响因素，以广州市 TH 区的 2 064 套二手住宅为案例研究了中观尺度与微观尺度交叉的住房价格影响因素。该内容对应本书第五章。

二、不同空间尺度的案例地选取

为探索不同空间尺度下住房价格的主要影响因素，本书分别选取中国、广州都市区、TJJY 小区为案例地，对应宏观、中观、微观尺度。选择珠江三角洲和广州市 TH 区为案例地，分别对应宏观尺度与中观尺度、中观尺度与微观尺度的尺度交叉。不同空间尺度与案例地研究范围及其分析单元的对应关系见图 1-3。

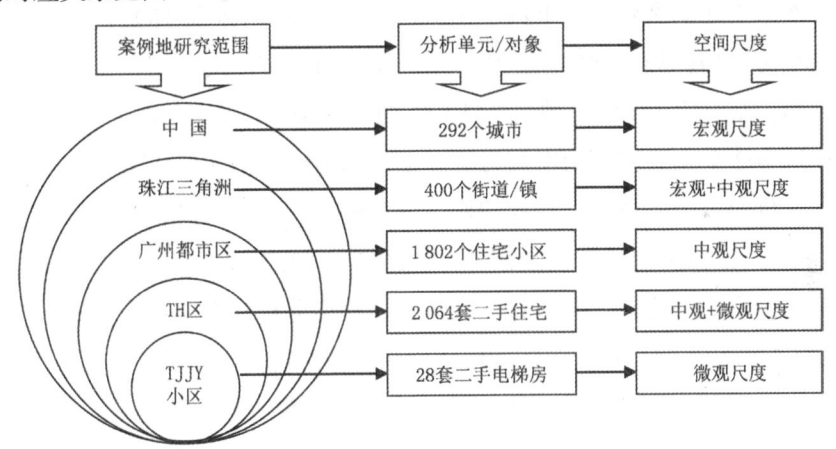

案例地研究范围	分析单元/对象	空间尺度
中国	292 个城市	宏观尺度
珠江三角洲	400 个街道/镇	宏观+中观尺度
广州都市区	1 802 个住宅小区	中观尺度
TH 区	2 064 套二手住宅	中观+微观尺度
TJJY 小区	28 套二手电梯房	微观尺度

图 1-3 不同空间尺度的研究案例地选取

第二章　宏观尺度的城市住房价格影响因素

本章阐述了宏观尺度下城市住房价格研究的影响因素体系，即城市之间的住房价格影响因素体系。该体系属于城市基本面的范畴，包括3个理论视角：城市住房供需、城市经济基本面与宜居性、城市住房市场与政策。以中国292个主要城市的市区为研究案例，构建包括人口、购买力、土地和住房供应、经济发展、产业结构、城市环境、土地价格共7个方面因素在内的10个住房价格影响因素指标体系。以2017年9月的292个城市的住房均价为基本数据，通过OLS线性回归模型分析其主要影响因素。结果表明，市区总人口、市区暂住人口、人均年末金融机构人民币各项存款余额、在岗职工平均工资、人均GDP、第三产业增加值占GDP比例、土地出让价格这7项因素指标对住房价格的影响显著且符合理论预期。其中，在岗职工平均工资对住房价格的影响最为强烈，其次为土地出让价格，市区暂住人口比例对住房价格的影响强度相对最弱。

第一节 宏观尺度下城市住房价格研究的影响因素

一、宏观尺度下城市住房价格研究的影响因素体系

宏观尺度是研究大区域范围内城市之间的房价差异。其理论视角可基于城市住房供需、城市经济基本面与宜居性、城市住房市场与政策这3个视角,这本质上都属于城市基本面。因此,研究宏观尺度下的城市住房价格影响因素,就是分析城市的基本面。在城市住房供需理论视角方面,人口和购买力是代表住房需求的2个核心因素指标,住房供给主要受土地供应和住房供应影响;在城市经济基本面与宜居性理论视角方面,经济基本面可由经济发展、产业结构评价,城市宜居性可由自然地理条件、城市建设水平与公共服务、城市环境表征;在城市住房市场与政策理论视角方面,可从土地价格、房地产市场活跃度和住房政策3个方面开展研究(见图2-1)。

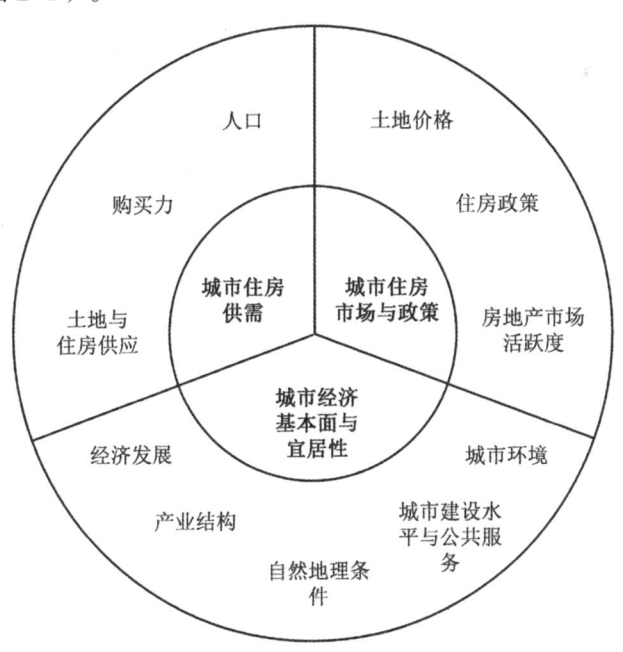

图2-1 宏观尺度下城市住房价格影响因素指标体系的研究框架

上述理论视角、典型因素及其代表性指标见表2-1。

表2-1 宏观尺度下城市住房价格影响因素指标体系及其典型指标

理论视角	因素	代表性指标
城市住房供需	人口	人口数量、人口结构、人口的住房状况
	购买力	资金量、居民收入
	土地和住房供应	土地供应、新增住房供应、待售住房库存
城市经济基本面与宜居性	经济发展	经济总量、经济水平
	产业结构	第三产业发展水平、创新型产业发展水平
	自然地理条件	气候、地形
	城市建设水平与公共服务	教育、医疗卫生、文化、公共交通、基础设施
	城市环境	环境质量、建成环境、社会环境
城市住房市场与政策	土地价格	土地价格
	房地产市场活跃度	房地产从业人员比例、住房流动性
	住房政策	限购限价程度、住房保障、人才吸引政策、指导价政策

需要说明的是，上述理论视角的相关因素是存在交叉和相互作用的，尤其是住房供需受到其他理论视角因素的影响。例如，城市住房市场与政策的变化会影响土地供应，进而影响住房供给；城市经济基本面与宜居性会影响人口吸引力，进而影响住房需求；经济基本面会影响城市资金量、居民收入和财富水平，进而影响住房购买力。因此，供需理论视角下的人口、购买力、土地供应和住房供应是影响宏观尺度下住房价格差异较为直接和根本性的因素。

二、城市住房供需

城市住房供需包括了人口、购买力、土地供应和住房供应4个方面的因素。其中，前2个因素决定住房需求，后2个因素决定住房供给。人口因素可由人口数量、人口结构、人口的住房状况等指标评价；购买力受资金量、居民收入、居民财富水平影响；土地供应主要由新增土地供应量和土地存量共同决定；住房供应主要由新增住房建筑面积和待售住房存量2个指标评价决定。

（一）人口

1. 人口数量

人口数量是住房需求的基础（Buckley et al., 1983; Hui et al., 2016）。人口规模越大，住房需求越大。人口增长或流入（Capozza et al., 1989; Liew et al., 2013）会提升房价。兰峰等（2018）基于我国35个大中城市的研究表明，流入人口占比更高的城市房价更高，2015年流入人口占比每提高10%，2015年的房价就增加19.489%。Lin 等（2018）以中国32个主要城市为例，通过2007—2016年的数据的研究表明，全国人口流入与城市房价有显著正相关，其中人口流入增长1%，上涨0.31%；相反，人口收缩对房价有负面影响（Maennig et al., 2008）。流动人口数量（Gabriel et al., 2001）与住房需求正相关，进而影响住宅价格。流动人口在区域劳动力市场中扮演着重要角色，并且是区域吸引力的重要体现。年轻人口往往更倾向于流动，从而为人口流入地带来了大量的住房刚性需求（王少剑等，2016）。

2. 人口结构

人口的年龄结构可影响房价。对于因年轻人大量流失而造成的老龄化城市，其住房需求相对较低，房价相对较低，例如东北地区人口大量流失的城市。而年轻人口比例较高的城市（例如深圳），其住房需求相对旺盛。从人口户籍结构的角度看，外来人口比例越高的城市，住房价格往往越高。Wang（2017b）对中国县域单元住房价格因素的研究表明，外来人口比例与住房价格呈正相关。

3. 人口的住房状况

人口的住房状况可通过居住拥挤程度（例如人均住房面积）、住房产权状况（例如租房户比例）、住房空置状况等指标分析。人均住房面积可表征该城市住房的刚性和改善需求。从住房需求的角度来看，理论上，人均住房面积与房价呈负相关。租房户比例可代表住房非自有程度。中国拥有住房（购买途径）的观念非常强烈，租房被认为是解决居住问题的过渡方案，租房户是住房刚性需求的最大人群。因此，当一个城市租房户比重越大时，表明该城市住房供需矛盾越大、购房困难程度越高（王少剑 等，2016）。住房空置越严重，住房市场库存压力越大，对住房价格形成了反向抑制（杨巧 等，2017）。

（二）购买力

1. 资金量

城市的资金量对房价的影响不容小觑。城市的贷款额和储蓄金额都是体现城市资金量的重要方面。王鹏等（2018）对中国的案例研究表明，货币供应量不断增加推动了中国房价的持续上涨。Su 等（2019）和 Liu 等（2021）的研究都认为货币供应与房价呈正相关。对于住房的消费者和投资者而言，仅凭个人收入往往并不能满足购房的需求，个人及家庭购房不可避免地要向金融机构贷款。除家庭自身财力（储蓄）外，信用贷款、抵押贷款（直接银行贷款）成为购房的主要资金来源（Wu et al., 2020）。对中国的研究表明，贷款对住房价格有重要影响（Huang et al., 2015；Liu et al., 2021；Su et al., 2021）。贷款对住房价格的影响也就成为住房金融化的重要体现。储蓄额是城市资金量的另一个重要体现。无论是城市的总储蓄金额还是人均储蓄金额，都体现了该城市居民的财富积累水平和住房购买能力。理论上，城市的资金量与住房价格正相关。

2. 居民收入

居民收入可影响住房购买力，进而影响住房需求（Zhang, 2015），居民收入还决定了居民对当地住房价格的承受能力。研究表明，人均可支配收入（Hort, 1998；Holly et al., 2010；Tan, 2021）、工资（Wang et al., 2014；Wang et al., 2017a）等指标正向影响住房价格。Nellis 等（1981）对英国的案例研究表明，居民实际收入是影响房价的最重要因素。Fortura 等（1986）以加拿大的样本城市为例，发现家庭收入是住房需求的一个关键因素，认为家庭收入每增加 1%，房价就会上涨 1.11%。Bischoff（2012）确定了房地产价格和收入之间的相互依赖关系。因此，居民收入与房价正相关。

（三）土地和住房供应

1. 土地供应

住房建设离不开土地（尤其是居住用地）的供应。居住用地供应量越大的城市，其住房供应量往往越充足。土地供应量往往会传导至住房供应量，二者密切相关。从住房供给角度看，土地供应的短缺会减少住房供给（Bramley，1993；Quigley et al.，2005；Green et al.，2016），进而使住房价格上升（Ihlanfeldt，2007；Zabel et al.，2011）。李瑶瑶等（2020）的研究表明，上一年住宅用地供应面积增加 1%，可使当年住房竣工面积显著增加 0.17%。Rubin 等（2017）采用面板数据对以色列的 2002—2012 年的 45 个研究单元研究表明，土地管制是地价影响房价的核心机制。从供给角度看，过多的居住用地供应会抑制住房价格。Han 等（2017）对中国 2001—2007 年的研究表明，土地供应配额下降的城市的房价增长速度高于 2003 年以后土地供应配额增长的城市。土地供应结构也影响了住房价格。Fan 等（2021）的研究发现，商业和住宅用地供应的比例越低，房价越高，土地供应量和土地供应结构通过土地价格对房价产生中介作用。余亮亮等（2018）采用广东省静态面板数据的研究表明，住宅用地供给比例提高 1%，房价下降 0.126%。

2. 新增住房供应与待售住房存量

从供需理论的原理不难得出，住房供应量（相对于需求）越大的城市，房价往往越低。一些实证研究证明了在住房供应加大时会对住房价格的上涨产生抑制作用（Grimes et al.，2010；Liebersohn，2017；Been，2019）。如果一个城市的住房需求强烈，但住房供应量持续较低，则该城市的房价就会保持高位，例如香港、深圳等城市。除了新房建设外，住房的另一个供给来源则是待售的住房存量。去化周期是衡量城市住房存量的一个重要指标。去化周期越长的城市，其住房销售压力越大。住房库存持续较高的城市，房价难以上涨。因此，住房供应量与住房价格呈现负相关关系。

三、城市经济基本面与宜居性

城市经济基本面与宜居性包含经济发展、产业结构、自然地理条件、城市建设水平与公共服务、城市环境5大因素。其中，前2个因素属于城市经济基本面的研究范畴，城市经济基本面的持续增长会推动房价的上涨（Wang et al.，2011）。后3个因素决定了城市宜居性。经济发展主要从经济总量、经济水平、经济增速3个方面评价；产业结构可根据第三产业发展水平和创新型产业发展水平评价；自然地理条件主要包括气温、海拔、降水、地形等指标；城市建设水平与公共服务可以从教育、医疗卫生、文化、公共交通、基础设施等方面研究；城市环境包括环境质量、建成环境、社会环境等方面。

（一）经济发展

经济发展可由经济总量和经济水平等指标评价。经济总量体现了城市的能级和对要素的集聚能力，一般采用GDP衡量。胡艳辉（2021）对南昌的案例研究表明，经济集聚与城市房价之间呈现正相关关系。经济水平是决定住宅价格的重要变量（Hossain et al.，2009）。经济水平较高的城市往往具有较强的产业集聚能力、较高的就业吸引力和较强的人口吸引力。这类城市的房地产市场活力往往较高。因此，经济水平与住宅价格正相关。

（二）产业结构

1. 第三产业发展水平

Shen等（2004）认为第三产业发展水平是衡量城市经济基本面的重要指标之一。第三产业发展水平高的地区，往往处于更高层次的发展阶段，传统产业多数已外迁，区域的综合竞争力强，城市品质较高，研发、咨询、金融、总部经济等高附加值业态的比重大，产业结构和城市消费结构的层次高，使得这些区域的就业吸纳能力强，就业层次高，住房需求大，居民对房价的承受能力也相对较高，房地产市场也非常活跃，直接推动了物价和房价的上涨。例如广州与东莞和佛山相比，尽管经济水平和外来人口规模差距不大，但广州的第三产业发展水平远高于东莞和佛山，使得广州居民的有效购买力更高，因此广州房价也远高于东莞或佛山。

2. 创新型产业发展水平

已有研究表明了创新是房价的重要影响因素，由此，"创新资本化"被概念化且得到发展，并通过中国广州的案例研究得以验证（Wu et al., 2021a）。该研究认为创新要素（例如高技术企业）对房价有显著的正向影响（Wu et al., 2021a）。创新型产业可以为当地提供更多高收入的就业机会，吸引较多的科技创新人才入驻当地，并为当地带来税收，成为推动当地经济发展和提升区域活力的重要驱动器，进而提升当地的房价。另外，创新型产业集聚的城市，往往可提供更多获得高收入机会，进而提升该城市居民对房价的承担能力。因此，创新型产业发展水平越高的城市，房价往往越高。

（三）自然地理条件

1. 气候

气温、海拔、降水等气候因素决定了该城市的气候舒适度。具有优良气候资源的地区，会吸引远距离外来人口前来度假、休闲和养老，增加了住房的投资需求和上涨预期，通过供需机制和预期机制推动了房价提升。例如海南省和东南沿海等地的温暖气候资源增加了北方地区居民的度假需求、养老需求和投资需求，推高了当地的住房价格。

2. 地形

地形复杂、起伏较大的城市，其土地开发和住宅建设的成本更高，建设用地供应不足，通过成本机制使得住宅价格较高。例如浙江和福建省的丘陵山地较多，其房价普遍较高，很多城市的住宅价格超过 8 000 元 / m²；地形复杂的云南、重庆等区域的房价也普遍高于地形较平坦的华北地区。

（四）城市建设水平与公共服务

1. 城市建设水平

城市的交通设施、基础设施、建设风貌与水平等方面都是城市建设水平的体现。建设水平高的城市，一方面可以增强城市吸引力和竞争力，吸引高端产业和高层次外来人口进驻，增加住房需求；另一方面还会使土地升值，高土地价格也是维持城区高水平建设的重要前提之一，通过供需机制和成本机制，提升了住宅价格。例如厦门较高的城市建设水平和优良的城市环境吸引了泉州等周边地区的很多工业企业总部和研发基地落户，推升了厦门的土地价格，并提供了更多高端就业岗位，使得厦门中心区的住宅价格远远高于泉州。

2. 公共服务水平

包括优质教育、医疗、文化、科技等在内的优质公共服务资源，是吸引外来人口落户的重要因素，同时还增加了大量暂住人口的居住需求。优质公共资源丰富的地区往往行政等级较高，一般是省域层面或区域的中心城市，吸引力大，住房市场活跃、住房需求高，通过供需机制作用，使其住宅价格较高。例如，尽管南京的经济发展水平（人均 GDP）低于苏州和无锡，但由于江苏省最优质的公共服务资源集中在南京，使得南京的房价高于苏州和无锡。再如北京的房价长期保持较高的原因之一是北京拥有全国最优质的公共服务资源。陈淑云等（2017）基于我国 286 个地级及以上城市面板数据的实证研究表明，公共服务供给水平对房价有显著正向影响。

（五）城市环境

可从城市的环境质量、建成环境、社会环境等方面评价城市环境水平。在理论上，城市环境质量越高，城市的居住吸引力越强，房价越高。空气质量是直接体现城市环境质量的重要指标。Chen 等（2017）对中国 286 个地级城市的研究表明，$PM_{2.5}$ 对房价产生负面影响，并且影响越来越显著，不同等级的城市影响差别很大，其中高等级城市受到的影响更大。Chen 等（2019）对中国 286 个地级市采用全局回归模型研究空气污染（$PM_{2.5}$）对住房的负面影响关系，结果表明 $PM_{2.5}$ 浓度增加 10% 会导致当地房价下跌 2.4%。同样，建成环境（Wang et al., 2021）和社会环境也决定了城市吸引力，进而影响城市房价。

四、城市住房市场与政策

城市住房市场与政策包括了土地价格、房地产市场活跃度和住房政策 3 个方面的因素。其中，房地产市场活跃度可从房地产中介活跃度、住房流动性 2 个方面评价。住房政策可从限购限价程度、住房保障、人才吸引政策、指导价政策等方面研究。

（一）土地价格

从成本的角度来看，土地成本占住房成本的比例很大（Wen et al., 2013），并决定着住房成本，而土地价格的上涨会导致房价上涨。从土地财政的角度看，由土地价格决定的土地出让收入是城市建设费用的主要来源，城市建设程度又与房价正相关。土地价格与房价存在内生关系（Wen et al., 2013），二者预期存在正相关关系。Potepan（1996）定量研究了地价对房价的影响，通过采用 1974—1983 年美国 58 个大都市区（MSA）的年度住房调查数据，建立房价、地价、房租三者间的联立方程，估计出房价对地价的弹性为 0.32。Glaeser（2005b）通过对美国多个城市的房屋建筑成本、政府管制等因素比较发现，对土地限制以及随之而来更高的土地成本是导致纽约曼哈顿房价高昂的最重要原因。Wen等（2013）通过对中国21个省会城市的研究表明，土地价格和住房价格之间存在内生关系；Wang（2017）的研究表明，土地价格是决定中国房价县域间差异的最重要因素。由此可见，土地价格对住房价格具有重要的正向影响作用。

（二）房地产市场活跃度

住房价格是房地产市场状况的反映（Zhu，2006）。房地产从业人员占全部从业人员比例和住房流动性是评价城市房地产市场活跃度的重要指标。可以直接反映住房投资需求和房地产市场的成熟度。房地产从业人员占全部从业人员比例越高，说明该城市的房地产市场活跃度越强。Hwang等（2006）发现当地住房市场的就业情况是美国大都市地区房价的重要决定因素。Wang等（2017）对中国县域房价差异因素的研究表明，房地产从业人员占全部从业人员比例与房价显著正相关。该文指出，上海长宁区和静安区从事房地产行业人员占全部从业人员比例超过5%，房价分别高达41 820元/㎡和52 220元/㎡。相反，在中国978个县中，平均房地产业从业人员占全部从业人员比例不到0.1%，平均房价仅为3 145元/㎡。住房流动性是体现房地产市场活跃度的另一个体现。住房流动性越大的城市，其住房交易越活跃，越有利于房价上涨。如果一个城市出台较为严格的限购措施（例如限制外地户籍人口购房，或者购入后5年后才能出售等），该城市的住房流动性将被降低，房价上涨趋势可能得到一定程度的抑制。

（三）住房政策

一般情况下，当某城市执行限购限价或指导价等控制房价过快上涨的相关管控政策时，住房价格的上升趋势往往会受到抑制。当然，房地产市场管控措施越严格的城市，往往也是住房上涨压力较大的城市，其房价也相对较高。住房保障政策也在一定程度上影响房价，建设大量的保障性住房也会在一定程度上抑制房价过快上涨。积极的人才吸引政策有利于外来人口流入，进而增强了城市的住房需求，对房价的上涨有促进作用。总体上，限购限价程度、住房保障、人才吸引、指导价等政策性因素对房价的作用不可忽视。

第二节　宏观尺度城市住房价格影响因素的案例研究

一、中国城市住房价格的空间差异特征

（一）研究区域与房价数据来源

以中国292个主要城市的市区为研究对象，这些城市主要是直辖市、副省级市、地级市的市区。以2017年9月房价为基本研究数据，不同住房价格区间的城市见表2-2。总体上，房价大于50 000元/㎡的城市仅北京、深圳、上海3个。房价位于20 000～49 999元/㎡之间的城市数量也较少，仅8个，而5 000～7 499元/㎡房价区间的城市数量最多，达到114个，2 500～4 999元/㎡房价区间的城市数量也达到106个。房价低于2 500元/㎡的城市仅双鸭山和鹤岗2座城市。

表2-2　本案例研究的292个城市

房价区间/ （元/㎡）	城市名（按房价由高到低排序）	数量
大于等于50 000	北京、深圳、上海	3
20 000～49 999	厦门、杭州、广州、三亚、福州、南京、天津、青岛	8
10 000～19 999	苏州、温州、珠海、廊坊、丽水、济南、石家庄、合肥、武汉、宁波、郑州、漳州、东莞、舟山、成都、无锡、沧州、海口、金华、佛山、嘉兴、台州、南昌、绍兴、南通、扬州、保定、莆田、常州、大连、长沙、惠州、昆明	33
7 500～9 999	泉州、中山、龙岩、衢州、湖州、宁德、张家口、太原、承德、镇江、盐城、芜湖、徐州、烟台、南宁、阜阳、兰州、襄阳、汕头、拉萨、三明、沈阳、江门、淮安、连云港、柳州	26

（续表）

房价区间/ （元/㎡）	城市名（按房价由高到低排序）	数量
5 000 ~ 7 499	泰州、西安、赤峰、衡水、泰安、聊城、邢台、宣城、汕尾、呼和浩特、赣州、六安、重庆、南平、贵阳、湛江、哈尔滨、长春、天水、秦皇岛、邯郸、乌鲁木齐、安庆、清远、许昌、唐山、滁州、桂林、池州、铜陵、蚌埠、河源、吉安、陇南、梅州、茂名、宿迁、黄山、威海、保山、洛阳、肇庆、西宁、济宁、榆林、荆州、上饶、岳阳、晋城、玉溪、马鞍山、信阳、德州、丽江、包头、淄博、亳州、宜昌、庆阳、濮阳、宿州、黄石、九江、新乡、达州、孝感、抚州、张家界、开封、晋中、滨州、林芝、北海、淮北、丹东、景德镇、长治、潍坊、东营、绵阳、日照、南充、锦州、潮州、吉林、常德、临沧、雅安、普洱、驻马店、泸州、资阳、遂宁、阳江、南阳、商丘、通辽、临沂、菏泽、鄂州、鹰潭、广安、广元、银川、齐齐哈尔、鄂尔多斯、十堰、云浮、焦作、德阳、揭阳、韶关、株洲、内江	114
2 500 ~ 4 999	临汾、自贡、宜宾、酒泉、平顶山、葫芦岛、巴彦淖尔、湘潭、宜春、遵义、武威、怀化、延安、定西、牡丹江、平凉、眉山、郴州、贺州、三门峡、白城、贵港、黄冈、巴中、忻州、玉林、呼伦贝尔、咸阳、大庆、吕梁、安顺、周口、大同、阳泉、益阳、通化、随州、河池、昭通、辽阳、安康、四平、毕节、松原、枣庄、衡阳、永州、安阳、克拉玛依、新余、漯河、营口、海东、萍乡、荆门、邵阳、鞍山、娄底、本溪、乌兰察布、梧州、百色、六盘水、固原、白银、抚顺、运城、朝阳、宝鸡、攀枝花、铁岭、淮南、防城港、佳木斯、中卫、莱芜、汉中、渭南、铜仁、张掖、盘锦、曲靖、伊春、阜新、绥化、黑河、咸宁、吴忠、钦州、鹤壁、哈密、白山、朔州、嘉峪关、乐山、来宾、乌海、吐鲁番、鸡西、辽源、商洛、崇左、金昌、铜川、七台河、石嘴山	106
小于 2 500	双鸭山、鹤岗	2

注：中国292个主要城市的市区房价（存量房平均挂牌价格）数据采集时间为2017年9月，来源于"中国房价行情平台数据"网站（http://www.creprice.cn/rank/index.html.）。

（二）中国城市住房价格的差异特征

2017年9月，中国住房价格最高的城市为北京市，房价达到60 353元/㎡，房价最低的鹤岗市仅为2 096元/㎡，二者差距高达28.80倍。这表明，中国城市间的住房价格存在巨大差距。王洋等（2015a）对中国城市房价的研究表明，中国一、二、三线城市的房价差距较大，并呈现空间分化的特征。本书将北京、上海、广州、深圳视为一线城市，将除一线城市之外的副省级市和省会城市视为二线城市(32个),其他城市视为三线城市,为256个。一线城市住房均价为49 612元/㎡,二线城市为13 261元/㎡,三线城市为6 042元/㎡,也验证了中国一、二、三线城市的房价差异较大的观点。一、二、三线城市住房价格的描述性统计见表2-3。

表2-3 中国一、二、三线城市住房价格的描述性统计

	一线城市	二线城市	三线城市
平均值	49 612	13 261	6 042
标准差	12 789	7 801	3 052
最大值	60 353	39 237	26 938
中位数	55 117	10 464	5 235
最小值	27 860	5 135	2 096

分别分析一、二线城市和三线城市的分布特征,并绘制成数据分布的"云雨"图(见图2-2)。该图表明,一、二线城市内部房价差距更大,价格分布普遍高于三线城市。

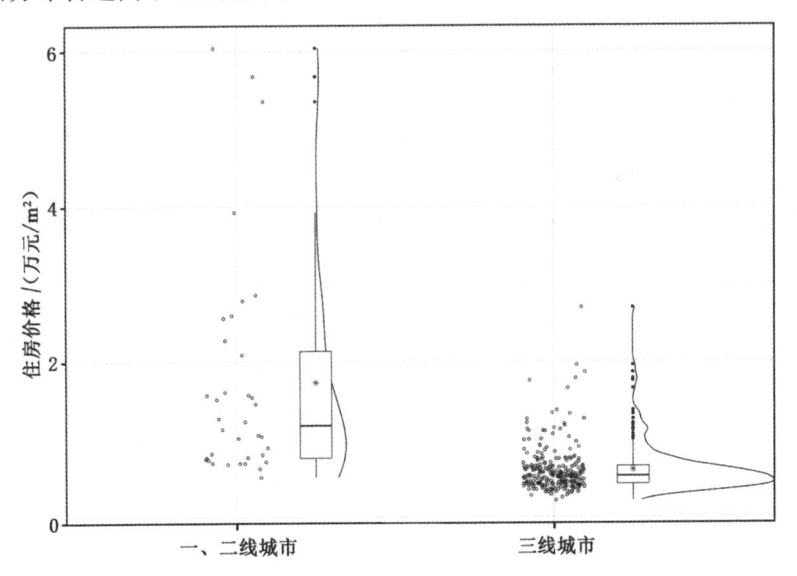

图2-2 中国一、二线城市与三线城市的房价分布"云雨"图

二、中国城市住房价格的影响因素特征

（一）影响因素指标体系与计算

基于本章第一节宏观尺度下城市住房价格研究的影响因素指标体系，根据数据的可获得性和指标的代表性，选择人口、购买力、土地和住房供应、经济发展、产业结构、城市环境、土地价格共7个方面因素的10个代表性指标作为本案例研究的指标体系（见表2-4）。

表2-4 中国城市住房价格差异影响因素的指标体系

影响因素	评价指标	指标解释（单位）	预期影响方向
人口	EI 1 市区总人口	包括市区户籍人口和市区暂住人口（万人）	正向
	EI 2 市区暂住人口比例	市区暂住人口÷市区总人口×100%（%）	正向
	EI 3 城区人均居住用地面积	居住用地面积÷城区总人口（m²/人）	负向
购买力	EI 4 人均年末金融机构人民币各项存款余额	年末金融机构人民币各项存款余额÷市区总人口（万元/人）	正向
	EI 5 在岗职工平均工资	市区在岗职工年平均工资（万元/人）	正向
土地和住房供应	EI 6 建成区居住用地占建设用地比例	建成区居住用地面积÷建成区建设用地面积×100%（%）	负向
经济发展	EI 7 人均GDP	人均GDP（元/人）	正向
产业结构	EI 8 第三产业增加值占GDP比例	第三产业增加值÷GDP×100%（%）	正向
城市环境	EI 9 $PM_{2.5}$平均浓度	市区$PM_{2.5}$平均浓度（μg/m³）	负向
土地价格	EI 10 土地出让价格	城市市域土地出让价款÷土地出让面积（万元/hm²）	正向

在城市住房供需理论视角下，选取人口、购买力、土地和住房供应3个方面的因素开展案例研究。在人口因素方面，采用市区总人口、市区暂住人口比例、城区人均居住用地面积3个指标评价，分别对应体现人口数量、人口结构、人口的住房状况3个方面；在购买力因素方面，采用人均年末金融机构人民币各项存款余额和在岗职工平均工资2个指标评价，分别对应资金量和居民收入；土地和住房供应因素采用建成区居住用地占

建设用地比例这一指标评价，该指标可表征城市居住用地供应和住房供应情况，比例越低，表明该城市的住房供应越紧张。

在城市经济基本面与宜居性理论视角下，分别选取经济发展、产业结构、城市环境3个方面的因素。采用人均GDP评价经济水平，进而作为经济发展因素的指标；采用第三产业增加值占GDP比例来评价第三产业发展水平，进而评价产业结构；以$PM_{2.5}$平均浓度评价城市环境质量，进而作为城市环境的评价指标。

在城市住房市场与政策理论视角下，本案例以土地价格作为因素切入点，选择土地出让价格作为案例分析指标。土地价格往往正向决定住房价格，是表征城市的住房市场情况和住房政策情况的典型代表性定量指标。

（二）影响因素数据来源

市区总人口、市区暂住人口比例、城区人均居住用地面积、建成区居住用地占建设用地比例这4个指标的基础数据来源于《中国城市建设统计年鉴（2016）》；人均年末金融机构人民币各项存款余额、在岗职工平均工资、人均GDP、第三产业增加值占GDP比例等4个指标的基础数据来源于《2017中国城市统计年鉴》；$PM_{2.5}$平均浓度取2017年上半年$PM_{2.5}$浓度的均值，数据来源于"GREENPEACE绿色和平"网站。[①] 该网站的$PM_{2.5}$数据是根据中国环境监测总站[②]收集的各城市$PM_{2.5}$小时浓度值，采用算术平均值法得出的2017年上半年的均值。土地出让价格来源于《中国国土资源统计年鉴（2017）》。这些因素指标数据除了$PM_{2.5}$浓度（2017年上半年）外，全部为2016年数据。选择该年份的原因在于，根据已有研究表明，影响因素对住宅价格的影响往往有1~2年的滞后期（Jud et al.，2002；Apergis，2003；Black et al.，2006）。因此，影响指标数据选择2016年较为合理。

---

① https://www.greenpeace.org.cn/2017-1st-half-year-air-quality-366-cities-ranking/。

② https://113.108.142.147：20035/emcpublish/。

（三）中国城市住房价格影响因素的差异特征

根据前述指标体系的计算方法和相关数据来源得出中国城市的影响因素数值，其描述性统计见表2-5。

表2-5 中国城市住房价格差异影响因素的描述性统计

影响因素评价指标	单位	平均值	标准差	最大值	中位数	最小值
EI 1 市区总人口	万人	206.36	311.08	2 907.40	124.70	4.70
EI 2 市区暂住人口比例	%	12.09	11.43	68.03	8.68	0.26
EI 3 城区人均居住用地面积	m^2/人	0.39	0.14	1.10	0.37	0.02
EI 4 人均年末金融机构人民币各项存款余额	万元/人	11.72	8.66	61.79	8.81	1.19
EI 5 在岗职工平均工资	万元/人	61 490	12 304	122 749	59 433	36 410
EI 6 建成区居住用地占建设用地比例	%	31.72	7.91	68.60	31.06	6.66
EI 7 人均GDP	元/人	64 881	33 383	186 378	56 898	4 134
EI 8 第三产业增加值占GDP比例	%	48.40	10.72	80.23	47.01	25.63
EI 9 $PM_{2.5}$平均浓度	$μg/m^3$	50.45	17.38	101.20	48.30	13.30
EI 10 土地出让价格	万元/hm^2	1 453	2 409	19 252	823	45

一、二、三线城市之间的住房价格影响因素的平均值见表2-6。表中表明一、二、三线城市之间的城市住房供需、城市经济基本面与宜居性、城市住房市场与政策都存在较大差异。总体上，在市区总人口、市区暂住人口、人均年末金融机构人民币各项存款余额、在岗职工平均工资、人均GDP、第三产业增加值占GDP比例、土地出让价格这7项因素指标中，一线城市>二线城市>三线城市。这7项指标对房价的影响在理论上都为正向；在城区人均居住用地面积和建成区居住用地占建设用地比例这2项指标方面，三线城市＞二线城市＞一线城市。这2项指标对房价的影响在理论上都是负向。表明一线城市的居住拥挤程度最强，居住用地供应最紧张；而对应$PM_{2.5}$平均浓度，二线城市平均值最高，一线城市平均值最低。上述房价因素的城市间差异情况也在理论上解释了不同等级城市的房价差异。

表 2-6 中国一、二、三线城市的住房价格影响因素平均值

影响因素评价指标	单位	一线城市	二线城市	三线城市
EI 1 市区总人口	万人	1 885.73	579.56	133.47
EI 2 市区暂住人口比例	%	40.05	20.78	10.57
EI 3 城区人均居住用地面积	m^2/人	0.20	0.33	0.40
EI 4 人均年末金融机构人民币各项存款余额	万元/人	44.97	24.33	9.63
EI 5 在岗职工平均工资	万元/人	105 526	73 810	59 262
EI 6 建成区居住用地占建设用地比例	%	27.94	31.15	31.85
EI 7 人均 GDP	元/人	136 026	93 889	60 143
EI 8 第三产业增加值占 GDP 比例	%	69.85	59.58	46.67
EI 9 $PM_{2.5}$ 平均浓度	$\mu g/m^3$	43.15	52.67	50.28
EI 10 土地出让价格	万元/hm^2	15 189	3 713	956

三、中国城市住房价格的主要影响因素

对前述选择的 10 个影响因素指标（自变量）和住房价格（因变量）数据进行对数标准化，以消除量纲对结果带来的影响。首先对这 10 个因素指标进行共线性检验（表 2-7），检验结果表明，VIF 值最大的因素（人均年末金融机构人民币各项存款余额）也仅为 2.906 2。表明这 10 个因素之间不存在明显的共线性，全部可以纳入回归模型进行因素分析。

表 2-7 中国城市住房价格差异影响因素的共线性检验

影响因素	容差	VIF 值
EI 1 市区总人口	0.368 7	2.712 1
EI 2 市区暂住人口比例	0.677 2	1.476 6
EI 3 城区人均居住用地面积	0.461 4	2.167 2
EI 4 人均年末金融机构人民币各项存款余额	0.344 1	2.906 2
EI 5 在岗职工平均工资	0.510 3	1.959 6
EI 6 建成区居住用地占建设用地比例	0.504 1	1.983 9
EI 7 人均 GDP	0.422 4	2.367 4
EI 8 第三产业增加值占 GDP 比例	0.675 7	1.480 0
EI 9 $PM_{2.5}$ 平均浓度	0.785 8	1.272 6
EI 10 土地出让价格	0.375 1	2.666 1

采用 OLS 回归模型开展中国城市住房价格主要影响因素的案例研究。对标准化残差进行正态分布检验，结果表明，该模型的标准化残差符合正态分布特征，说明回归模型的精度较高。模型的 R^2 为 0.761，调整 R^2 为

0.752，表明模型的拟合程度较好。中国城市住房价格主要影响因素的 OLS 回归模型的回归系数和显著性结果见表 2–8。

表 2–8　中国城市住房价格差异影响因素的 OLS 回归系数

因素类别（自变量）	回归系数	标准差	z 统计值	p 值
EI 1 市区总人口	0.091 9**	0.029 4	3.130 8	0.001 9
EI 2 市区暂住人口比例	0.037 1*	0.017 8	2.083 8	0.038 1
EI 3 城区人均居住用地面积	0.021 7	0.056 7	0.382 3	0.702 6
EI 4 人均年末金融机构人民币各项存款余额	0.138 4**	0.043 1	3.208 7	0.001 5
EI 5 在岗职工平均工资	0.533 1**	0.115 5	4.615 6	0.000 0
EI 6 建成区居住用地占建设用地比例	0.023 9	0.084 3	0.283 6	0.776 9
EI 7 人均 GDP	0.012 1	0.043 8	0.277 3	0.781 8
EI 8 第三产业增加值占 GDP 比例	0.203 2*	0.083 2	2.441 4	0.015 2
EI 9 $PM_{2.5}$ 平均浓度	–0.103 6*	0.048 1	–2.152 3	0.032 2
EI 10 土地出让价格	0.272 0**	0.026 8	10.160 0	0.000 0
常量	–0.390 3	1.410 6	–0.276 7	0.782 2

注：**，* 分别表示在 0.01 和 0.05 水平上显著。

总体上，市区总人口、市区暂住人口比例、人均年末金融机构人民币各项存款余额、在岗职工平均工资、第三产业增加值占 GDP 比例、$PM_{2.5}$ 平均浓度、土地出让价格共 7 项因素指标对城市住房价格有显著影响，且影响方向符合理论预期。这 7 项指标涵盖了城市住房供需、城市经济基本面与宜居性、城市住房市场与政策 3 个理论视角，说明在研究中国城市住房价格影响因素时，需要同时考虑到上述 3 个理论，从多个方面进行综合分析。

城市住房供需理论方面，人口和购买力因素的 4 个指标（市区总人口、市区暂住人口比例、人均年末金融机构人民币各项存款余额、在岗职工平均工资）全部显著正向影响住房价格。上述 4 个指标每增加 1%，住房价格相应增加 0.091 9% 、0.037 1%、0.138 4%、0.533 1%。这 4 个指标全部和需求相关，说明需求是解释中国城市住房价格空间分布差异的主要理论视角。

城市经济基本面与宜居性理论方面，第三产业增加值占 GDP 比例和

PM$_{2.5}$平均浓度显著影响住房价格。其中，第三产业增加值占 GDP 比例值每增加 1%，住房价格就增加 0.203 2%；PM$_{2.5}$平均浓度每提升 1%，住房价格就相应下降 0.103 6%。这证明了城市经济基本面与宜居性对住房价格的影响。

城市住房市场与政策理论方面，土地出让价格每增加 1%，住房价格相应增加 0.272 0%。说明土地价格显著正向影响住房价格。土地价格是住房价格的重要支撑。

上述 7 项对住房价格有显著影响的因素的作用强度见图 2-3。图中表明，在岗职工平均工资对住房价格的影响最为强烈，回归系数值达 0.533 1，远高于其他因素的回归系数。其次为土地出让价格。人口的 2 项指标（市区总人口、市区暂住人口比例）对住房价格的影响强度相对最弱。

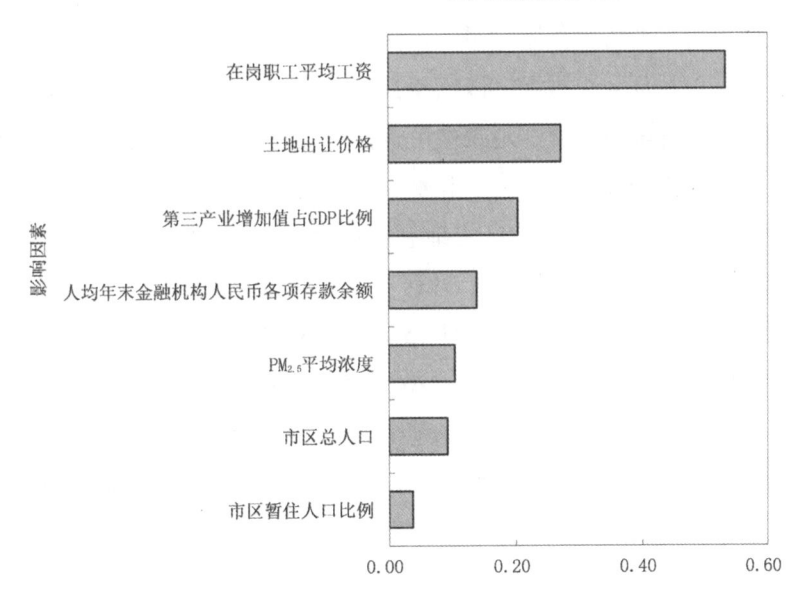

图 2-3 中国城市住房价格影响因素的强度差异

第三章　中观尺度的城市住房价格影响因素

本章阐述了中观尺度下城市住房价格研究的影响因素体系，即城市内部小区住房价格的影响因素体系。该体系包括小区特征、便利性特征、环境特征、区位特征4个方面。以广州都市区为案例，构建包括小区房龄、小区规模、电梯配备情况、地铁站可达性、办公便利性、小学教育便利性及学区、日常消费便利性、公园和水域可达性、厌恶型设施邻近性、工厂邻近性、片区道路密度、片区土地利用混合度、距CBD（中央商务区）距离、片区高新技术企业密度、片区人口集聚度在内的15个住房价格影响因素指标体系。以2020年11月15日—2021年4月15日在"贝壳找房大平台"加盟中介有成交记录的1 802个住宅小区为基本研究单元，以小区二手房均价为基本数据，通过三种全局回归模型比选，选取空间误差模型分析其主要影响因素。结果表明，小区房龄、小区规模、电梯配备情况、地铁站可达性、办公便利性、厌恶型设施邻近性、工厂邻近性、片区土地利用混合度、距CBD距离、片区高新技术企业密度共10个因素对住房价格的影响显著且符合理论预期。其中，距CBD距离和小区房龄是2个最关键的核心影响因素；办公便利性、电梯配备情况、工厂邻近性也是核心影响因素。

第一节 中观尺度下城市住房价格研究的影响因素

一、中观尺度下城市住房价格研究的影响因素体系

中观尺度是研究城市内部住房小区（或楼盘，下同）之间的房价差异。主要根据城市特征价格理论构建影响因素体系。本书从小区特征、便利性特征、环境特征、区位特征4个方面构建住房价格影响因素体系（见图3-1）。其中，小区特征可分为小区基本属性、小区内部设施与管理、小区综合环境3个方面；便利性特征可归纳为交通出行便利性、就业便利性、就学便利性、日常消费与公共服务便利性4类；环境特征可划分为实体环境或景观、建成环境、社会环境3个领域；区位特征分为地理位置和片区基本面2个类别。在案例研究中，可根据所在城市的特点和数据的可获得性，在这些特征指标体系中遴选部分因素开展研究。各细分特征领域的代表性特征指标见表3-1。

图3-1 中观尺度住房价格影响因素指标体系

表 3-1　中观尺度下城市住房价格影响因素指标体系及其典型指标

因素大类	细分特征领域	代表性特征指标
小区特征	小区基本属性	小区建成年份、小区住房性质、小区规模、开发商品牌
	小区内部设施与管理	小区档次、小区内部设施配套、停车位、物业管理水平、电梯配备情况
	小区综合环境	绿化水平、容积率、卫生环境、安静程度、小区软环境（社会环境）
便利性特征	交通出行便利性	地铁便利性、公交站点便利性、道路交通便利性
	就业便利性	主要就业地点的可达性
	就学便利性	所在学区的学校质量、学校（幼儿园、小学、中学、大学）可达性
	日常消费与公共服务便利性	商业服务与休闲游憩场所（商场、购物中心、超市、餐饮、娱乐、市场、休闲游憩等）可达性、公共服务场所（医疗、文化、体育、科普）可达性
环境特征	实体环境或景观	公园可达性、水域可达性、著名地标可达性、工厂邻近性、物流中心邻近性、批发中心邻近性、厌恶型交通设施邻近性、厌恶型市政设施邻近性
	建成环境	人口密度、就业密度、建筑密度、土地利用混合度、道路交叉口密度、建筑尺度、步行空间的连续性、城市设计水平
	社会环境	学历层次、职业阶层、收入水平、失业率、犯罪率、流动人口、租房户比例
区位特征	地理位置	距市中心距离、所处圈层、板块、区域、方位
	片区基本面	产业特征、人口集聚度、规划预期、片区住房政策

二、小区特征

城市住房的小区特征包括了小区基本属性、小区内部设施与管理、小区综合环境3个细分特征领域。其中，小区基本属性包括小区建成年份、小区住房性质、小区规模、开发商品牌等因素；小区内部设施与管理体现了小区的设施配套和管理完善程度，包括小区档次、小区内部设施配套、停车位、物业管理水平、电梯配备情况；小区综合环境包括小区的绿化水平、容积率、卫生环境、安静程度、小区软环境（社会环境）等。

（一）小区基本属性

1. 小区建成年份

小区建成年份决定了小区的新旧程度和剩余土地使用年限。从效用理论和特征价格理论看，小区建成年代越久远，小区的建筑越破旧，居住效用越差，享乐水平越差，吸引程度越低，其价格就越低。另外，从住房投资的预期来看，年代越久远的住房所剩产权的时间越少，投资吸引力越低，因而住房价格越低（王洋，2015）。一般情况下，小区建设年份越近（小区越新），其整体面貌和设施配套越好，小区的整体感觉越佳。理论上，小区建设年份越近，住房价格越高。Rubin（1993）认为住房年代在住房价格中占有重要的比重，是非常重要的住房特征；Wu等（2021a）的研究表明，房龄显著影响广州的住房价格。

2. 小区住房性质

小区住房性质包括小区用地类型和住房开发性质两方面。在用地类型方面，主要分为住宅用地、办公用地、商业用地、农村集体产权用地4类。住宅用地的使用年限为70年，可以承载户口，拥有学位，并可享受民用水电价格，交易税率税费较低，受到购房者青睐。办公用地和商业用地的使用年限分别为50年和40年，在办公/商业用地上建设的住房，居民一般不能落户口，无学位，往往承担商业水电价格，交易税率税费高，因此在其他条件类似的情况下，在办公/商业用地上建设的住房，其价格远低于住宅用地的住房。而农村集体产权用地上建设的住房为"小产权房"，未缴纳土地出让金等费用，无国有土地使用权证，不能向非本集体成员的第三人转让或出售，因此其"价格"最低。

在住房开发性质方面，主要包括普通商品房和保障性住房两大类。普通商品房包括房地产开发商建设的多层、高层住宅小区外，也包括别墅和房改房。保障性住房主要包括经济适用房、直管公房、共有产权房等类型。一般地，别墅的价格最高，其次是房地产开发商建设的普通商品房，保障性住房的价格相对较低，并且在交易时受到很多政策的限制。

3. 小区规模

小区规模一般可从小区的占地面积、总建筑面积、住户数、楼栋数等方面评价。一般情况下，中等规模小区比小规模小区（甚至单栋建筑构成的小区）的配套设施更完善，更有可能配建幼儿园、体育场地、会所等配套设施，因此，拥有一定规模的小区具有"集聚效应"。但规模宜有一定限度，规模过大的小区（例如大型楼盘），其物业管理服务的难度增大，公共设施使用拥挤，住户过多也可能为小区带来了"混杂"的感觉。

4. 开发商品牌

在居民印象中，小区的开发商品牌是影响小区建设质量、档次、设计和管理服务水平的因素之一。著名品牌开发商开发的楼盘（小区）往往更受居民信任和青睐，后续物业管理和维护也往往较好。因此，著名开发商品牌开发的住房往往有更高的溢价，并间接提升房价水平。Rahadi等（2013）对雅加达市区的研究表明，房地产开发商品牌和声誉对住房价格起到重要影响；戎会芹（2019）对上海住房市场的研究表明，房地产开发商具有品牌溢价。

（二）小区内部设施与管理

1. 小区档次

楼盘（或小区）档次是购房者对楼盘（或小区）整体设施配置、建设风貌、设计水平、人文环境的综合感受。一般地，楼盘（或小区）档次取决于住房建设时的整体定位。定位为高档楼盘的商品房，其档次往往较高，而拆迁安置房、保障性住房、经济适用房、廉租房、房改房、老公房等类型的住房，其小区档次往往较低。宋伟轩等（2020）通过对南京楼盘的研究认为，社区服务档次是影响房价分异的主导要素之一，并随时间不断强化。

2. 小区内部设施配套

小区设施配套影响着小区档次，主要包括教育配套（例如小区自带的幼儿园）、运动设施配套（例如游泳池、运动场地、运动器材等）、商业服务配套（例如便利店）、文化娱乐配套（例如会所）等。这些配套设施的数量、质量和完备程度影响着住户的居住体验。一些案例研究证明了住房小区内的游泳池、健身房、花园、会所等配套设施一般会提升住房价格（Mok et al., 1995; Tse et al., 2000）。

3. 停车位

小区停车位可从停车位数量和停车方式两个方面评价。停车位数量（一般指户均车位数）是否充足决定了有车住户驾车出行的便利性。车位不足将导致停车难、道路拥挤、车辆占用其他公共空间等问题。停车方式主要分为地面停车、地下停车、专用车库停车等。一般地，地下停车可使小区实现人车分流，进而使小区居民的内部活动更安全。陈多多等（2015）对上海徐汇区小区停车位的研究表明，小区停车位数量正向影响房价；谷兴等（2015）的研究表明户均停车位是武汉市主城区内房价差异的重要影响因素。

4. 物业管理水平

小区物业管理水平对居住体验的影响较大。物业管理水平与住房的折旧速度、小区面貌、小区设施的使用和维护、安全状况、居住服务体验等方面密切相关。一般地，有物业管理的小区优于无物业管理的小区；有专业物业管理公司的小区优于其他类型物业管理的小区。杨必磊（2013）对广州住宅小区的研究表明，"全国物业管理示范小区"荣誉称号明显提升了小区的住房价格水平。一般而言，物业费是物业管理水平的一种体现，对物业服务质量产生一定影响（Li et al., 2021）。徐生钰等（2018）对南京市鼓楼区的研究表明，物业费正向影响房价；邓小园（2019）对北京二手房的研究也得出了类似结论。

5. 电梯配备情况

小区内住房的电梯配备情况体现了小区的设施档次，也在一定程度上反映了小区的新旧。一般情况下，电梯房小区的住房价格往往高于楼梯房小区。原来无电梯的小区，如果加装了电梯，其房价也会提升，但一般情况下，其住房价格不会高于同类原装电梯的小区。张冕（2006）对上海市浦东新区住宅价格的研究表明，电梯对房价的影响较大；邓小园（2019）对北京的案例研究表明，小区配备电梯与房价呈正比。潘添翼等（2019）的研究认为是否有电梯是上海二手房房价的主要影响因素之一。

（三）小区综合环境

1. 绿化水平

绿化水平可通过小区绿地率和绿化覆盖率 2 项指标定量评价，也可根据绿化整体配置水平、植物档次、绿化维护保养情况等方面综合评价。树木或植物具有降尘、降噪、遮阳、美化、观赏等功能，因此，小区绿化水平决定了小区居住环境，并影响居住体验。Li 等（2021）的研究表明小区绿化率对小区房价有显著的正向影响；汤庆园等（2012）对上海的研究也表明绿化率对房价有显著正向影响。

2. 容积率

容积率一般是指小区（地上）总建筑面积与小区用地面积的比值。容积率决定了土地使用强度，直接影响居住的拥挤程度和舒适度（孟元元，2012），也决定了开发商的地价成本占住房的比例。在其他条件不变的前提下，容积率越低，居住质量和舒适程度越高（Li et al.，2021）。过高的容积率容易带来小区人口密度过大、居住拥挤、出行拥堵等问题，降低居住体验。一些案例研究证明了容积率与住房价格显著负相关（许慧 等，2016；席德利，2021）。Fesselmeyer 等（2018）对新加坡的研究表明，住宅密度的增大会导致物业价值的下降，住宅密度增加 10% 使每平方英尺的住宅价格降低了 1.3% 到 2%。这在一定程度上也体现了容积率与房价的关系，因为住宅密度与容积率往往正相关。

3. 卫生环境

小区的卫生环境体现在小区的整洁程度、害虫消杀、设施消毒、疫情管控等方面，也是小区综合管理水平的重要体现。卫生环境也直接决定了小区的居住舒适度和安全程度，是表征人居环境的重要指标。因此，优质的卫生环境将提升小区的住房价格水平。张志斌等（2018）认为，人居环境与房价存在显著的正相关关系。

4. 安静程度

小区的安静程度主要由小区周边噪声情况和小区内部噪声情况共同影响。周边的道路、人流、噪声污染型设施等影响小区安静程度。小区内部的装修、运动休闲（例如广场舞）等活动也会对小区安静程度有影响，这主要取决于小区的综合管理水平。

5. 小区软环境（社会环境）

小区的软环境体现了小区居民的社会文化特征。居民的社会阶层、职业、教育、综合素质、邻里相处氛围、居住稳定性、安全、心理感知等社会文化特征都决定了小区的"软环境"。购房者在购房选择过程中，小区的软环境也是其考虑的重要因素。

三、便利性特征

便利性特征的细分领域及其代表性指标如下：交通出行便利性的代表性指标包括地铁便利性、公交站点便利性、道路交通便利性；就业便利性根据主要就业地点的可达性评价；就学便利性包括所在学区的学校质量和学校（幼儿园、小学、中学、大学）可达性；日常消费与公共服务便利性一般可通过商场、购物中心、超市、餐饮、娱乐、市场、休闲游憩、文化、科普、体育、医疗场所的可达性评价。上述便利性特征可影响居民的居住区位选择（Kim et al., 2005; Humphreys et al., 2019），进而影响住房价格。

（一）交通出行便利性

1. 地铁便利性

地铁是城市大运量的轨道公共交通，具有安全、准时的特点（姜川，

2017），对居民日常通勤的帮助很大。很多购房者在购房选择时，都沿着通往就业地沿线的地铁站寻找房源。很多研究证明了地铁对住房价格的正向影响（Li et al.，2019；Yazdanifard，2021）。Laakso（1992）认为离地铁站口 1 000 m 范围内的土地有 6% 的价格溢价；Lee 等（2002）的研究表明，轨道交通站点对 800 m 范围内的住宅价格有显著影响，影响效果以 200 ~ 300 美元/100 m 的速率呈同心圆式递减；Tan 等（2019）以武汉为案例的研究表明，距离地铁站 1 600 m 范围内的二手住房比距离较远的二手住房的价格高 7% ~ 14%；刘康等（2015）对南京地铁 1、2 号线的研究表明，地铁对沿线站点住房价格产生了显著的增值效应，其影响程度与距地铁站点直线距离存在着显著的倒"U"形关系。因此，地铁便利性对住房价格的正向促进作用较为明显。

2. 公交站点便利性

对于不通地铁的城市或板块，公交车仍然是公共交通出行的最重要方式。距公交站点的距离、公交站点的发车密度、途经公交站点的公交车线路情况及拥挤程度等都影响着公共交通的便利性，也在一定程度上影响住房价格。公交站点便利性是购房者在购房决策中看重的重要因素（Li et al.，2019）。陈多多等（2015）对上海徐汇区的研究表明，小区周边公交车站数每增加 1 单位，住房价格相应增加 0.018%。

3. 道路交通便利性

住房所在区域（板块）的道路密度、道路宽度，道路车辆拥挤程度、道路通达性和可达性等指标决定了道路交通出行的便利程度。一般地，道路基础设施建设越完善，通行越通畅，道路交通便利性越高。古恒宇等（2018）对广州的研究表明道路接近度与房价呈正相关关系；卢茜等（2010）在对上海郊区新城房价研究的基础上认为，公路可达性较好的区域，住宅价格越高；Ossokina 等（2015）认为较高的道路密度可以减少车辆出行拥堵，进而提升房价。

（二）就业便利性

就业便利性可根据主要就业地点的可达性评价。从城市内部的区域或板块看，CBD、产业集聚区、科技园区、行政办公集聚区等是典型的就业集中区域。写字楼、机关事业单位、企业、各类产业园区和科技园区等是主要就业场所。往返上述场所是否方便直接决定了居民日常上下班所需的通勤时间。距就业场所越近的住房，其居民职住分离的程度越低，通勤往往越便利。已有案例研究表明，就业是否便利是影响家庭区位需求的重要因素之一（牛方曲 等，2016）；就业中心对周边住房价格有正向的影响作用（黄滨茹 等，2014）。Agnew 等（2018）对爱尔兰相关情况的研究表明，创造 1 000 个额外就业岗位的 1～2 年后，对附近房产的价格提升影响至少为 2%。由此可见，就业便利性越高，其住房价格越高。

（三）就学便利性

1. 所在学区的学校质量

就学便利性体现在学区质量和学校可达性两个方面。住房所在学区的质量对房价的影响非常大，可就读优质学区的住房的刚性需求非常大，使得其价格远高于普通质量学区的住房。尤其是小学的学区情况对房价的影响最为明显。Brasington（1999）发现公立学校的质量对邻近住房价格有较大影响；Clark 等（2000）的研究表明公立学校的数量与质量对房价的影响非常显著；Kathy 等（1996）的案例研究表明学校质量好的学区，住宅价格也高；Yuan 等（2018）的研究表明，高质量学校对房价有显著的正向影响。石忆邵等（2014）认为上海的学区房因素对房价影响程度高达 20.63%，这仅次于建筑面积的影响；梁军辉等（2016）对北京的实证研究表明，学区房显著影响房价，总体上学区房平均价格显著高于非学区房价格约 10%；Huang 等（2020）以北京为案例的研究表明，重点小学学区房对房价约提升 4%～8%。

2. 学校可达性

学校可达性体现了上下学的便利程度。家长为了孩子上学方便往往会选择在幼儿园或中小学附近购房或租房。部分大学生或相关人员为了学习（或实习、备考）方便也常会选择住在大学附近。因此，就学便利性（学校的可达性）也是这部分居民居住区位选择考虑的重要因素。已有案例研究表明，幼儿园（Wen et al., 2014）、优质小学（Han et al., 2021）、大学（Wen et al., 2014；Rivas et al., 2019）等学校对房价有显著的正向影响。洪世键等（2019）对厦门的研究表明，1 km 范围内幼儿园和小学的数量对房价有显著正向影响。

（四）日常消费与公共服务便利性

1. 商业服务与休闲游憩场所可达性

居民在购房选择过程中，其周边商业服务与休闲游憩是否便利是需要考虑的因素。影响商业服务便利性的场所一般包括商场、购物中心、超市、餐饮场所、娱乐场所、市场等。案例研究表明，零售商店可达性（Jang et al., 2015）、购物中心可达性（Zhang et al., 2020；Wilhelmsson et al., 2020）对房价有显著的正向影响。休闲游憩场所便于人们享受生活和消费，也为居民提供了交往空间。一方面，距这些场所的可达性决定了居民日常购物、消费、休闲娱乐、社交等活动的便利程度。但另一方面，距离商业服务与休闲游憩设施过近，或周边商业服务与休闲游憩设施过多过密也带来了噪声、污染、混乱、拥堵等负面影响，进而降低居住品质和居住体验。因此，商业服务与休闲游憩场所可达性对住房价格的影响有两面性。

2. 公共服务场所可达性

文化馆、博物馆、展览馆、图书馆、科技馆、少年宫等文化和科普活动场所及各类体育场、体育馆、运动设施等体育场所的可达性决定了居民进行日常文体活动的便利程度。案例研究表明，文化艺术活动设施（Haurin et al., 1996）、博物馆和艺术馆（Sung, 2021）、图书馆（何祺 等，

2021)、体育场馆（Dziauddin，2019）对住宅价格有提升作用。理论上，上述文化、科普、体育场所可达性与房价正相关。

医疗场所（尤其是高等级医院）可达性对住房价格的影响有正负两方面。一方面，医院作为公共服务设施，可达性较高可使住户就医更便利。但另一方面，医院对周边环境带来"污染"和拥挤，也被视作"厌恶型设施"。因此，医疗场所可达性对房价的影响方向尚不明确。Rivas（2019）的研究表明医院对房价有正向影响；Li 等（2019）对上海的案例研究表明医院对房价有正向促进作用；杨林川等（2016）认为医疗设施对住房价格的影响为正；而彭保发等（2015）基于上海的研究认为三甲医院对住房价格有负向影响，但距离 CBD 越近的住房，其负向影响程度越弱；斯子文等（2013）以复旦大学附属儿科医院为例的研究表明，小区至医院的距离与小区房价之间有显著的三次函数关系，不同距离区间，房价有增有减。

四、环境特征

环境特征的细分领域及其代表性指标如下：实体环境或景观包括公园可达性、水域可达性、著名地标可达性、工厂邻近性、物流中心邻近性、批发中心邻近性、厌恶型交通设施（例如飞机场、港口、火车站、汽车站、高速公路或高架路、加油站）邻近性、厌恶型市政设施（例如污水处理厂、垃圾处理场、燃气站、发电厂、变电站、高压走廊、殡仪馆、墓地、信号发射塔）邻近性。其中，前 3 项因素指标属于优质实体环境景观，其可达性对房价有正向影响。后 5 项因素指标的邻近性对房价有负向影响。建成环境从密度、多样性、设计三个维度评价，其评价指标主要包括人口密度、就业密度、建筑密度、土地利用混合度、道路交叉口密度、建筑尺度、城市设计水平等。社会环境主要包括居民的学历层次、职业阶层、收入水平、失业率、犯罪率、流动人口、租房户比例等方面。

（一）实体环境或景观

1. 公园可达性

公园（也包括森林、休闲绿地、开敞性公共活动空间等，下同）不仅可带来景观特有的愉悦，也具有改善环境（如净化空气）和改善小气候（例如降低城市的热岛效应）等作用，同时也可为居民提供日常休闲场所。在理论上，邻近公园将有利于住房价格的提升。很多案例研究证明了该因素对住房价格的正向促进作用。这些案例证明了公园（Espey et al.，2001；王德等，2007；谭文浩 等，2021；曾迎香 等，2021）、绿地（Nicholls et al.，2005；Stenger et al.，2009；杨俊 等，2018）、开放性公共空间（Lutzenhiser et al.，2001；Tajima，2003）的可达性或邻近性对房价的显著正向影响。

2. 水域可达性

这里的水域包括河流、湖泊、海洋等。滨水区域（例如滨河、滨湖、滨海区域）往往是城市中宝贵的优质空间。水域可调节小气候，同时具有景观和休闲功能。因此，在一般情况下，水域可达性与环境正相关，是住房价格的正向影响因素。Li 等（2020）对郑州的案例研究表明，河流和湖泊的可达性以及河流的宽度和水质对住宅价格有显著影响；Shi（2020）对杭州的研究表明，距西湖的距离每接近1%，房价将提升0.240%；Benson（1998）的研究表明海景对房价有正向影响。

3. 著名地标可达性

地标是城市的标志，包括重要地标性的建筑、区域、景区等。例如北京的天安门、上海的东方明珠塔、杭州的西湖、广州的珠江新城、扬州的文昌阁等。在理论上，著名地标可达性正向影响住房价格。刘天培等（2014）对北京的研究、王洋等（2014）对扬州的研究、温海珍等（2012b）对杭州的研究都表明了城市地标对房价的显著正向影响作用。Lu（2018）对上海的研究表明，上海地标建筑的景观使住房价格提高了6%。

4. 工厂邻近性

工厂（尤其是有一定污染的工厂）在生产过程中对周边区域可能带来噪声污染、空气污染等环境负面影响。工厂的原材料和产品在对外运输过程中也容易对周边区域产生交通压力和货运噪声。因此在理论上，越邻近工厂的住房，其环境越差，住房价格越低。薛冰等（2019）对沈阳市铁西区的研究表明，邻近工业企业对房价有抑制作用。

5. 物流中心邻近性

物流中心周边往往会集聚较多的大型货运车辆，车辆的进出和行驶容易给附近带来交通拥堵和噪声，并给居民带来负面的环境感受。因此，邻近物流中心的片区居住环境相对较差，房价可能较低。

6. 专业批发市场邻近性

专业批发市场周边的人流量和车流量较大，人口构成较为复杂，容易对城市安全和城市环境造成负面影响。并且，专业批发市场附近也常有货车通行，带来交通拥堵和噪声。一些农产品、水产品、畜产品批发市场还可能带来卫生问题。在理论上，邻近专业批发市场将降低住房价格水平。

7. 厌恶型交通设施邻近性

厌恶型交通设施包括交通枢纽设施（如机场、火车站、长途汽车站、港口）、影响环境的主要交通走廊（如公路、高架公路、铁路）和加油站三类。厌恶型的交通枢纽设施可能给周边区域带来较大的车流量和出行人流量，容易引发噪声（Bell，2001），对交通出行造成拥堵，也容易给社会环境带来一定的负面影响，因而对居住环境有负面影响。厌恶型的交通走廊容易为邻近住房带来噪声影响和负面的景观影响。加油站对邻近区域带来一定的气味污染、噪声和交通流，也带来一定的安全隐患。案例研究表明，机场（Nelson，2004；Espey et al.，2000）和火车站（Simons et al.，2004）对房价有负向影响。Zheng（2020）对香港的研究表明，香港启德机场飞机噪声的消失使机场周围的房价平均上涨了24.43%；吴云清等（2018）

以南京为案例的研究表明，在加油站周边1 200 m内的住宅，每接近加油站100 m，住房价格降低2 116.277元。因此在理论上，越邻近厌恶型交通设施，其居住舒适度越差，住房价格越低。

8. 厌恶型市政设施邻近性

厌恶型市政设施主要有污水处理厂、垃圾处理场、燃气站、发电厂、变电站、高压走廊、殡仪馆、墓地、信号发射塔等。这些市政设施对住房居住环境的负面影响主要体现在空气质量、气味、辐射、卫生、噪声、安全、心理等方面，从而降低居住价值，进而降低住房价格。Nelson（1992）的研究表明邻近垃圾填埋厂对房价有负面影响；宫徽等（2018）以北京为案例的研究表明，距离污水处理厂越近，对房价抑制越明显；党艺等（2020）认为北京市大型垃圾处理设施对周边房价有负面影响，影响的空间作用范围平均为6 km；任丽燕等（2020）对宁波的研究表明，发电厂对周围房价的影响最明显，住宅小区周边1 km范围内若有发电厂，其房价会下降3.35%；张琳（2017）的研究显示输电线路及变电站的设置对房价有负向影响。Jayantha等（2020）的研究表明，位于300 m高压线和高压塔范围内住宅的市场平均价值分别降低34.2%和18%；赵沁娜（2019）研究了合肥殡仪馆对房价的影响，结果表明，殡仪馆会降低周边房价，影响幅度约为3.2%，且负面影响在1 km范围内较显著；Bond等（2005）研究认为手机基站对附近住房的房价有负面影响；Wang等（2015）以扬州为案例，从高压走廊、变电站、给水厂、燃气站、加油站、污水处理厂、垃圾转运站、殡葬用地等8个方面构建了市政设施对环境影响的评价体系，并得出其对房价有负面影响作用。

（二）建成环境

建成环境源于城市形态，可认为是人类生产生活的日常活动形成的人居环境状态，是地理环境的一种表现形式，主要体现为土地利用和城市设计等物质空间形态（Cervero et al.，1997；杨励雅 等，2019）。经典的建成环境主要从密度、多样性和设计三个方面评价（Cervero et al., 1997）。其中，密度包括人口密度、就业密度、建筑密度等；多样性可根据土地利用混合度评价；设计一般可从道路交叉口密度、建筑尺度、步行空间的连续性、城市设计水平等方面体现。已有研究已关注到建成环境对房价的影响（Li et al., 2013; Li et al., 2021）。

1. 密度

建成环境中的密度要素主要从人口密度、就业密度、建筑密度、道路密度等方面体现。一般地，拥有较大人口量、就业率和建筑密度的片区，其活力和氛围较好，人气较旺，其住房价格往往较高。较大的道路密度可以减少车辆出行拥堵，进而提升房价（Li et al., 2013）。密度过小会带来荒凉和不安全感，使得建成环境不佳。但密度需要保持在一定的适宜范围内，如果密度过大（超过了适宜范围），会带来拥挤和压抑感，进而对建成环境带来负面影响，反而降低住房价格。孙枫等（2021）的研究表明人口密度是影响上海房价的关键因素；Makhubu（2018）的研究表明建筑密度对房价有正向影响。

2. 多样性

土地利用混合度是体现多样性的重要指标。已有研究证明，"积极功能"的土地混合利用会增加功能的多样性，提升建成环境质量。例如商业与居住功能的混合（Rundle et al., 2007），零售、办公和公园等功能的混合（Zhang et al., 2012）。因此，"积极功能"的土地利用混合度越高，建成环境越好，其住房价格往往也越高。但如果混入过多"消极功能"的土地，例如工业用地和交通基础设施用地，将对居住和日常生活带来噪声、污染等负面影响，进而降低建成环境质量。因此，融入"消极功能用地"的土地利用混合度越高，其房价可能越低。

3. 设计

住房所在片区的设计水平可体现在道路交叉口密度、建筑尺度、步行空间的连续性、城市设计总体水平等方面。城市设计质量有助于提升居民所感知到的安全感、舒适感、参与感和整体社区满意度，因此与住房价格密切相关（Hamidi et al.，2020）。合理优质的城市设计可提升居民的生活便利程度，增强居民对环境的正面感知和幸福感。因而，优质的城市设计将提升住房价格。

（三）社会环境

社会环境是城市环境中的重要组成部分，是决定居民住房区位选择过程中的重要因素（Jiang et al.，2017）。人的社会属性（例如职业、收入、教育、就业）等特征决定了社会环境，不同社会属性的居民居住在城市不同区域，就在空间上形成了社会环境分异。社会环境既决定住房供给特征，也影响着居民的购房区位决策，进而影响了住房价格。社会环境可根据片区（或街道、社区，下同）内居民的学历层次、职业阶层、收入水平、失业率、犯罪率、流动人口、租房户比例等方面综合评价（王洋，2021）。

1. 学历层次

一般地，片区内居民的学历层次越高，其受教育水平和素质越高，社会环境越好。第六次人口普查资料中将教育水平由高到低依次划分为研究生（含博士研究生和硕士研究生）、大学本科、大学专科、高中、初中、小学、未上过学7类。对于片区学历层次水平的评价可采用两种方法。一是将各类学历层次人群赋分（学历越高，赋分越高），然后根据各学历层次人口比例，通过加权求和方式计算出总得分（王洋，2017）。二是计算高学历层次人口比例。例如本科及本科以上人口占总人口（指6岁及以上人口）的比例（Wang et al.，2021）。在理论上，片区居民的学历层次越高，社会环境越好，住房价格越高。

2. 职业阶层

职业阶层可在一定程度上体现出居民的社会经济等级地位和威望，是划分社会阶层的重要视角（王洋 等，2017），进而体现出社会环境。对于职业阶层的划分，陆学艺（2002）结合中国的实际情况，从组织资源、经济资源、文化资源三维视角出发，提出了"五大社会经济等级+十大社会阶层"的划分标准，将其作为中国社会阶层划分的切入点。为了与第六次人口普查资料的职业划分方式相对应，可将职业阶层划分为国家与社会管理者阶层（国家机关、党群组织、事业单位负责人）、企业负责人阶层、专业技术人员阶层、办事人员阶层、个体工商户与商业服务业员工阶层、产业工人阶层（生产、运输设备操作人员及有关人员）、农业劳动者阶层（农、林、牧、渔、水利业生产人员）、无业和失业者阶层8个阶层。对于片区职业阶层的评价可采用两种方法。一是将各类职业阶层人群赋分（职业阶层等级越高，赋分越高），然后根据各职业阶层人口比例，通过加权求和方式计算出总得分（王洋 等，2017）。二是计算一定等级的职业阶层人口比例。例如计算第一、二、三等级职业阶层人口占总人口（指劳动年龄人口）的比例。在理论上，片区居民的职业阶层越高，社会环境越好，住房价格也相应越高。

3. 收入水平

居民收入水平是居民经济实力的体现，也是表征居民社会阶层的重要指标。一般而言，居民收入水平越高的片区，其社会环境越好。例如"富人区""贫民区"等说法就是依据其所住居民的收入等级定义的。收入通常包含工资性收入、非工资性收入、礼金收入3类（王洋，2017）。收入可体现为具体数字或数字区间范围，可通过典型调查方式获取。高收入水平片区的住房价格往往较高。

4. 失业率

失业率是衡量片区安全感和吸引力的重要指标，也是体现社会环境的指标之一。失业率较高的片区，社会不稳定性程度可能更高。研究表明，失业率上升将导致犯罪率上升（Raphael et al.，2001）。另外，较高失业率的片区，其总体收入水平往往较低，因而对住房价格的承受能力较差。在理论上，失业率越高，片区的社会环境越差，其住房价格越低。

5. 犯罪率

犯罪率是片区公共安全程度的直接体现，也是衡量社会环境优劣的重要指标。居民在居住区位选择过程中，往往倾向于居住在犯罪率较低、安全感较强的片区（Collinson et al., 2018）。因此在理论上，犯罪率较高的片区，其住房价格往往较低。Ceccato等（2020）的案例研究认为，每远离犯罪热点1 km，住房价值将增加超过3万瑞典克朗（约合人民币20 185元）。李璐琼（2018）的研究也表明，住房所在片区的犯罪率越高，该片区的住房均价越低。

6. 流动人口

流动人口对社会环境有正反两方面影响。一方面，流动人口体现了片区的活力和吸引力。越发达、越有吸引力的城市或片区，流动人口的比例和数量往往越高越大。因此，从这个角度看，流动人口对社会环境有正面的影响。但从城市安全的角度看，流动人口数据与犯罪率有明显的正相关关系，流动人口越多，犯罪率越高（Cahill et al., 2007）。因此，流动人口集聚的片区，社会安全性和稳定性相对较低。从这个角度看，片区的流动人口比例越高，社会环境越差。综上所述，在理论上，流动人口对住房价格有正负两种影响。

7. 租房户比例

居民是否拥有住房产权决定其社会分层情况（Saunders, 1978），随着房价的快速上涨，有住房产权阶层和无住房产权阶层的财富差距进一步增大，形成了阶层分化（Huang et al., 2009; Yi et al., 2014）。多数租房户属于无产权阶层，其社会阶层往往要低于有产权阶层。有研究表明，片区内的出租屋占总房屋数的比例越高，其暴力犯罪率越高（Lockwood, 2007）；另一方面，居住在出租屋中的人口稳定性往往较差，使得片区的安全性降低。因此在一般情况下，片区的租房户比例越高，社会环境越差，住房价格越低。

五、区位特征

区位是住房选择过程中考虑的重要因素（Schirmer et al., 2014）。区位特征由住房所在的地理位置和片区基本面共同决定，住房地理位置可从距市中心距离、所处圈层、板块、区域、方位等方面评判（王洋，2021）。片区基本面主要从片区的产业特征、人口集聚度、规划预期、片区住房政策等方面分析。

（一）地理位置

1. 距市中心距离

在住房建筑特征不变的假设前提下，距市中心距离越近的住房，区位条件越好，居住便利性程度越高，房价也往往越高。CBD往往被视作城市中心，距CBD距离是评价区位特征最常用的度量标准（Tiwari et al., 2001；Song et al., 2003；Wang et al., 2020）。北京（Yang, 2001；李文斌等，2007）、上海（石忆邵等，2006）、广州（Wu et al., 2021a）、深圳（Li et al., 2021）的案例研究都证明了距市中心（或CBD）距离越远，住房价格越低。

2. 所处圈层

一般而言，城市内圈层（例如核心区）的居住人气最高，生活相对便利，同时也是就业集聚地，因此其住房价格要高于外圈层（郊区）。扬州（王洋等，2014）、成都（张少尧等，2017；陈雪雯，2019）等城市的住房价格都体现为由中心向外围圈层式递减。

3. 所处板块或区域

城市内部不同板块或区域的发展水平往往存在不均衡现象。例如有些板块或区域的发展水平较高，建成环境较好，公共服务资源集聚，创新型产业集中，对人口的吸纳能力较强。这类板块或区域的住房更受购房者青睐，住房价格就会相对较高。

4. 所处方位

多数城市内部不同方位的发展水平存在差异。在其他条件一致的前提下，处于优越方位住房的价格往往更高。例如北京的北部优于南部（王芳 等，2014），深圳的西部优于东部（王瑞瑞，2019），成都的南部优于北部（翟崟淞，2019），兰州的东部优于西部（张志斌 等，2018）。这种方位差异的一种重要体现形式就是住房价格水平的差异。

（二）片区基本面

1. 产业特征

产业发展特征是片区发展水平的重要基本面，尤其是金融业、高新技术产业、互联网等高附加值产业和企业总部对片区的房价具有较强的正向促进作用。一方面，上述产业（企业）集聚的片区，会吸引大量中高收入就业者在片区附近居住和生活，对住房带来较多的需求，并且，中高收入者的住房购买力较强，对房价的承受能力较高。另一方面，上述产业（企业）集聚的片区往往拥有优质的建成环境（或正向促进建成环境的改善），因而会对住房价格产生正向的促进作用。深圳的南山区、杭州的未来科技城是高新技术企业和互联网企业的集聚区，其房价普遍较高。广州的珠江新城集聚了很多著名企业总部，也是金融业的集聚区，因而，该地区也是广州房价最高的区域。Wu 等（2021a）基于广州的案例研究证明了高新技术企业对房价有显著的正向影响。

2. 人口集聚度

片区的人口集聚度越高，其住房需求越强，房价往往越高。因此，人口集聚度是片区住房市场中的重要基本面。人口规模、人口密度、人气指数等指标可以定量判断人口集聚度。在理论上，人口集聚度与房价正相关。胡艳辉（2021）对南昌的研究表明人口集聚对房价有正向影响。

3. 规划预期

片区的规划预期情况往往会提前体现在住房市场中。因为购房者总是希望所购住宅能保值增值。在购房时，不只考虑当前，更考虑未来的升值空间。若片区处于城市主要发展方向，或是未来的城市中心，或是重点发展的片区，其住房价格可能更高。例如北京市通州新城规划对当地价格的巨大拉动，扬州市计划向东发展建设广陵新城使东区板块住宅价格大幅上涨等。

4. 片区住房政策

城市内部不同片区的住房政策可能有差异。例如在同一城市，部分片区住房限购，而另外一些片区不限购。不限购片区更容易吸引外地购房者购买住房，并比限购片区吸引更多的购房需求。

第二节 中观尺度城市住房价格影响因素的案例研究

一、广州都市区住房价格的空间差异特征

（一）案例研究区域与数据来源

1. 研究区域

以广州都市区作为本书中观尺度的案例研究区。广州都市区由广州绕城高速公路—广明高速公路—广州市界构成及其附近镇街的范围构成。西至广州市界，北至白云区的江高镇、人和镇、太和镇，东至黄埔区的萝岗街道、东区街道、荔联街道、南岗街道、夏港街道，南至番禺区的化龙镇、南村镇、东环街道、钟村镇、石壁街道。该地域范围包括了越秀区、荔湾区、海珠区、TH区的全部范围，以及白云区、黄埔区、番禺区的部分范围。根据各镇街所处的圈层区域位置和发展建设情况，可将研究区域进一步划分为旧城区、核心区、城区、近郊区4类功能地域（圈层地域）。各圈层地域包含的具体镇街见表3-2。

表 3-2　广州都市区圈层地域范围的划分情况

圈层地域	镇街名称
旧城区	沙面街道、岭南街道、华林街道、多宝街道、昌华街道、逢源街道、龙津街道、金花街道、洪桥街道、北京街道、六榕街道、光塔街道、人民街道、大塘街道、珠光街道、海幢街道、南华西街道
核心区	彩虹街道、站前街道、流花街道、东湖街道、农林街道、梅花村街道、黄花岗街道、华乐街道、建设街道、大东街道、白云街道、赤岗街道、新港街道、昌岗街道、江南中街道、滨江街道、素社街道、龙凤街道、沙河街道、石牌街道、天河南街道、林和街道、猎德街道、冼村街道
城区	南源街道、西村街道、桥中街道、白鹤洞街道、冲口街道、花地街道、石围塘街道、茶滘街道、海龙街道、东沙街道、中南街道、登峰街道、矿泉街道、沙园街道、南石头街道、凤阳街道、瑞宝街道、江海街道、琶洲街道、南洲街道、华洲街道、官洲街道、五山街道、员村街道、车陂街道、沙东街道、兴华街道、棠下街道、天园街道、元岗街道、黄村街道、长兴街道、龙洞街道、前进街道、新塘街道、三元里街道、松洲街道、景泰街道、同德街道、黄石街道、棠景街道、同和街道、京溪街道、金沙街道、东漖街道、新市街道、云城街道
近郊区	黄埔街道、红山街道、鱼珠街道、大沙街道、文冲街道、穗东街道、南岗街道、荔联街道、长洲街道、东环街道、小谷围街道、大石街道、洛浦街道、南村镇、新造镇、化龙镇、凤凰街道、珠吉街道、永平街道、人和镇、太和镇、夏港街道、萝岗街道、东区街道、联和街道、石壁街道、钟村镇、鹤龙街道、白云湖街道、石门街道、石井街道、均禾街道、嘉禾街道、江高镇

2. 住房价格数据的来源与处理

以广州都市区 1 802 个住宅小区为基本研究单元。这些小区是根据 2020 年 11 月 15 日—2021 年 4 月 15 日贝壳找房大平台加盟中介有成交记录的二手住宅统计得到的。贝壳找房大平台（https://gz.ke.com/）是全国具有较大影响力的房地产中介网站，在广州也具有较大影响。在这些成交的住宅中，加盟中介包括链家、德佑、房六六、置家、住商、糯家、住天下、添房置业、家域、珍房源、21 世纪、贝壳等房地产中介品牌商。

小区住宅价格是二手房成交单价，是根据小区所包含的单套二手住宅成交均价的算术平均值计算得出的。广州都市区于 2020 年 11 月 15 日—2021 年 4 月 15 日在贝壳找房大平台上成交的二手住宅样本共 8 824 套，最终推算出 1 802 个住宅小区的均价。这些住宅不包括别墅和商业办公性质的住房。

（二）广州都市区住宅小区均价的差异特征

在广州都市区 1 802 个住宅小区中，价格最高的小区为保利天悦花园，均价达到 139 745 元 /m²，价格最低的亚华阁的均价仅 14 682 元 /m²，最高价小区是最低价小区的 9.52 倍，显示出广州都市区内部住宅小区价格的巨大差异。不同价格区间的住宅小区数量见图 3-2。20 000.01 ~ 40 000.00 元 /m² 的小区数量最多，达 915 个，40 000.01 ~ 60 000.00 元 /m² 的小区数量也多达 580 个，这说明，广州都市区大多数住宅小区的价格区间在 20 000.01 ~ 60 000.00 元 /m² 之间。而高于 80 000.01 元 /m² 的小区和低于 20 000.00 元 /m² 的小区数量较少。每个小区的二手房成交单价见附表 2。

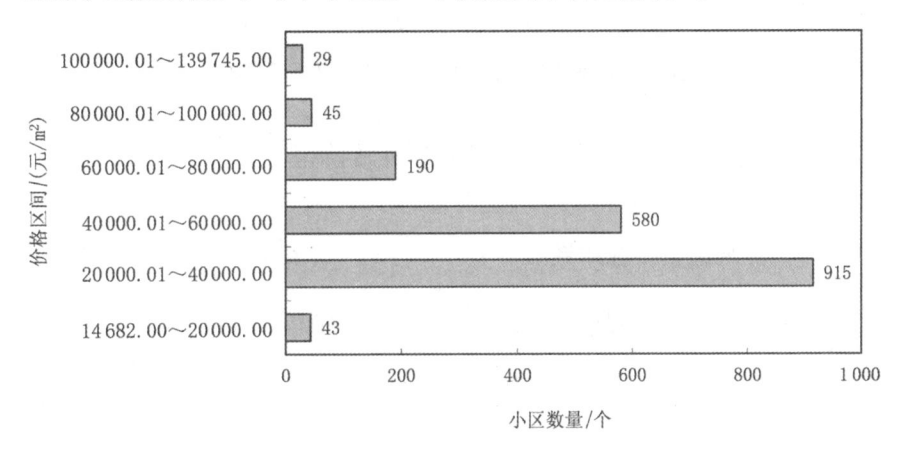

图 3-2　广州都市区 1 802 个小区住房均价的聚类分布

分别统计不同圈层地域范围的小区的住房价格情况，其描述性统计见表 3-3，详图见图 3-3。总体上，核心区的房价水平最高，其次为旧城，近郊区的价格最低。从各自圈层内部价格差异看，核心区内部的价格差异最大，近郊区内部价格差异最小。

表 3-3　广州都市区不同圈层地域范围的小区住房价格描述性统计

	旧城	核心区	城区	近郊区
平均值	43 492	54 473	38 472	31 416
标准差	13 681	20 317	14 826	9 195
最大值	98 848	134 365	139 745	68 697
中位数	39 720	51 725	34 810	29 774
最小值	22 299	22 143	15 649	14 682

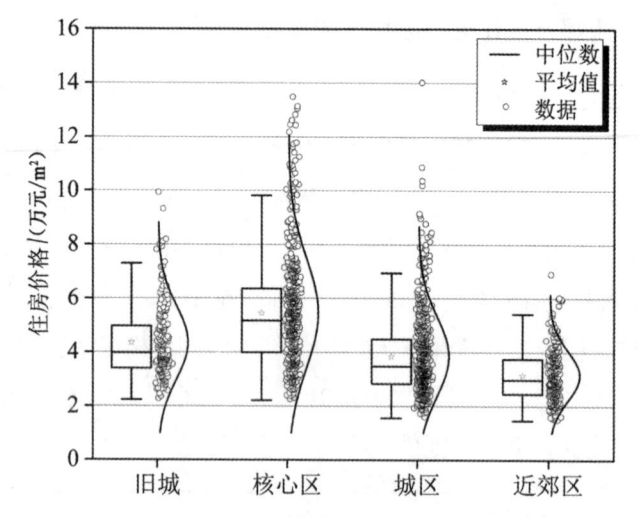

图 3-3　广州都市区不同圈层地域范围的小区住房价格的箱图

二、广州都市区住房价格的影响因素特征

（一）影响因素指标体系

根据本章第一节构建的中观尺度住房价格影响因素指标体系框架，从小区特征、便利性特征、环境特征、区位特征4个方面构建广州都市区住房价格影响因素指标体系（见表3-4）。其中，小区特征从小区房龄、小区规模、电梯配备情况3个因素评价；在便利性特征方面，选取地铁站可达性、办公便利性、小学教育便利性及学区、日常消费便利性4个因素，这4个因素分别代表本章第一节影响因素框架的交通出行便利性、就业便利性、就学便利性、日常消费与公共服务便利性；在环境特征方面选取公园和水域可达性、厌恶型设施邻近性、工厂邻近性、片区道路密度、片区土地利用混合度5个因素。前3个因素代表实体环境或景观，后2个因素属于建成环境；在区位特征方面，选择距CBD距离、片区高新技术企业密度、人口集聚度3个因素。其中，距CBD距离属于地理位置因素，片区高新技术企业密度、人口集聚度是片区基本面因素。初选的上述15个影响

因素基本上涵盖了本书第三章第一节构建的中观尺度影响因素指标体系。

表 3-4　广州都市区小区住房价格影响因素指标体系

因素大类	影响因素指标	预期影响方向
小区特征	F1 小区房龄	负向
	F2 小区规模	正/负向
	F3 电梯配备情况	正向
便利性特征	F4 地铁站可达性	正向
	F5 办公便利性	正向
	F6 小学教育便利性及学区	正向
	F7 日常消费便利性	正向
环境特征	F8 公园和水域可达性	正向
	F9 厌恶型设施邻近性	负向
	F10 工厂邻近性	负向
	F11 片区道路密度	正向
	F12 片区土地利用混合度	正/负向
区位特征	F13 距 CBD 距离	负向
	F14 片区高新技术企业密度	正向
	F15 人口集聚度	正向

每个影响因素的评价计算方法和赋分方式见表 3-5。

表 3-5　广州都市区小区住房价格影响因素指标的计算方法

影响因素指标	计算方法（分数赋值标准或单位）
F1 小区房龄	2021 年减去住房建成时的年份（年）
F2 小区规模	小区的住房总户数（户）
F3 电梯配备情况	小区住房（或大多数住房）配备电梯(5分)，小区住房（或大多数住房）未配备电梯（1分）
F4 地铁站可达性	距地铁站 200 m 范围内（9分），距地铁站 200～400 m 范围内（7分），距地铁站 400～800 m 范围内（5分），距地铁站 800～1 500 m 范围内（3分），距 1 500 m 范围外（1分）
F5 办公便利性	将主要办公场所（写字楼、政府机关、事业单位、科技园）点数据生成核密度，并根据标准差均值面进行分级。住房位于核密度 3 个标准差以上（含 3 个标准差）范围内（9分），位于 2～3 个标准差之间（7分），位于 1～2 个标准差之间（5分），位于 0～1 个标准差之间（3分），其他，即位于低于标准差均值的范围内（1分）
F6 小学教育便利性及学区	小区所在社区拥有省级重点小学（9分），小区所在社区拥有市级重点小学（7分），所在社区未拥有省市级重点小学的小区但距离省市级重点小学 500 m 范围内（5分），其他未拥有省市级重点小学的小区且距离省市级普通小学 500 m 范围内（3分），其他未拥有省市级重点小学的小区且距离所有小学 500 m 范围外（1分）

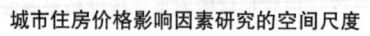

（续表）

影响因素指标	计算方法（分数赋值标准或单位）
F7 日常消费便利性	将主要日常消费服务网点（市场、超市、商场、餐饮场所、娱乐场所）的点数据生成核密度，并根据标准差均值面进行分级。赋分方式与办公便利性相同（1~9分的得分值）
F8 公园和水域可达性	位于公园（含公园、休闲绿地、开敞性公共活动空间）或水域（主要河流、湖泊）边界100 m范围内（9分），位于公园边界100~200 m范围内（8分），……，距公园800m范围外（1分）
F9 厌恶型设施邻近性	各类交通或市政类厌恶型设施及其影响范围设定如下：机场（半径5 000 m），火车站（半径500 m），长途汽车站（半径500 m），高速公路和高架路（单侧200 m），铁路（单侧80 m），加油站（半径80 m），殡仪馆（半径1 000 m），污水处理厂（半径2 000 m），垃圾处理场（半径4 000 m），变电站（半径500 m），高压走廊（单侧100 m）。在此基础上，赋分如下：未受到厌恶型设施影响（1分），受到1种设施影响（5分），受到2种设施影响（7分），受到3种设施影响（8分），受到4种及4种以上设施影响（9分）
F10 工厂邻近性	将工厂点数据生成核密度，并根据标准差均值面进行分级。赋分方式与办公便利性相同（1~9分的得分值）
F11 片区道路密度	住房所在镇街的道路密度（km/km²）
F12 片区土地利用混合度	住房所在镇街的土地利用混合度根据Liu（2017）的计算方法技术。用地类型包括商业、居住、工业、办公、交通、绿地与广场，用地类型通过POI点体现，用地类型与POI点类型的对应关系见Wu等（2021b）的研究
F13 距CBD距离	距广州国际金融中心大厦（珠江新城西塔）的距离（m）
F14 片区高新技术企业密度	住房所在镇街的高新技术企业密度（个/km²）
F15 人口集聚度	根据工作日白天的"腾讯热力图数据"生成核密度，并根据标准差均值面进行分级。赋分方式与办公便利性相同（1~9分的得分值）

注：以标准差面作为得分阈值的解释如下：根据正态分布规律，核密度生成的均值±1个/2个/3个标准差约涵盖总数据量的68%、95%、99%（Yu et al., 2015；吴康敏等，2016）。

（二）影响因素数据来源与处理

小区房龄、电梯配备情况2项因素的数据来源为贝壳找房大平台（https://gz.ke.com/）；小区规模（小区住房总套数）来源于"易居企业集团克而瑞"数据（http://www.cricchina.com/Home/Index_V2?v=1627901906）。

地铁站可达性、办公便利性、小学教育便利性及学区、日常消费便利性、公园和水域可达性、厌恶型设施邻近性、工厂邻近性、片区道路密度、片区土地利用混合度的相关基础数据来源于百度地图POI点数据，线状和面状数据根据百度地图绘制而成（数据采集时间是2019年8月，其中地铁数据采集时间是2020年2月）。其中，污水处理厂、垃圾处理场、变电站、高压走廊的空间位置数据参考广州市城市总体规划的现状图绘制。由于便利性特征和环境特征因素的相关数据相对稳定，因而存在一定的时间滞后性不会对研究结果产生影响。

距CBD距离根据GIS量取每套住宅与广州国际金融中心大厦（珠江新城西塔）的直线距离得出。片区高新技术企业密度来源于广东省科学技术厅发布的2017年度高新技术企业名单。利用地理编码技术，通过百度地图的应用编程接口获取企业的经纬度坐标。然后进行坐标变换，剔除异常值，构建空间数据库。被认定的高新技术企业大多是新成立的中小企业（Wu et al., 2019），这些企业也代表了该片区的高新技术发展情况和程度（Hamidi et al., 2018）。人口集聚度的基础数据来源于"腾讯热力图数据"，获取时间是2020年6月8日上午11点。

（三）广州都市区住房价格影响因素的差异特征

根据上述评价方法得出广州都市区各住宅小区住房价格的影响因素数值，其描述性统计见表3-6。不同功能地域的影响因素具有空间差异性特征。旧城、核心区、城区、近郊区之间的各影响因素平均值见表3-7。结果表明，不同地域范围的影响因素数值具有空间差异性特征。其中，旧城的小区房龄最大，地铁站可达性、办公便利性、小学教育便利性及学区、日常消费便利性、公园和水域可达性最好，厌恶型设施邻近性和工厂邻近性得分最低（受上述设施影响最小），片区道路密度最高，土地利用混合度最低，人口集聚度最高。总体上，旧城的便利性特征和环境特征最优。在核心区，小区规模最小，电梯配套情况得分最高，公园和水域可达性得分最低，片区土地利用混合度最高，距CBD距离最近，片区高新技术企业密度最高。总体来看，核心区的区位特征最优。城区的电梯配套情况得分最低，受厌恶型设施和工厂的环境影响最明显。近郊区的小区房龄最小，小区规模最大，地铁站可达性、办公便利性、小学教育便利性及学区、日常消费便利性的得分最低，片区道路密度、片区高新技术企业密度、人口集聚度最低，距CBD距离最远。总体上，旧城的小区特征最优，便利性特征和区位特征最差。

综上所述，在小区特征方面，近郊区最优；在便利性特征方面，旧城最优，近郊区最差；在环境特征方面，不同圈层地域结构的住房在不同因素指标上各有优劣；在区位特征方面，核心区最优，近郊区最差。

表3-6 广州都市区住房价格差异影响因素的描述性统计

影响因素	单位	平均值	标准差	最大值	中位数	最小值
F1 小区房龄	年	20.69	6.84	55.00	21.00	3.00
F2 小区规模	户	790	933	9 156	474	6
F3 电梯配备情况	得分	3.43	1.95	5.00	5.00	1.00
F4 地铁站可达性	得分	4.51	2.04	9.00	5.00	1.00
F5 办公便利性	得分	6.24	2.50	9.00	7.00	1.00
F6 小学教育便利性及学区	得分	3.74	2.11	9.00	3.00	1.00
F7 日常消费便利性	得分	6.46	2.39	9.00	7.00	1.00
F8 公园和水域可达性	得分	3.83	2.69	9.00	3.00	1.00
F9 厌恶型设施邻近性	得分	3.05	2.36	9.00	1.00	1.00
F10 工厂邻近性	得分	2.32	2.13	9.00	1.00	1.00
F11 片区道路密度	km/km²	16.66	5.72	33.97	16.11	2.97
F12 片区土地利用混合度	—	0.80	0.18	1.34	0.79	0.00
F13 距CBD距离	m	7 193	4 386	23 293	6 475	497
F14 片区高新技术企业密度	个/km²	5.35	5.95	25.38	3.15	0.00
F15 人口集聚度	得分	6.17	2.25	9.00	7.00	1.00

表3-7 广州都市区不同地域范围的住房价格影响因素平均值

影响因素	单位	旧城区	核心区	城区	近郊区
F1 小区房龄	年	22.122	21.887	20.505	17.957
F2 小区规模	户	700	652	828	1 020
F3 电梯配备情况	得分	3.556	3.626	3.291	3.329
F4 地铁站可达性	得分	5.856	5.159	4.115	3.414
F5 办公便利性	得分	8.478	7.951	5.709	2.875
F6 小学教育便利性及学区	得分	4.911	4.635	3.288	2.382
F7 日常消费便利性	得分	8.756	7.440	6.283	3.618
F8 公园和水域可达性	得分	4.817	3.645	3.663	4.020
F9 厌恶型设施邻近性	得分	2.333	2.416	3.699	3.128
F10 工厂邻近性	得分	1.789	1.829	2.860	2.276
F11 片区道路密度	km/km²	25.004	19.568	15.168	9.644

（续表）

影响因素	单位	旧城区	核心区	城区	近郊区
F12 片区土地利用混合度	—	0.651	0.863	0.802	0.751
F13 距 CBD 距离	m	7 093	3 445	7 391	14 065
F14 片区高新技术企业密度	个/km²	4.005	9.393	3.916	1.712
F15 人口集聚度	得分	7.944	7.826	5.684	3.039

三、广州都市区住房价格的主要影响因素

对前述选择的 15 个影响因素指标（自变量）和住房价格（因变量）数据进行对数标准化处理，以便消除量纲差异对结果带来的影响。首先对这 15 个指标进行共线性检验（见表 3-8），检验结果表明 15 个指标的 VIF 值都远低于 10，VIF 值最大的因素（办公便利性）也仅为 6.638 9，表明这 15 个因素之间不存在明显的共线性，全部可以纳入回归模型进行因素分析。

表 3-8 广州都市区住房价格差异影响因素的共线性检验

影响因素	容差	VIF 值
F1 小区房龄	0.652 4	1.532 9
F2 小区规模	0.938 7	1.065 3
F3 电梯配备情况	0.726 3	1.376 8
F4 地铁站可达性	0.699 5	1.429 6
F5 办公便利性	0.150 6	6.638 9
F6 小学教育便利性及学区	0.733 7	1.362 9
F7 日常消费便利性	0.209 7	4.768 5
F8 公园和水域可达性	0.919 6	1.087 4
F9 厌恶型设施邻近性	0.966 4	1.034 8
F10 工厂邻近性	0.788 6	1.268 1
F11 片区道路密度	0.406 2	2.462 1
F12 片区土地利用混合度	0.828 7	1.206 8
F13 距 CBD 距离	0.422 3	2.367 8
F14 片区高新技术企业密度	0.815 0	1.226 9
F15 人口集聚度	0.158 2	6.322 2

对特征租金模型（OLS 形式）的标准化残差进行正态分布检验，结果表明，该模型的标准化残差符合正态分布特征，说明回归模型的精度较高。

分析 1 802 个小区住房价格的空间自相关情况，采用固定距离法，门

槛距离设置为 500 m，得出 Moran's I 为 0.716 6，z 得分为 64.443 6，p 值为 0.000 0。表明广州都市区住房价格存在显著的空间关联特征。因此，在影响因素回归模型选择时，就需要考虑到小区间的空间相互作用，采用空间回归模型进行比选分析。

分别采用三种回归方式模型（OLS、SLM、SEM）进行分析并筛选最优模型。结果（见表3-9）表明，在 OLS、SLM、SEM 三个模型中，SEM 模型的调整 R^2 最大，达 0.783 8，Log likelihood 值最高，为 449.838 2，AIC 值最低，为 -867.676 0。由此判断，空间误差模型（SEM）的拟合程度明显优于其他两个模型。因此，采用空间误差模型分析广州都市区住房价格的主要影响因素。

表 3-9　3 种回归模型的主要参数比较

模型	R^2	AIC	Log likelihood
普通最小二乘法回归模型（OLS）	0.684 0	-343.318 0	187.659 0
空间滞后模型（SLM）	0.685 1	-347.567 0	190.784 0
空间误差模型（SEM）	0.783 8	-867.676 0	449.838 2

基于 SEM 的广州都市区住房价格影响因素的回归系数和显著性等指标见表3-10。该结果表明，小区房龄、小区规模、电梯配备情况、地铁站可达性、办公便利性、厌恶型设施邻近性、工厂邻近性、片区土地利用混合度、距 CBD 距离、片区高新技术企业密度共 10 个因素对住房价格的影响显著且符合理论预期。并且，除了土地利用混合度（0.05 水平显著）外，其他 9 个因素都在 0.01 水平上显著。这些显著的影响因素也涵盖了本书构建的中观尺度影响因素指标体系框架大类，印证了本书构建的中观尺度影响因素指标体系基本合理。

表 3-10　基于 SEM 的广州都市区住房价格影响因素的回归系数

因素类别（自变量）	回归系数	标准差	z 统计值	p 值
F1 小区房龄	-0.279 7**	0.013 16	-21.242 9	0.000 0
F2 小区规模	0.038 9**	0.004 5	8.558 9	0.000 0
F3 电梯配备情况	0.090 7**	0.006 4	14.061 6	0.000 0
F4 地铁站可达性	0.044 4**	0.013 4	3.312 7	0.000 9
F5 办公便利性	0.116 0**	0.027 1	4.279 4	0.000 0

（续表）

因素类别（自变量）	回归系数	标准差	z 统计值	p 值
F6 小学教育便利性及学区	−0.002 6	0.009 4	−0.277 5	0.781 4
F7 日常消费便利性	−0.079 1**	0.024 1	−3.283 3	0.001 0
F8 公园和水域可达性	0.012 6	0.008 8	1.425 2	0.154 1
F9 厌恶型设施邻近性	−0.031 8**	0.006 7	−4.734 2	0.000 0
F10 工厂邻近性	−0.078 0**	0.012 3	−6.318 5	0.000 0
F11 片区道路密度	0.041 0	0.027 0	1.520 4	0.128 4
F12 片区土地利用混合度	−0.010 5*	0.004 9	−2.165 0	0.030 4
F13 距 CBD 距离	−0.341 8**	0.020 0	−17.122 6	0.000 0
F14 片区高新技术企业密度	0.009 3**	0.003 3	2.826 4	0.004 7
F15 人口集聚度	−0.027 2	0.028 8	−0.947 5	0.343 4
CONSTANT	13.910 0**	0.215 5	64.536 6	0.000 0
LAMBDA	0.618 3**	0.021 2	29.226	0.000 0

注：* 和 ** 分别表示在 0.05 和 0.01 水平上显著。

由于对自变量和因变量都进行了对数标准化处理，因此，可根据回归系数大小判断各因素对住房价格的影响弹性，进而探索出对住房价格有显著影响的核心因素。

在建筑特征方面，3 个因素都显著影响住房价格且影响方向符合理论预期。其中，小区房龄的回归系数绝对值最高，达 −0.279 7，说明小区房龄每增加 1%，住房价格降低 0.279 7%。建筑特征的 3 个因素对住房价格的影响由强到弱分别为：小区房龄、电梯配备情况、小区规模。这说明，小区房龄是影响住房价格最重要的建筑特征因素，小区房龄越新，房价越高。其次，电梯配备情况和小区规模对住房价格有显著的正向促进作用，但其影响程度低于小区房龄。

在便利性特征方面，地铁站可达性和办公便利性对住房价格有显著的正向影响。其中，办公便利性对房价的影响程度更高，办公便利性每增加 1%，住房价格提升 0.116 0%。小学教育便利性及学区对房价的影响不显著，而商业服务便利性对住房价格的影响为负，与理论预期相反。地铁站可达性和办公便利性两项指标主要是体现居民"为了工作"的购房区位选择导向。商业服务便利性对住房价格影响为负的原因在于，商业服务设施对居住舒适程度来说是"双刃剑"，商业设施在为日常生活带来消费方便的同时，也带来嘈杂、混乱和不安全感（王洋 等，2021a）。尤其是接近较多的商业服务设施会降低居住品质。而在本书的案例研究中，商业服务设施的负面作用影响更为明显，因此对房价的影响为负。

在环境特征方面，厌恶型设施邻近性、工厂邻近性、片区土地利用混合度对房价的影响为负向且显著。这说明厌恶型设施和工厂对房价的负面影响不可忽视。由于本案例研究选取了商业、居住、工业、办公、交通、绿地与广场作为计算片区土地利用混合度的用地类型，而这六类用地的混合往往会给建成环境带来负面作用（尤其是工业和交通对建成环境的负面影响），因此，土地利用混合度与住房价格呈显著负相关。从影响程度看，工厂邻近性对房价的影响强度相对较高。在本研究案例中，公园和水域可达性、片区道路密度对房价的影响不显著。

在区位特征方面，距CBD距离对住房价格有非常显著的负向影响。与CBD的距离每增加1%，房价下降0.341 8%。该数值高于其他所有因素，这表明了区位条件对住房价格的重要影响作用。片区高新技术企业密度代表了片区产业(尤其是创新型产业)基本面特征,对房价有显著的正向影响。这一现象也印证了Wu等（2021a）提出的"创新资本化"现象。

在上述10个符合理论预期的显著影响因素中，距CBD距离和小区房龄是2个最关键的核心影响因素；办公便利性、电梯配备情况、工厂邻近性也是3个核心影响因素；地铁站可达性、小区规模、厌恶型设施邻近性、片区土地利用混合度、片区高新技术企业密度是5个一般影响因素（见图3-4）。鉴于此，在分析广州都市区住房价格差异的影响因素时，可重点关注距CBD距离、小区房龄、办公便利性、电梯配备情况、工厂邻近性这5个核心因素，这些因素也涵盖了住房小区特征、便利性特征、环境特征、区位特征4要素框架。

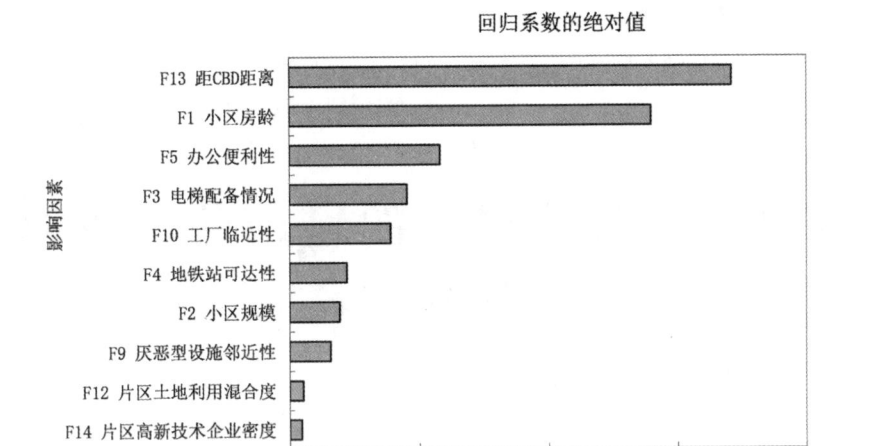

图 3-4　广州都市区住房价格 10 个影响因素的影响程度分级模式图

第四章　微观尺度的城市住房价格影响因素

本章阐述了小区／楼盘内部单套住房价格影响因素体系，即微观尺度下城市住房价格研究的影响因素体系。该因素体系包括住房微观位置、住房内部特征、住房人居环境、住房所在楼栋特征4个方面。以广州市 TJJY 小区为例，构建包括位置情况、所在楼层、卧室数量、户型格局、装修装饰、朝向、采光、通风在内的8个住房价格影响因素指标体系。以2021年3月29日—2021年4月9日贝壳找房大平台在售的28套二手电梯房为基本研究单元，采用 OLS 回归模型测度住房价格的影响因素。结果表明，TJJY 小区不同住房的价格差异较大，卧室数量、朝向、采光对住房价格差异有显著影响。

第一节　微观尺度下城市住房价格研究的影响因素

一、微观尺度下城市住房价格研究的影响因素体系

在微观尺度下，住房价格影响因素的选取可从微观区位理论、特征价格理论和人居环境理论出发，从住房微观位置、住房内部特征、住房人居

环境、住房所在楼栋特征 4 个方面构建影响因素体系。其中，住房微观位置、住房内部特征、住房人居环境都属于单户住房的特有特征，即每户的上述因素都有差异。住房所在楼栋特征是整栋住房（或住房单元）的共有特征。在整栋住房（或住房单元）内，所有住户都有一致的因素特征。每个影响因素大类都包括若干代表性因素指标。微观尺度下住房价格影响因素指标体系见图 4-1 和表 4-1。

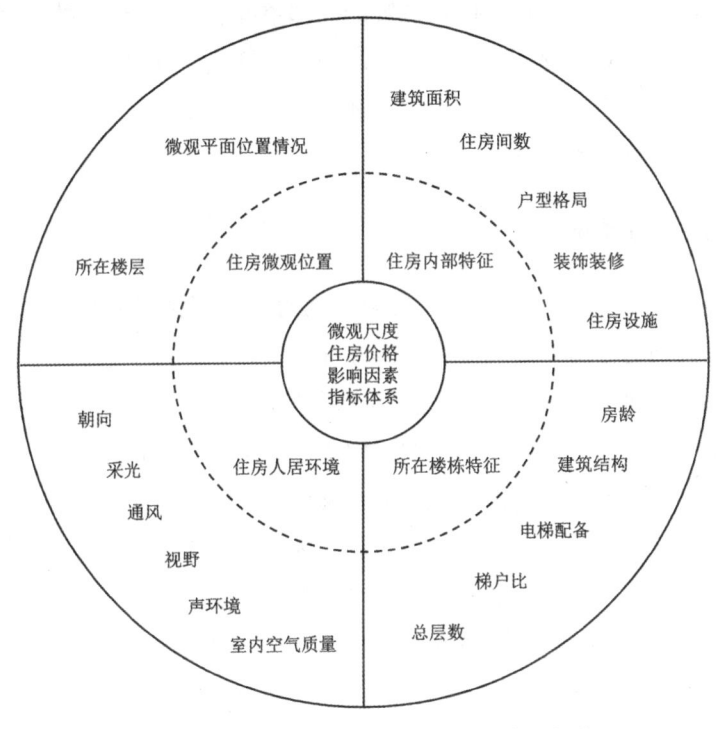

图 4-1　微观尺度下住房价格影响因素指标体系

表 4-1　微观尺度下住房价格影响因素指标体系

影响因素大类	代表性因素指标
住房微观位置	微观平面位置情况、所在楼层
住房内部特征	建筑面积、住房间数、户型格局、装修装饰、住房设施
住房人居环境	朝向、采光、通风、视野、声环境、室内空气质量
住房所在楼栋特征	房龄、建筑结构、电梯配备、梯户比、总层数

二、住房微观位置

（一）微观平面位置情况

在同一个住宅单元平面内，不同的住房微观位置有所差异。例如一梯两户的住房，可分为东户、西户；两梯四户的住房，可分为东南户、西南户、东北户、西北户。不同户的微观位置的外部情况有所差异。例如，有的户可望小区内部景观绿化，而有的户则临街道、铁路、高速公路。在一个建筑单元内，不同平面位置的住房，其朝向、采光、噪声、通风、视野等情况会因平面位置的差异而不同。

（二）所在楼层

住房所在层数决定了采光、通风、视野、噪声情况和垂直出行便利性。不同类别的住房，其优劣评判的标准有所差异。对于电梯房（例如高层或小高层住房），一般认为高楼层比低楼层更优；对于楼梯房（例如多层无电梯住房），一般认为低层可减少爬楼梯的时间，垂直出行更为便利，比高楼层更优。但一般来讲，无论是电梯房还是楼梯房，底层和顶层均不受居住者青睐。如果考虑消防安全和灾害逃生便利程度，低层优于高层。Conroy 等（2013）发现楼层的增加使得住房销售价格上涨，并且在较高的楼层溢价更高，楼层对房价存在一定的相关性。潘添翼等（2019）对上海二手房房价影响因素的研究表明，所在楼层是房价的主要影响因素。陈美潼（2019）对沈阳住宅二手房价影响因素的研究也证明了楼层对房价的重要影响。

三、住房内部特征

住房内部特征主要包括建筑面积、住房间数、户型格局、装修装饰、住房设施等因素，这些因素与住房本身的建筑设计和建筑设施密切相关。

（一）建筑面积

建筑面积体现了住房的宽敞程度和居住空间大小，直接决定了住房的使用效用。住房建筑面积越大，其房间安排和户型设计越有合理安排的余地，其通风、采光等要求也越好满足。建筑面积往往与住房总价正相关。案例研究表明建筑面积是购房者最关心的因素指标之一（Fan et al., 2006），并与住房价格显著相关（Keskin, 2008；徐生钰 等, 2018）。对于住房单价，如果购房者倾向于小户型住房，则建筑面积可能与房价负相关，如果倾向于大户型住房，那么，建筑面积可能与房价正相关。

（二）住房间数

住房间数是指每户住房的房间总数。一般地，住房间数越多，住房总价越高。在住房面积一定的前提下，住房间数越多表明住房的设计越紧凑，使用功能越丰富，往往更受购房者欢迎，住房单价也越高。尤其是卧室数量对住房价格的影响较大。例如，同样面积的住房，在其他类别房间数量一致的前提下，拥有2个或2个以上卧室的住房比仅拥有1个卧室的住房更受欢迎，因而房价单价也更高。已有案例研究表明，住房间数与房价正相关（陈多多 等, 2015；李璐琼, 2018；潘添翼 等, 2019）。

（三）户型格局

户型格局的优劣体现出住房的设计水平。虽然其评判标准因人而异，但在住房面积一定的情况下，可从户型总体格局形态、空间使用功能分区、符合日常起居生活习惯三个方面评价户型格局。在户型总体格局形态方面，购房者更倾向于房型方正、长宽比适宜、无棱角、无拐角、形态舒适实用的住房；在空间使用功能分区方面，动静分区、干湿分离的住房更受购房者青睐；在日常起居生活习惯符合程度方面，厨房出门即餐厅、卫生间和厨房有所隔离、客厅配有大阳台（有充足的光线）等情况较佳。住房格局可影响住房面积的利用率和利用合理性，也间接影响住房的采光、通风情况，并对居住者的日常心理感受有作用。因此在理论上，户型格局越合理，房价越高。吴昌耀等（2018）对长春市与吉林市的案例研究表明，户型格局是影响住房价格的关键因素。

（四）装修装饰

住房内部装修装饰程度决定了住房的美观程度和居住感受，一般可分为豪华装修、高档装修（精装修）、中档装修、简单装修、毛坯房等。在住房市场，装修不仅体现在不可移动设施（例如墙面、地面、厨卫、灯饰等）的装修装饰程度，也体现在家具家电用品配置方面。不可移动设施的装修与家具家电用品配置往往相辅相成。从另外一个角度看，家具家电也可归类为住房设施领域。装修装饰程度理论上与住房价格正相关。刘冰等（2020）对南京的案例研究表明，是否有装修对住房单价的影响较大。王新宇等（2015）对徐州市二手房价格研究表明，装修程度对高价位住房的价格有较大的正向影响。贾德铮等（2016）的研究表明，嘉兴市二手房房价的主要影响因素是装修程度，装修程度每提升一个档次，住房价格会大幅提升，但上升幅度会逐步减弱。

（五）住房设施

住房设施主要包括厨卫、水电煤气、家具家电等方面。其中，第六次人口普查资料对厨房、主要炊事燃料、自来水、洗澡设施、厕所5个子类进行了普查，因而可以认为这5项设施较具代表性。人口普查资料将上述5类设施分类如下：厨房分为本户独立使用厨房、本户与其他户合用厨房、无厨房3种情况；主要炊事燃料可分为燃气、电、煤炭、柴草、其他5种，一般来说，是否有燃气是最主要的评判标准；自来水一般以有无管道自来水的标准评判；洗澡设施可分为统一供热水、家庭自装热水器、其他方式、无洗澡设施4类；厕所可划分为独立使用抽水式、合用抽水式、独立使用其他样式、合用其他样式、无厕所5类，是否有厕所、是否独立使用是评价住房厕所水平的重要标准（王洋，2017）。上述5种子类型指标体现了住房的基础设施配置标准。马思新等（2003）对北京的研究表明，厨卫装修标准对住房价格影响明显。在此基础上，家具家电也是住房设施的重要组成部分。住房设施的齐全程度和质量水平可决定住房价格。

四、住房人居环境

住房人居环境一般由住房的朝向、采光、通风、视野、声环境、室内空气质量共同决定。这些因素影响居住者身体或心理健康。

（一）朝向

住房朝向决定了住房的日照情况。总体上，多朝向住房比单朝向住房更优。在北半球地区，当住房朝向的方位数量一致前提下，主朝向为南向最优（Lu，2018），北向最差。东西相比，由于西向存在西晒，因此东向一般优于西向。如果进一步细分，朝向由优到劣分别为：南北通透、主朝向为南或东南、主朝向西南、东西通透、主朝向为东、主朝向为西、主朝向为东北、主朝向为西北、主朝向为北。一般情况下，朝向越优，房价越高。对南京（徐生钰 等，2018）、沈阳（陈美潼，2019）、哈尔滨（王颖 等，2020）的案例研究表明，朝向对房价具有显著影响。

（二）采光

采光决定了住房内部的亮度和卫生情况，进而影响居住者的舒适度和心理状态。日照情况是决定住房采光情况的重要基础性因素。Edwards 等（2002）发现日光可为住户带来满意的居住效用。朝向、层数、建筑遮挡、窗户面积共同决定了日照。对于自然光，视野、窗户面积、住房进深情况是重要决定因素。Li 等（2018）的研究表明自然光采光情况与房价显著相关。贾德铮等（2017）对上海的案例研究表明，采光越好，二手房价格越好。

（三）通风

通风是影响住房卫生情况、室内温度和居住舒适度的重要因素。住房的层高、朝向、是否有窗、窗的位置和大小、有无建筑物明显遮挡等情况可决定住房的通风程度。在住房有窗且无明显遮挡的情况下，住房朝向情况对通风影响较大。一般地，通透（例如南北通透、东西通透）的住房通风情况较好，主朝向面向该城市主风向的住房，通风较优，高层住房的通风情况优于低层住房。若通风不良，会引起空气污染问题和热岛效应问题。因此，通风情况和住房价格相关（Li et al., 2018）。

（四）视野

住房视野决定了住房景观，也对居住者的心理有一定影响，进而影响居住舒适度。视野较好的住房，通风和自然光的采光往往也较好。一般来说，人们更加喜欢视野开阔、能够远望的住房，如果是望江景、湖景、海景、公园或丰富城市天际线景观的住房则更受青睐。如果视野不佳，被物体遮挡明显，或望到的景观较为负面（如望高架路、墓地、高压线、垃圾场、通讯塔、破旧建筑等），则会降低住房的租住体验和舒适度。Zhang等（2018）的研究表明，北京的购房者更希望居住在视觉感知好的住宅中，尤其是绿色视觉指数较高的住房。从住房需求来看，视野与房价呈正相关关系。

（五）声环境

噪声是影响住房人居环境的重要因素。从外部声环境看，住房主要朝向邻近铁路、高速公路、快速路、工厂、机场、交通枢纽、批发市场、物流中心、广场、商业区等时，更可能受到噪声影响。从内部声环境看，紧邻的营业场所、邻居等产生的噪声也会影响住房的声环境。住房噪声往往对住房价格有负向影响。Zheng等（2020）研究了香港启德机场拆除对房价的影响，结果表明，飞机噪声的消失使机场周围的房价平均上涨了24.43%。

（六）室内空气质量

室内空气质量同时受到室外空气和室内装修设施的影响。在室外空气方面，如果住房邻近污水厂、垃圾焚烧厂、污染型企业、加油站、污水渠等，污染的空气会进入室内，进而影响室内空气质量。在室内装修设施方面，一些劣质装修材料容易散发气味（例如甲醛等）。下水道设施设计不合理也容易出现气味，进而造成室内空气污染，影响居住者健康。

五、住房所在楼栋特征

住房所在楼栋特征指住房所在的整栋建筑（或单元）共同拥有的建筑特征，主要包括房龄、建筑结构、总层数、是否有电梯、梯户比等因素。

（一）房龄

房龄是住房新旧程度的重要代表性指标，由住房的建成年代决定。建成年代指住房建成并交付使用的年份。房龄由新到旧可依次称为新房、次新房、老房、旧房、极旧房。一般地，随着房龄的增加，住房逐渐老化，建筑面貌也逐渐过时，住房的各类设施也容易随之老化，进而降低居住体验。在理论上，房龄与房价负相关。对北京（Duan et al.，2021）、南京（刘冰 等，2020）、哈尔滨（王颖 等，2020）的案例研究都显示房龄与住房价格显著负相关。

（二）建筑结构

建筑结构是指在建筑物（包括构筑物）中，由建筑材料做成用来承受各种荷载或者作用，以起骨架作用的空间受力体系（董增辉，2013），也可称为建筑的承重类型。以2010年第六次人口普查资料为例，该普查资料将建筑结构分为钢及钢筋混凝土结构、混合结构、砖木结构、其他结构。一般来讲，钢及钢筋混凝土结构优于混合结构，混合结构优于砖木结构。在一些城市，建筑结构影响贷款年限。例如在广州市，砖混结构住房的贷款往往年限少于框架结构的住房。并且，框架结构的住房可以进行局部格局的装修更改，而砖混结构难以更改住房格局。因而，不同的建筑结构的住房，受购房者青睐的程度不同。

（三）总层数

住房的建筑总层数与消防安全、居住拥挤程度、日常维护等居住体验相关。建筑总层数越高，消防救援难度越大，垂直交通（乘电梯）的拥挤程度越高，日常维护的费用和要求越高。因此，在其他条件一致的情况下，总层数越低的住房，居住体验往往越好。

（四）电梯配备

电梯是决定住房垂直交通便利程度的重要设备。尤其是对于楼层较高的住房更是如此。在一般情况下，安装电梯的住房，其房价往往更高。另外，原装电梯的住房往往优于后加装电梯的住房。Jia 等（2018）的研究发现电梯可以为居民提供便利并节省时间成本，因此，电梯与房价呈正相关。北京（邓小园，2019）和上海（潘添翼 等，2019）的案例研究也表明，配置电梯将提升住房价格。

（五）梯户比

电梯楼和楼梯楼的梯户比概念有所差别。对于电梯楼，梯户比是指楼栋某单元中电梯数与每层楼住房（住户）数的比例。对于楼梯楼（一般是一部楼梯），梯户比是指每个单元中楼梯数与每层楼住房（住户）数的比例。梯户比的比值越小，共用电梯（或楼梯）的户数越多，垂直交通越拥挤，私密性相对越差，居住体验越差。例如，1 梯 2 户的住房优于 1 梯 4 户的住房。Tan 等（2010）认为，购房者不仅需要支付个人住房面积，还要支付公共空间面积，因此住户占用公共空间越多，付出的费用越高，即梯户比和房价呈正相关。

第二节　微观尺度城市住房价格影响因素的案例研究

一、广州 TJJY 小区住房价格的差异特征

（一）案例研究区域与数据来源

以广州市 TJJY 小区作为微观尺度的案例研究区。以 2021 年 3 月 29 日—2021 年 4 月 9 日贝壳找房大平台（"贝壳找房"App）挂牌在售的 28 套普通商品住宅（电梯房）为基本研究单元。住房价格的单位是元/㎡。贝壳找房大平台（https://gz.ke.com/）是具有较大影响力的房地产中介网站，在广州也具有较大影响。TJJY 小区位于广州市越秀区黄花岗街道御龙社区，B/C 组团北临广深铁路，南临淘金东路、淘金东横路，A 组团北临淘金东路，东临太和岗路，西、南临其他住宅区。A 组团与 B/C 组团由淘金东路分割。住房样本中，A 组团 6 套，B 组团 15 套，C 组团 7 套。该小区为分期开发，各期开发的住宅分别于 2003、2005、2008、2014 年建成。小区包括了 12 栋住宅建筑、1 栋商务建筑和 1 座幼儿园。住宅包括 23 个单元门牌号。

（二）TJJY 小区住房价格的差异特征

在 TJJY 小区的 28 套在售住房中，最高单价为 109 727 元/㎡，最低单价为 70 717 元/㎡，最高价比最低价高 39 010 元/㎡，这表明 TJJY 小区内部的住房价格具有明显的空间异质性。不同价格区间的住房数量见图 4-2。在售住房中，80 001 ~ 90 000 元/㎡的数量最多，为 11 套，70 717 ~ 80 000 元/㎡的数量为 9 套。其他价格区间的住房数量相对较少。

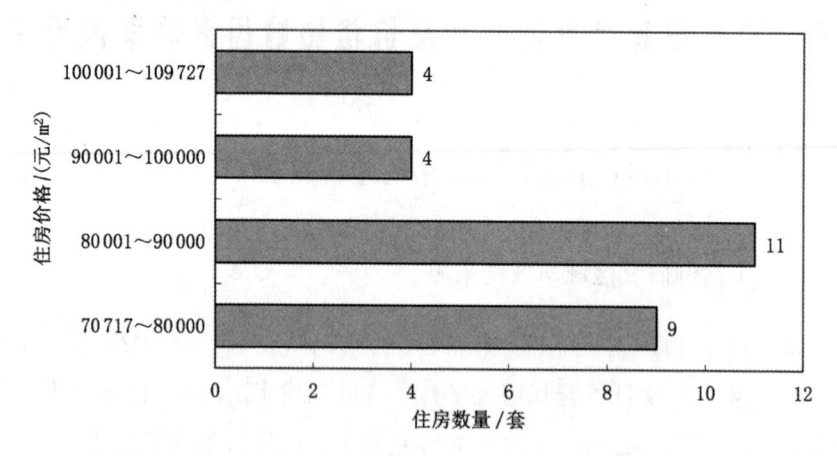

图 4-2　TJJY 小区 28 套住房样本的价格聚类统计分析

　　TJJY 小区 28 套在售住房的价格、位置、建筑面积、建成年份等情况见表 4-2。总体上，A 组团在售住房的均价相对较高，为 89 360.17 元/㎡，B 组团在售住房均价为 86 638.4 元/㎡，C 组团在售住房均价最低，为 81 300.86 元/㎡。

表 4-2　TJJY 小区 28 套在售住房的价格及主要信息

房价位序	所在组团	所在位置	住房单价/（元/㎡）	住房总价/万元	建筑面积/㎡	建成年份
1	A	淘金东路 98 号	109 727	1 031	93.87	2003
2	B	淘金东横路 7 号	104 592	1 180	112.82	2008
3	B	淘金东路 77 号	103 968	870	83.68	2005
4	B	淘金东横路 7 号	100 915	1 115	110.49	2008
5	A	淘金东路 86 号	98 914	910	92	2003
6	A	淘金东路 88 号	98 626	818	82.94	2003
7	B	淘金东路 79 号	93 608	700	74.78	2005
8	B	淘金东路 83 号	93 255	1 200	128.68	2005
9	B	淘金东路 75 号	89 775	1 000	111.39	2005
10	C	淘金东横路 9 号	86 907	450	51.78	2014
11	B	淘金东路 85 号	86 519	799	92.35	2005
12	B	淘金东路 85 号	85 730	790	92.15	2005
13	B	淘金东横路 7 号	84 635	710	83.89	2008
14	C	淘金东横路 9 号	82 841	700	84.5	2014
15	C	淘金东横路 9 号	82 518	430	52.11	2014
16	A	淘金东路 90 号	82 027	900	109.72	2003
17	B	淘金东路 83 号	81 952	1 448	176.69	2005

（续表）

房价位序	所在组团	所在位置	住房单价/（元/m²）	住房总价/万元	建筑面积/m²	建成年份
18	C	淘金东横路9号	81 465	425	52.17	2014
19	C	淘金东横路13号	81 102	630	77.68	2014
20	C	淘金东横路11号	79 815	620	77.68	2014
21	B	淘金东横路7号	77 458	680	87.89	2008
22	B	淘金东路81号	77 456	526	67.91	2005
23	B	淘金东横路7号	74 705	360	48.19	2008
24	C	淘金东横路9号	74 458	388	52.11	2014
25	A	淘金东路98号	74 414	349	46.9	2003
26	B	淘金东路81号	74 291	395	53.17	2005
27	A	淘金东路92号	72 453	450	62.11	2003
28	B	淘金东路81号	70 717	376	53.17	2005

二、广州TJJY小区住房价格的影响因素特征

（一）影响因素指标体系

从住房微观位置、住房内部特征、住房人居环境3个方面构建TJJY小区影响因素指标体系，具体包括位置情况、所在楼层、卧室数量、户型格局、装修装饰、朝向、采光、通风8个影响因素指标体系（表4-3）。除了卧室数量外，其他指标都是通过1~9分的得分情况赋值。

表4-3 TJJY小区单套住房价格影响因素的指标体系

影响因素大类	影响因素	单位	指标简要解释	预期影响方向
住房微观位置	F1 位置情况	得分	住房临小区内部/嘈杂街道/安静街道的得分	正向
	F2 所在楼层	得分	住房所在的楼层数赋分	正向
住房内部特征	F3 卧室数量	个	住房拥有的卧室总数	正向
	F4 户型格局	得分	住房的户型总体格局形态、空间使用功能分区、日常起居生活习惯符合程度的综合得分	正向
	F5 装修装饰	得分	住房装修新旧程度、软装情况和装修风格的综合得分	正向
住房人居环境	F6 朝向	得分	住房朝向情况得分	正向
	F7 采光	得分	住房客厅及卧室采光情况的综合得分	正向
	F8 通风	得分	根据住房开窗面朝数量、所在楼层、开窗范围判断通风情况并综合得分	正向

1. 位置情况

根据住房主朝向外临位置进行赋分。临小区内部的住房可望到小区内部绿化，其位置较好，相对安静，赋9分；临周边道路（例如淘金东路和淘金东横路）容易受到车辆噪声影响，赋5分；临广深铁路和靠近内环高架路的住房，易受到较明显的铁路噪声和车流噪声影响，位置较差，赋1分。

2. 所在楼层

由于本小区分析对象为电梯房，因此，中高层位置相对较佳。住房所在的楼层越高，其视野、采光和通风情况往往越好。9层及9层以上都属于较高楼层，赋9分；1~8层根据其楼层数分别对应赋1~8分。

3. 卧室数量

在住房建筑面积基本一致的情况下，卧室数量越多往往越受青睐。根据住房所拥有的卧室总数赋分，例如，拥有3个卧室的住房赋3分，拥有1个卧室的住房赋1分。

4. 户型格局

户型格局的优劣体现出住房的设计水平，也决定了居住的舒适感受。在对户型格局的赋分过程中，同时考虑房屋内部格局和各房间布局。赋分方式如下：房屋内部格局评分以6分为基础分，在此基础上再按房屋各房间的布局进行综合评分。在房屋格局方正方面，整体格局方正，空间长宽均衡加1分，空间长宽均衡且无过多棱角加2分，房屋总体布局不方正减1分，房屋总体布局不方正且房间棱角、拐角过多减2分；在房间空间使用功能方面，有考虑到动静分区或干湿分离，加1分，二者都未考虑则减1分；从风水学角度或心理感受方面考虑，在各房间门口的设计上，房间与房间的门正对着，体验较差，减1分，无此情况不加分；最后综合考虑房间布局是否符合起居生活使用习惯，从厨房出门即餐厅、卫生间和厨房有所隔离、客厅配有大阳台（有充足的光线）三个方面评价，这三种情况满足一种时加1分，上述情况如有一种情况不满足时减1分，累计计分。

分数最高分为9分，加至9分即止。得分越高，户型格局越好。

5. 装修装饰

住房内部装修装饰程度决定了住房的美观程度和居住感受。赋分方法如下：毛坯房屋为1分。对于有装修装饰的房屋，从新旧程度、软装情况和装修风格进行综合评分。4分为基础分，房屋整体装修较为崭新加1分，房屋整体装修较陈旧减1分，一般情况不加减；房屋内部软装包括电视墙、储物柜、装饰画、窗帘布艺、灯饰等，无任何软装或装饰较为陈旧的减1分，有一定的装修设计和装饰，款式和风格较为普通加1分，较为丰富且精致的装修加2分；具有明显的装修风格（例如现代简约风、中式风格、欧式装修风格等）加1分，整体装修风格较为华丽高贵的加2分。得分越高，装修装饰情况越好。

6. 朝向

住房朝向决定了住房的日照情况，也在一定程度上决定了通风情况。一般情况下，南向优于北向，东向优于西向。赋分方式如下：南北通透赋9分，主朝向为南或东南赋8分，主朝向为西南赋7分，东西通透赋6分，主朝向为东赋5分，主朝向为西赋4分，主朝向为东北赋3分，主朝向为西北赋2分，主朝向为北赋1分。得分越高，住房的朝向越好。

7. 采光

采光情况（光照、亮度）决定了居住者的居住舒适度和卫生情况，也影响居住者的心理。采光的得分主要根据客厅的采光评价，其次根据卧室采光赋分。客厅设有阳台的住房，其基础分为5分。楼高和阳台的视野情况会影响光照情况，楼层在中层（7层）以上加1分，楼层在高层（20层）以上加2分；理想的楼间距情况下，客厅朝向视域范围内仍有建筑物或遮挡物遮挡则减1分，房屋的视野范围内无遮挡则加1分；窗户的数量可以增加房屋的光照或亮度，若客厅同时兼有阳台和窗户的加1分。客厅面宽较长可以增加采光，若客厅进深过长，光线难以进入内部餐厅的位置，采光效果不佳，因此客厅的面宽和进深比小于1/3减1分，面宽和进深比大于等于 1/2 加 1 分。

如果客厅无阳台时，其基础分为 1 分。此时主要考虑卧室的采光，卧室房间均有单面全开大窗户加 2 分，房间窗户较小加 1 分；客厅设有一般窗户加 1 分，无则不加分；楼层 7 层以上加 1 分，楼层在 20 层以上加 2 分；理想的楼间距情况下，房间朝向视域范围内仍有建筑物或遮挡物遮挡则减 1 分，房屋的视野范围内无遮挡则加 1 分。分数最高为 9 分，加至 9 分即止。综合得分越高，住房的采光情况越好。

8. 通风

通风是影响住房卫生情况和居住舒适程度不可忽视的因素。通风情况的赋分主要根据房屋面朝数，再结合楼层和窗户的设计进行综合评分。单面朝向基础分为 3 分，双面朝向基础分为 5 分，双面且南北通透或东西通透的基础分为 8 分；三面朝向为 9 分；房屋楼层在 7 层以上加 1 分，楼层在 10 层以上加 2 分，低矮楼层不加分；房间阳台和窗户同时兼有加 1 分。在此基础上，开窗范围较大的加 1 分，较小的减 1 分，适中的不加减。分数最高为 9 分，加至 9 分即止。综合得分越高，通风条件越好。

（二）住房价格影响因素的差异特征

住房价格影响因素数据的来源与前述房价数据的来源相同。TJJY 小区 28 套住房的 8 个影响因素特征见表 4-4，绘制成 8 个影响因素的箱图见图 4-3，TJJY 小区 3 个组团在售住房的影响因素平均得分见表 4-5。

表 4-4 TJJY 小区 28 套在售住房的影响因素得分

房价位序	F1 位置情况	F2 所在楼层	F3 卧室数量	F4 户型格局	F5 装修装饰	F6 朝向	F7 采光	F8 通风
1	9	8	2	6	8	6	8	6
2	9	9	3	6	9	8	9	9
3	5	3	3	5	9	7	5	6
4	9	4	3	2	6	4	6	7
5	9	3	2	9	6	8	4	6
6	5	3	3	7	7	7	7	8
7	5	9	2	7	7	8	8	7

（续表）

房价位序	F1 位置情况	F2 所在楼层	F3 卧室数量	F4 户型格局	F5 装修装饰	F6 朝向	F7 采光	F8 通风
8	9	9	3	8	8	2	8	7
9	9	7	3	9	8	9	9	9
10	9	9	1	9	8	7	9	9
11	5	4	2	7	9	8	7	8
12	9	1	2	8	7	1	9	8
13	9	9	2	8	9	7	9	8
14	1	9	2	9	9	1	9	8
15	1	9	1	8	8	1	9	5
16	5	6	3	7	7	9	7	9
17	9	9	4	6	9	1	8	9
18	1	9	1	9	8	1	9	8
19	1	9	2	8	9	2	8	6
20	1	5	2	8	9	2	6	4
21	1	9	2	7	9	1	9	8
22	1	8	2	7	5	1	8	6
23	1	2	1	8	3	1	5	3
24	1	9	1	9	9	1	8	5
25	5	2	1	8	7	3	4	6
26	9	5	1	3	6	8	4	4
27	5	7	1	7	5	2	9	9
28	9	7	1	3	8	8	3	4

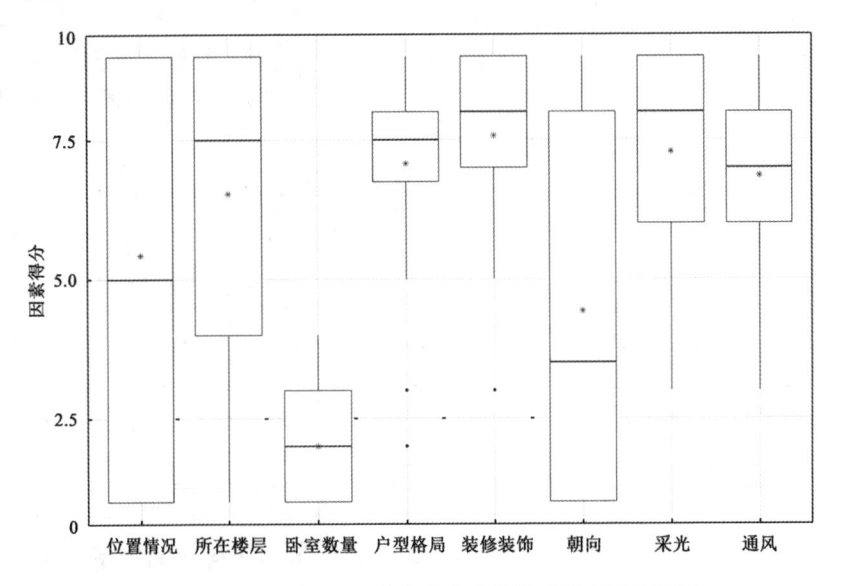

图 4-3　TJJY 小区 28 套在售住房的影响因素得分箱图

表 4-5 TJJY 小区 3 个组团在售住房的影响因素平均得分

	A 组团	B 组团	C 组团
F1 位置情况	6.333	6.600	2.143
F2 所在楼层	4.833	6.333	8.429
F3 卧室数量	2.000	2.267	1.429
F4 户型格局	7.333	6.267	8.571
F5 装修装饰	6.667	7.467	8.571
F6 朝向	5.833	4.933	2.143
F7 采光	6.500	7.133	8.286
F8 通风	7.333	6.867	6.429

根据上述 2 个表可知，3 个组团的影响因素平均得分差异较大。A 组团在售住房的朝向和通风最佳，所在楼层、装修装饰、采光 3 个因素最差；B 组团在售住房的位置情况和卧室数量最佳，户型格局最差；C 组团在售住房的所在楼层、户型格局、装修装饰、采光最佳，位置情况、卧室数量、朝向和通风最差。

三、广州 TJJY 小区住房价格差异的主要影响因素

对上述的 8 个影响因素指标（自变量）和住房价格（因变量）数据进行对数标准化处理，以便消除量纲差异对结果带来的影响。首先对这 8 个指标进行共线性检验（见表 4-6），检验结果表明，8 个指标 VIF 值最大的因素（采光）也仅为 3.869 5，表明这 8 个因素之间不存在明显的共线性，全部可以纳入回归模型进行因素分析。

表 4-6 TJJY 小区住房价格差异影响因素的共线性检验

影响因素	容差	VIF 值
F1 位置情况	0.338 5	2.954 3
F2 所在楼层	0.549 5	1.820 0
F3 卧室数量	0.658 2	1.519 3
F4 户型格局	0.579 0	1.727 3
F5 装修装饰	0.675 2	1.481 0
F6 朝向	0.411 2	2.431 7
F7 采光	0.258 4	3.869 5
F8 通风	0.303 1	3.299 3

采用 OLS 回归模型分析 TJJY 小区住房价格的主要影响因素，模型的

R^2 为 0.597 3，调整 R^2 为 0.427 7。TJJY 小区住房价格影响因素的回归系数及显著性等指标见表 4-7。结果表明，在 8 项因素中，卧室数量、朝向、采光对住房价格有显著影响，且影响方向符合理论预期。在该研究案例中，住房微观位置的 2 项因素（位置情况、所在楼层）对房价影响不显著；在住房内部特征方面，卧室数量是唯一的显著影响因素（0.05 水平上显著），说明购房者更倾向于卧室数量较多的住房，户型格局和装修装饰对房价的影响不显著；在住房人居环境方面，朝向和采光 2 项因素都对住房有显著的正向影响（0.1 水平），朝向和采光得分每提升 1%，住房价格相应提升 0.060 6% 和 0.210 6%。通风情况对住房价格的影响不显著。该案例分析表明，在微观尺度，住房的人居环境因素对住房价格的影响起到较大作用，不容忽视。

表 4-7　基于 OLS 的 TJJY 小区住房价格影响因素回归系数

影响因素	回归系数	标准差	t 值	p 值
常数项	11.048 8	0.183 3	60.273 2	0.000 0
F1 位置情况	0.016 6	0.031 5	0.527 1	0.604 2
F2 所在楼层	−0.046 0	0.040 3	−1.143 8	0.266 9
F3 卧室数量	0.129 5**	0.047 8	2.711 5	0.013 8
F4 户型格局	−0.011 9	0.063 5	−0.187 4	0.853 3
F5 装修装饰	0.036 6	0.086 4	0.423 2	0.676 9
F6 朝向	0.060 6*	0.030 0	2.020 6	0.057 6
F7 采光	0.210 6*	0.111 0	1.897 6	0.073 0
F8 通风	−0.128 9	0.107 8	−1.195 9	0.246 4

注：** 和 * 分别表示在 0.05 和 0.1 水平上显著。

需要指出的是，本研究的样本量较少，加之每个小区的特征有所差异，因此该结论不具有代表性和普适性。不同时间段、不同中介渠道获取的住房样本数据也会有较大差异，可能带来不同的结论。未来可进一步扩大住房样本数量、扩展数据采集途径，开展更为深入的分析和对比研究。

第五章　城市住房价格影响因素研究的尺度交叉

本章以珠江三角洲为案例分析了宏观尺度与中观尺度交叉的住房价格影响因素，以广州市 TH 区为案例研究了中观尺度与微观尺度交叉的住房价格影响因素。

在本章第一节，以珠江三角洲为案例，构建包括镇街生活配套设施便利性、镇街建成环境、镇街自然环境、镇街所在区（县）基本面 4 个方面 10 个指标的住房价格影响因素指标体系。以 400 个镇街为基本研究单元，以 2018 和 2019 年住房成交单价为基本价格数据，通过模型比选，采用空间误差模型测度住房价格的影响因素。结果表明：①珠江三角洲镇街间的房价差异较大，高房价区和中高房价区的镇街集聚分布在深圳西南部和广州核心区，具有显著的空间集聚和空间关联特征；②珠江三角洲住房价格影响因素特征差异明显；③镇街层面的中观尺度因素（地铁便利性、道路密度、空气污染）和镇街所在区（县）的宏观尺度因素（新增人口、收入水平、经济水平、服务业水平）都对珠江三角洲住房价格差异有显著影响。该案例研究表明在城市群空间尺度上，宏观因素和中观因素对房价同时有影响。

在本章第二节，以广州市 TH 区为案例，构建包括建筑特征、小区特征、便利性特征、环境特征、区位特征 5 个方面 18 个指标的住房价格影响因素指标体系。以 2020 年 11 月 15 日—2021 年 4 月 15 日在贝壳找房大平台有成交记录的 2 064 套二手住宅为基本研究对象，采用 OLS 线性回归模型探索住房价格的主要影响因素。结果表明：①广州市 TH 区内部住房价格存在较大差异，珠江新城中板块成交均价最高，沙河板块均价最低；②单套住房的微观尺度因素（房龄、电梯与楼层、梯户比、建筑面积）和中观尺度因素（小学教育便利性及学区、公园和水域可达性、厌恶型设施邻近性、片区道路密度、距 CBD 距离、人口集聚度）都对住房价格影响显著且符合理论预期；③对房价的影响强度最高的 3 个因素分别为房龄、人口集聚度和距 CBD 距离。该案例研究表明在城市部分区域的空间尺度上，中观因素和微观因素都对房价产生影响。

第一节　宏观尺度和中观尺度交叉的城市住房价格影响因素

一、珠江三角洲住房价格的空间差异特征

（一）案例研究区域与数据来源

以珠江三角洲 9 市（不包括珠三角外围区域的广宁县、德庆县、封开县、怀集县、龙门县 5 个山区县）为宏观—中观交叉尺度研究的案例地。以可获取（或计算）到住房价格数据的街道（包括镇、开发区管委会、旅游区等）为基本研究单元（以下简称镇街），共 400 个，住房价格的单位是元/㎡。

住房价格数据来源如下：广州、深圳、珠海、佛山、东莞、中山、惠州、江门的住房价格数据为建成年份为 2000 年以来的带电梯的住宅的二手房成交价格（成交时间为 2018 年 1 月 1 日—2019 年 12 月 31 日）。数据来源于"贝壳找房大平台"（https://www.ke.com/city/）。其中，江门和惠州的部分镇街的数据根据"房天下"（https://www.fang.com/SoufunFamily.htm）进行了补充；肇庆的住房价格数据为建成年份为 2000 年以来的带电

梯的住宅的二手房在售价格，数据获取时间为2021年5月13日，数据来源于"房天下"（https://www.fang.com/SoufunFamily.htm）。尽管肇庆的住房价格获取时间和其他城市不同，但由于2018年以来，肇庆的住房价格相对平稳，因此，肇庆的住房价格数据与其他8个城市的价格具有可比性。上述住房总样本为52 210套。根据平均值计算法，得出每个镇街的住房平均价格。有住房价格数据的镇街数量为400个。

（二）珠江三角洲住房价格的空间差异特征

在珠江三角洲400个镇街中，房价最高的深圳市南山区粤海街道房价为94 767.61元/㎡，最低的四会市城中街道仅为3 471元/㎡，二者差距为27.30倍。根据其数据分布特点，将房价分级的数值阈值确定为3 471.00～10 000.00元/㎡（低房价区）、10 000.01～25 000.00元/㎡（中低房价区）、25 000.01～50 000.00元/㎡（中等房价区）、50 000.01～75 000.00元/㎡（中高房价区）、75 000.01～94 767.61元/㎡（高房价区）。对应的镇街数量为85、140、125、40、10。房价的描述性聚类统计如图5-1所示。据此可知，高房价镇街和中高房价镇街的数量相对较少，而中低房价和中等房价的镇街数量较多。

住房价格/(元/㎡)	镇街数量
75 000.01～94 767.61	10
50 000.01～75 000.00	40
25 000.01～50 000.00	125
10 000.01～25 000.00	140
3 471.00～10 000.00	85

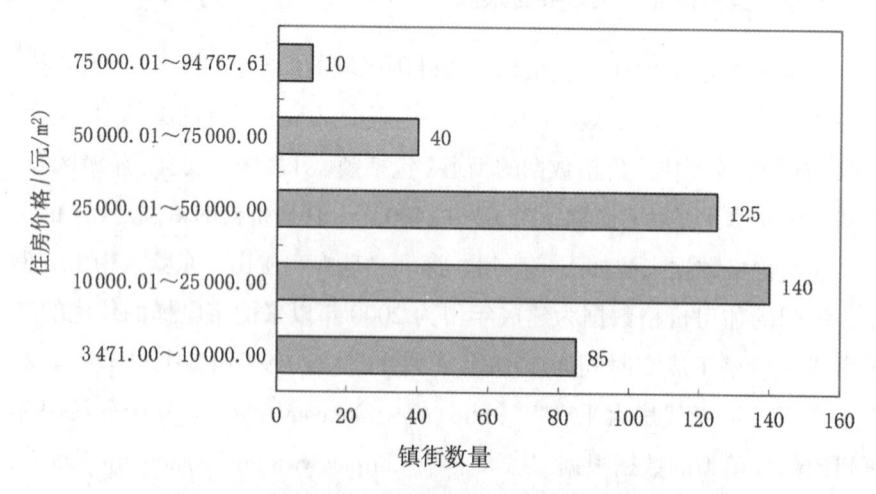

图5-1　珠江三角洲400个镇街住房价格的聚类统计分析

珠江三角洲400个镇街的住房价格见附表3。根据ArcGIS 10.0绘制的珠江三角洲住房价格的空间差异格局。高房价区和中高房价区的镇街集聚分布在深圳西南部和广州核心区；中等房价区主要分布在深圳北部、广州都市区、珠海香洲区。总体上，深圳、广州是珠江三角洲的2个房价较高的区域。而低房价区的镇街主要分布在珠江三角洲的外围，例如江门、肇庆、惠州等区域。

基于400个镇街的房价数据，采用算术平均数方式估算出珠江三角洲9个城市的住房均价（见图5-2）。图中表明，珠江三角洲9个城市的住房均价差距非常大，深圳均价最高，达52 106元/㎡，广州其次，为33 765元/㎡，肇庆最低，为5 554元/㎡，仅为深圳的10.65%。

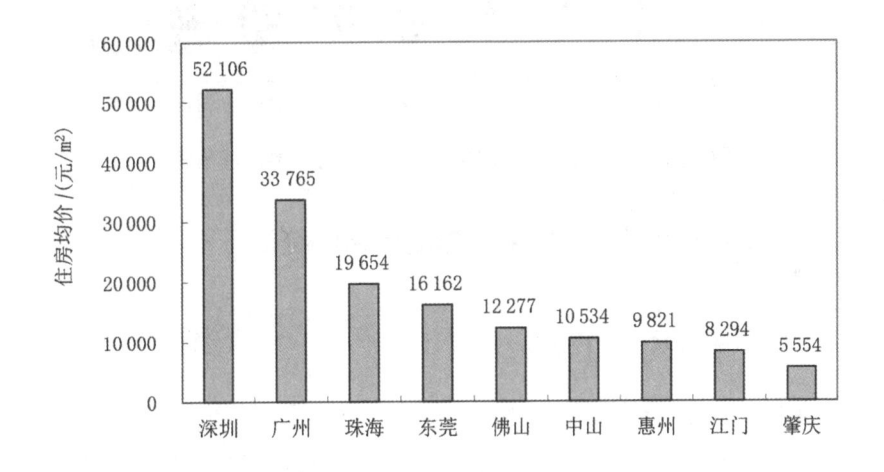

图5-2　珠江三角洲9市住房均价

绘制珠江三角洲9个城市400个镇街住房价格的小提琴图（见图5-3），图中表明，深圳和广州内部镇街之间的住房差距很大，珠海内部镇街间的房价也有一定差距，而其他城市内部镇街的房价差距相对较小。总体上，平均房价越高的城市，其内部镇街房价的差异越大。

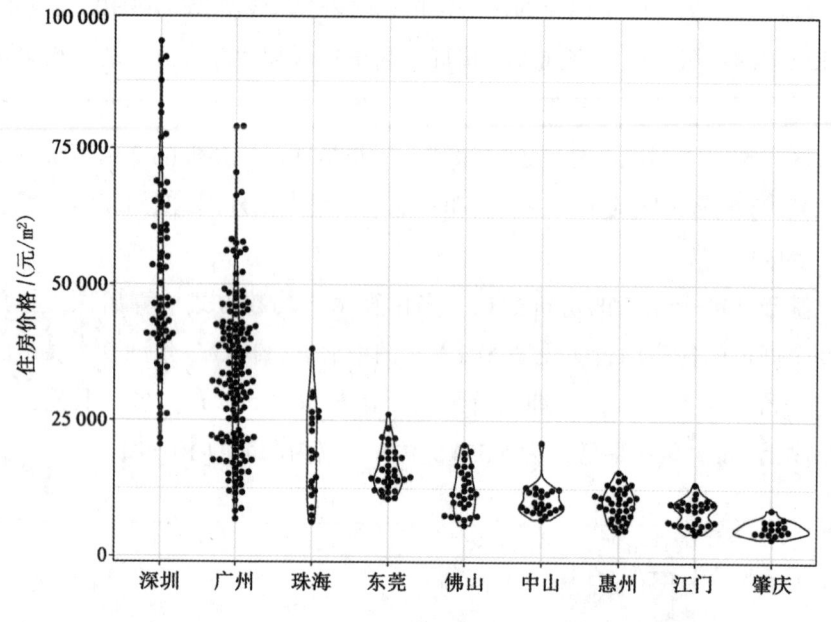

图 5-3 珠江三角洲 9 市镇街住房价格分布的小提琴图

二、珠江三角洲住房价格的影响因素特征

（一）影响因素指标体系

根据镇街生活配套设施便利性、镇街建成环境、镇街自然环境、镇街所在区（县）的基本面4个方面共10个影响因素构建住房价格影响因素指标体系（见表5-1）。其中，镇街生活配套设施便利性、镇街建成环境、镇街自然环境是中观尺度的影响因素，镇街所在区（县）的基本面是宏观尺度的影响因素。

表 5-1　珠江三角洲镇街住房价格影响因素的指标体系

影响因素大类	影响因素	评价指标(单位)	预期影响方向
镇街生活配套设施便利性	F1 公共服务便利性	主要公共服务设施(小学、中学、综合医院、博物馆、主要体育场馆)的点密度(个/km²)	正向
	F2 日常消费便利性	日常消费场所(餐饮场所和购物场所)的点密度(个/km²)	正向
	F3 地铁便利性	地铁站点的密度(个/km²)	正向
镇街建成环境	F4 道路密度	道路密度(km/km²)	正向
	F5 土地利用混合度	六类用地的土地利用混合熵值	正向/负向
镇街自然环境	F6 空气污染	$PM_{2.5}$ 浓度($\mu g/m^3$)	负向
镇街所在的区(县)的基本面	F7 新增人口	2016—2018 年每平方千米新增常住人口数量(人/km²)	正向
	F8 收入水平	在岗职工平均工资(万元/月)	正向
	F9 经济水平	人均 GDP(万元)	正向
	F10 服务业水平	第三产业增加值占 GDP 比例(%)	正向

1. 镇街生活配套设施便利性

采用公共服务便利性、日常消费便利性、地铁便利性评价镇街生活配套设施便利性。第一，公共服务便利性可通过教育设施、医疗设施、文化体育设施的邻近性评价。研究表明，公共服务质量正向影响房价（Thompson，2017），高质量学校（Yuan et al.，2018）、幼儿园（Wen et al.，2014）、优质小学（Han et al.，2021）、大学（Wen et al.，2014；Rivas et al.，2019）、医院（Rivas et al.，2019）等公共服务设施对房价有显著的正向影响。第二，日常消费便利性可通过餐饮场所和购物场所的便利性评价。这是由于餐饮和购物是日常生活中最常见的两类消费方式。研究表明零售店可达性（Jang et al.，2015）、购物中心可达性（Zhang et al.，2020）、购物中心的数量（Wilhelmsson et al.，2020）对房价有显著的正向影响。第三，地铁便利性可通过镇街的地铁站点的密度评价。地铁是城市大运量的轨道公共交通，具有安全、准时的特点。很多研究证明了地铁对住房价格的正向影响（Li et al.，2019；Yazdanifard，2021）。在理论上，上述便利性设施的密度越大，房价越高。

2. 镇街建成环境

采用道路密度和土地利用混合度评价镇街建成环境，这是经典的建成环境评价的指标（Cervero et al., 1997）。有研究关注到了建成环境对房价的影响（Li et al., 2021）。较大的道路密度可以减少车辆出行拥堵，进而提升房价（Li et al., 2013；Ossokina et al., 2015）。土地利用混合度是体现多样性的重要指标。带有"积极功能"的土地混合利用会增加功能的多样性，提升建成环境质量（Rundle et al., 2007；Zhang et al., 2012），而带有"消极功能"的土地利用混合度则可能为居住环境带来混乱和干扰，进而降低建成环境质量。因此在理论上，土地利用混合度与住房价格的相关性可正可负。

3. 镇街自然环境

在镇街自然环境方面，空气污染是自然环境中重要的代表性因素，也是自然环境质量最为直观的体现。案例研究证明了空气污染对房价的负面影响（Zou, 2019）。$PM_{2.5}$浓度是空气污染的代表性指标，对房价有不可忽视的影响（Sun et al., 2020），因此，本研究采用$PM_{2.5}$浓度代表空气污染程度。理论上，$PM_{2.5}$浓度与房价负相关。

4. 所在的区（县）的基本面

镇街所在的区（县）的基本面是不可忽视的因素类别。这是因为，在城市群尺度，房价除了可能受镇街本身的特征影响外，更有可能受到更大尺度范围（例如城市或县区）基本面的影响。已有研究表明，对房价有影响的基本面因素通常包括人口增长（Liew et al., 2013）、收入（Wang et al., 2017）、经济（Vogiazas et al., 2017）、服务业（Shen et al., 2004）等方面。因此，本研究选取新增人口、收入水平、经济水平、服务业水平作为评价镇街所在的区（县）的基本面的因素。理论上，这些基本面因素与房价正相关。

（二）影响因素数据来源

公共服务便利性、日常消费便利性、地铁便利性、土地利用混合度的评价指标数据来源于高德地图 POI 数据，采集时间为 2020 年 1 月。其中，土地利用混合度根据六类用地混合度进行计算（Liu，2017）。用地类型包括商业、居住、工业、办公、交通、绿地，是通过 POI 点的特征代表的用地类型。用地类型与 POI 点类型的对应关系见 Wu 等（2021b）的研究。用于计算道路密度的道路数据来源于百度地图。评价空气污染的 $PM_{2.5}$ 数据来源于中华人民共和国生态环境部公布的数据，为 2017 年全年平均值。新增人口、收入水平、经济水平、服务业水平数据来源于全球变化科学研究数据出版系统（https://www.geodoi.ac.cn/WebCn/doi.aspx?Id=1741）（王洋 等，2021b）。其中，新增人口数据年份为 2016—2018 年，收入水平、经济水平、服务业水平数据年份为 2018 年。

（三）住房价格影响因素的差异特征

根据上述评价方法得出珠江三角洲住房租金的影响因素数值，其描述性统计见表 5-2。可将珠江三角洲划分为东岸核心圈层（广州、深圳、东莞）、西岸核心圈层（佛山、珠海、中山）、外围圈层（惠州、江门、肇庆）三个地域。不同地域的影响因素具有空间差异性特征。三个地域的各影响因素平均值（见表 5-3）结果表明，不同地域范围的影响因素数值具有空间差异性特征。除了土地利用混合度外，东岸核心圈层的影响因素特征值最高（最优），并且远高（优）于西岸核心圈层和外围圈层。相比较而言，西岸核心圈层的公共服务便利性最差、日常消费便利性最差、空气污染水平最高；外围圈层的地铁便利性最差，道路密度最小，土地利用混合度最低，新增人口最少，收入水平、经济水平和服务业水平最低。

表 5-2 珠江三角洲住房价格影响因素的描述性统计

影响因素	单位	平均数	标准差	最大值	中位数	最小值
F1 公共服务便利性	个/km²	1.78	3.13	35.44	0.56	0.00
F2 日常消费便利性	个/km²	29.11	52.06	466.08	9.69	0.00
F3 地铁便利性	个/km²	0.21	0.42	2.55	0.01	0.00
F4 道路密度	km/km²	9.65	8.12	62.81	7.70	0.01
F5 土地利用混合度	—	0.77	0.19	1.52	0.78	0.00
F6 空气污染	μg/m³	35.13	4.06	47.13	35.69	25.16
F7 新增人口	人/km²	300.78	345.01	1 605.64	172.42	0.42
F8 收入水平	万元/月	0.77	0.17	1.15	0.73	0.51
F9 经济水平	万元	14.56	7.61	34.39	11.89	3.92
F10 服务业水平	%	58.45	21.63	98.18	51.33	22.80

表 5-3 珠江三角洲不同地域范围的住房价格影响因素平均值

影响因素	单位	东岸核心圈层	西岸核心圈层	外围圈层
F1 公共服务便利性	个/km²	2.356 2	0.768 5	0.948 1
F2 日常消费便利性	个/km²	35.605 8	16.957 0	20.386 0
F3 地铁便利性	个/km²	0.343 8	0.016 5	0.000 0
F4 道路密度	km/km²	11.681 0	6.502 8	6.314 4
F5 土地利用混合度	—	0.798 4	0.785 9	0.664 9
F6 空气污染	μg/m³	34.059 1	37.269 5	36.451 7
F7 新增人口	人/km²	452.277 2	103.399 7	17.522 0
F8 收入水平	万元/月	0.856 6	0.653 0	0.605 0
F9 经济水平	万元	16.906 6	13.502 7	8.298 7
F10 服务业水平	%	66.301 0	45.999 2	45.800 7

三、珠江三角洲住房价格的主要影响因素

首先判断珠江三角洲内部的住房价格是否存在显著的空间相互作用与空间关联特征，因此采用 Moran's I 指数测度研究区内 400 个镇街的空间自相关特征。空间权重矩阵以固定距离法为判断根据，门槛距离设为 10 km，得出 Moran's I 指数为 0.951 1，p 值 0.000 0，z 统计值是 58.791 7，这说明珠江三角洲住房价格呈现显著的空间关联特征。因此，在选择影响因素回归模型时，就需要考虑到住宅租金间的空间相互作用，采用空间回归模型进行比选分析。

对前述选择的 10 个影响因素指标（自变量）和住房价格（因变量）

数据进行对数标准化处理，以便消除量纲差异对结果带来的影响。首先对这 10 个指标进行共线性检验（见表 5-4），检验结果表明，10 个指标 VIF 值最大的因素（道路密度）也仅为 5.168 9，表明这 10 个因素之间不存在明显的共线性，全部可以纳入回归模型进行因素分析。

表 5-4 珠江三角洲住房价格差异影响因素的共线性检验

影响因素	容差	VIF 值
F1 公共服务便利性	0.360 3	2.775 8
F2 日常消费便利性	0.367 1	2.724 1
F3 地铁便利性	0.413 7	2.417 5
F4 道路密度	0.193 5	5.168 9
F5 土地利用混合度	0.936 6	1.067 7
F6 空气污染	0.646 1	1.547 6
F7 新增人口	0.265 3	3.769 6
F8 收入水平	0.231 3	4.323 6
F9 经济水平	0.443 2	2.256 4
F10 服务业水平	0.493 2	2.027 6

分别采用三种回归方式（OLS、SLM、SEM）进行分析并筛选最优模型。结果（见表 5-5）表明，OLS、SLM、SEM 三个模型中，SEM 模型的 R^2 最大，达 0.911 2，Log likelihood 值最高，为 0.162 5，AIC 值最低，为 21.674 9。由此判断，空间误差模型（SEM）的拟合程度明显优于其他两个模型。因此，采用空间误差模型的方法分析其影响因素。

表 5-5 3 种回归模型的主要参数对比

模型	R^2	AIC	Log likelihood
普通最小二乘法回归模型（OLS）	0.872 9	118.574	-48.287 0
空间滞后模型（SLM）	0.874 0	117.223	-46.611 5
空间误差模型（SEM）	0.911 2	21.674 9	0.162 5

采用空间误差模型得出珠江三角洲住房价格影响因素的回归系数及显著性等指标（见表 5-6）。该结果表明，10 个因素中，除了公共服务便利性、日常消费便利性、土地利用混合度 3 个因素外，其余 7 项因素对住房价格的影响全部显著，且影响方向都符合理论预期。这其中，道路密度和收入水平 2 项因素在 0.05 水平上显著，其他 5 项因素都在 0.01 水平上显著，也印证了本书选择的影响因素指标体系基本合理。

表 5-6 基于 SEM 的珠江三角洲住房价格影响因素回归系数

影响因素	回归系数	标准差	z 统计值	p 值
Intercept	13.475 7**	0.829 2	16.251 8	0.000 0
F1 公共服务便利性	−0.015 5	0.009 6	−1.611 7	0.107 0
F2 日常消费便利性	0.014 3	0.011 5	1.239 9	0.215 0
F3 地铁便利性	0.017 7**	0.003 2	5.568 1	0.000 0
F4 道路密度	0.080 0*	0.033 2	2.410 9	0.015 9
F5 土地利用混合度	−0.014 9	0.015 8	−0.943 6	0.345 4
F6 空气污染	−1.488 5**	0.224 0	−6.646 3	0.000 0
F7 新增人口	0.121 8**	0.014 6	8.331 2	0.000 0
F8 收入水平	0.306 7*	0.140 2	2.187 3	0.028 7
F9 经济水平	0.129 0**	0.039 9	3.230 2	0.001 2
F10 服务业水平	0.200 2**	0.058 5	3.420 3	0.000 6
LAMBDA	0.665 7**	0.040 4	16.472 8	0.000 0
R^2: 0.911 2; Log-likelihood: 0.162 5; AIC: 21.674 9					

注：** 和 * 分别表示在 0.01 和 0.05 水平上显著。

由于对自变量和因变量都进行了对数标准化处理，因此，可根据回归系数大小判断各因素对住房价格的影响弹性。各影响因素大类都有显著的影响因素。总体上，从显著性因素的数量和影响因素回归系数绝对值的大小看，街道自然环境和街道所在区（县）的基本面对房价差异的影响最为明显。

在镇街生活配套设施便利性方面，只有地铁便利性对住房价格的影响显著，地铁站点密度每增加 1%，住房价格提升 0.017 7%。而公共服务便利性和日常消费便利性对住房价格的影响都不显著。

在镇街建成环境方面，道路密度对住房价格有显著影响（在 0.05 水平上显著），回归系数为 0.080 0。而土地利用混合度的影响不显著。

在镇街自然环境方面，空气污染与住房价格显著负相关，$PM_{2.5}$ 浓度每增加 1%，住房价格降低达 1.488 5%。该因素的变化弹性在所有因素中最高，说明空气污染是珠江三角洲住房价格的核心影响因素之一。

在镇街所在区（县）的基本面方面，新增人口、收入水平、经济水平、服务业水平 4 个因素都对住房价格有显著的正向影响。回归系数分别为 0.121 8、0.306 7、0.129 0、0.200 2，这普遍高于镇街生活配套设施便利性和镇街建成环境方面的影响因素。这说明在珠江三角洲（宏观和中观交叉尺度），宏观尺度因素对住房价格具有不可忽视的作用。

第二节　中观尺度和微观尺度交叉的城市住房价格影响因素

一、广州市 TH 区住房价格的空间差异特征

（一）案例研究区域与数据来源

1. 研究区域

以广州市 TH 区作为中观尺度和微观尺度交叉研究的案例区。广州市 TH 区的行政范围为：东到吉山狮山、前进深涌一带，与黄埔区相连；南到珠江，与海珠区隔江相望；西到广州大道，与越秀区相接；北到筲箕窝，与白云区相邻（http://www.thnet.gov.cn/zjth/thgk/jbgk/index.html）。行政区域总面积约 137.38 平方千米，辖 21 个行政街道，分别为：沙河街、五山街、员村街、车陂街、石牌街、天河南街、林和街、沙东街、兴华街、棠下街、天园街、冼村街、猎德街、元岗街、黄村街、龙洞街、长兴街、凤凰街、前进街、珠吉街、新塘街。按照约定俗成的房地产板块区域划分，可将 TH 区划分为岑村、车陂、东圃、华景新城、黄村、汇景新城、金融城、林和、龙洞、龙口东、龙口西、沙河、沙太南、石牌、水荫、棠下、体育中心、天河公园、天河客运站、天河南、天润路、五山、燕塘、杨箕、员村、粤垦、长兴、智慧城、珠江新城东、珠江新城西、珠江新城中等板块。根据第七次全国人口普查，TH 区常住人口为 224.18 万人。珠江新城位于 TH 区，是广州的 CBD。其中，广州国际金融中心可视作广州的城市中心。

2. 住房价格数据的来源与处理

以广州市 TH 区 206 4 套二手住宅为基本研究单元。这些住宅样本为贝壳找房大平台加盟中介在 2020 年 11 月 15 日—2021 年 4 月 15 日有成交

记录的二手住宅。贝壳找房大平台（https://gz.ke.com/）是全国具有较大影响力的房地产中介网站。该网站的加盟中介包括链家、德佑、房六六、置家、住商、糯家、住天下、添房置业、家域、珍房源、21世纪、贝壳等房地产中介品牌商。住宅价格是单套二手房成交单价。上述住宅不包括别墅和商业办公性质的住房。

（二）广州市TH区住宅小区均价的差异特征

在广州市TH区的2064套住宅小区中，价格最高的住宅单价达到147 768元/㎡，是价格最低住宅单价的7.54倍，表明TH区内部住宅价格存在较大差异。不同价格区间的住宅数量见图5-4。从图中可知，价格在30 000～39 999元/㎡的住宅数量最多，为485套，其次为40 000～49 999元/㎡的住宅，达到了450套。随着价格区间的提升，样本住宅数量逐渐减少，140 000～149 999元/㎡的成交住宅仅6套，分别属于保利心语花园、嘉裕公馆和汇峰苑3个小区。

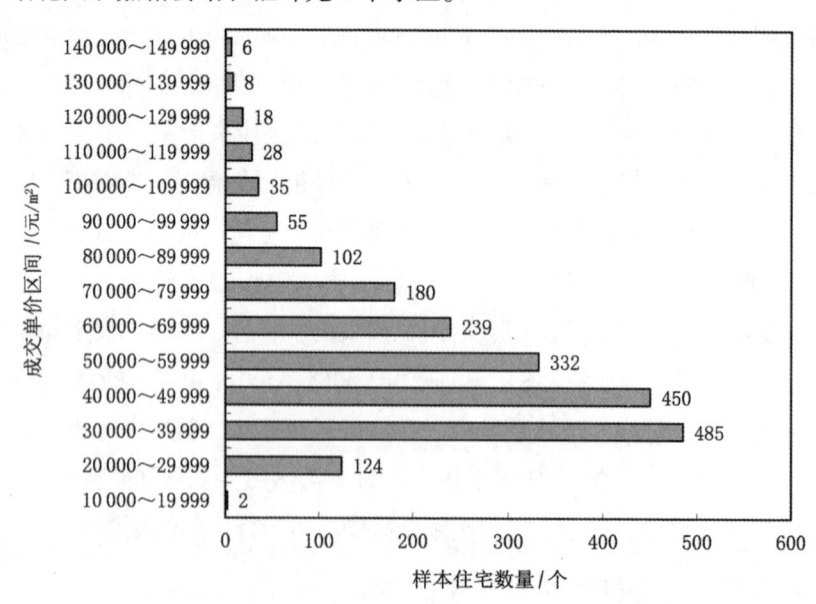

成交单价区间/(元/㎡)	样本住宅数量/个
140 000～149 999	6
130 000～139 999	8
120 000～129 999	18
110 000～119 999	28
100 000～109 999	35
90 000～99 999	55
80 000～89 999	102
70 000～79 999	180
60 000～69 999	239
50 000～59 999	332
40 000～49 999	450
30 000～39 999	485
20 000～29 999	124
10 000～19 999	2

图5-4　广州市TH区不同成交单价区间的样本住宅数量

采用建筑面积加权方式，分别计算TH区不同房地产板块区域的住房均价，得出不同板块成交住宅数量及其成交均价（见表5-7）。在TH区的所有板块区域中，珠江新城中板块的成交均价最高，达到114 854元/㎡，其次为珠江新城东和珠江新城西。珠江新城作为广州的CBD区域，其三个板块位列TH区成交均价前三，体现出CBD对住宅价格的显著正向影响。沙河板块是TH区成交均价最低的板块，成交均价仅32 035元/㎡。

表5-7 广州市TH区不同房地产板块区域的住房成交情况

序号	房地产板块区域名称	成交均价/（元/㎡）	成交住宅套数/套	成交总建筑面积/㎡
1	珠江新城中	114 854	52	4 605
2	珠江新城东	87 498	47	5 316
3	珠江新城西	84 406	83	6 718
4	金融城	84 305	4	298
5	林和	78 010	94	8 473
6	龙口东	74 747	43	3 332
7	天润路	67 361	92	7 482
8	龙口西	66 161	37	3 428
9	体育中心	63 460	66	5 469
10	汇景新城	63 378	28	3 494
11	五山	62 550	25	2 087
12	华景新城	61 830	94	8 959
13	天河公园	58 432	241	17 526
14	天河客运站	57 673	10	887
15	员村	54 222	106	7 041
16	天河南	53 219	33	2 728
17	车陂	50 049	51	3 654
18	黄村	49 641	23	2 159
19	石牌	49 541	60	4 498
20	智慧城	45 096	11	785
21	水荫	44 847	21	1 116
22	粤垦	44 227	136	11 135
23	燕塘	42 995	55	4 415
24	龙洞	42 531	29	2 722
25	棠下	42 107	206	15 382
26	东圃	41 923	266	20 236
27	岑村	40 123	8	919
28	杨箕	36 580	1	219
29	长兴	36 131	36	2 559
30	沙太南	33 862	74	5 159
31	沙河	32 035	32	1 954

二、广州市TH区住房价格的影响因素特征

（一）影响因素指标体系

分别结合本书在中观尺度和微观尺度构建的住房价格影响因素指标体系框架，从建筑特征、小区特征、便利性特征、环境特征、区位特征5个方面构建广州市TH区住房价格影响因素指标体系（见表5-8）。

表5-8 广州市TH区住房价格影响因素指标体系

因素大类	影响因素指标	预期影响方向
建筑特征	F1 电梯与楼层	正向
	F2 建筑面积	正/负向
	F3 卧室数	正向
	F4 装修情况	正向
	F5 朝向	正向
	F6 房龄	负向
	F7 梯户比	正向
小区特征	F8 小区规模	正/负向
便利性特征	F9 地铁站可达性	正向
	F10 办公便利性	正向
	F11 小学教育便利性及学区	正向
	F12 日常消费便利性	正向
环境特征	F13 公园和水域可达性	正向
	F14 厌恶型设施邻近性	负向
	F15 片区道路密度	正向
	F16 片区土地利用混合度	正/负向
区位特征	F17 距CBD距离	负向
	F18 人口集聚度	正向

在建筑特征方面，选取电梯与楼层、建筑面积、卧室数、装修情况、朝向、房龄、梯户比7个因素。这是微观尺度的住房价格影响因素。其中，电梯与楼层同时属于住房微观位置和住房所在楼栋特征；建筑面积、卧室数、装修情况是住房内部特征；朝向属于住房人居环境特征；房龄、梯户比属于住房所在楼栋特征。

在小区特征方面，采用小区规模代表小区特征。值得注意的是，房龄、电梯等因素也可代表小区特征，但与建筑特征重叠，因此本节的研究仅将小区规模作为小区特征的典型因素。

第五章 城市住房价格影响因素研究的尺度交叉

在便利性特征方面，选取地铁站可达性、办公便利性、小学教育便利性及学区、日常消费便利性4个典型的便利性特征因素。这4个因素分别代表交通出行便利性、就业便利性、就学便利性、日常消费与公共服务便利性。

在环境特征方面，选取公园和水域可达性、厌恶型设施邻近性、片区道路密度、片区土地利用混合度4个因素。这些因素涵盖了实体环境和建成环境。

在区位特征方面，采用距CBD距离、人口集聚度2个因素表示。前者属于地理位置因素，后者为片区基本面因素。

每个影响因素的评价计算方法和赋分方式见表5-9。

表5-9 广州市TH区住房价格影响因素指标的评价方法

影响因素指标	计算方法（分数赋值标准或单位）
F1 电梯与楼层	有电梯的中高楼层（9分），有电梯的低楼层（7分），无电梯的低楼层（5分），无电梯的中楼层（3分），无电梯的高楼层（1分）
F2 建筑面积	住房的建筑面积（㎡）
F3 卧室数	住房拥有的卧室数量（个）
F4 装修情况	精装（9分），简装或其他（5分），毛坯（1分）
F5 朝向	主朝向为南、东南、西南（9分），主朝向为东（5分）、主朝向为西（4分），主朝向为东北、西北（3分），主朝向为北（1分）
F6 房龄	2021年减去住房建成时的年份（年）
F7 梯户比	住房所在单元的电梯数除以住房套数
F8 小区规模	小区的住房总套数（套）
F9 地铁站可达性	距地铁站200 m范围内（9分），距地铁站200~400 m范围内（7分），距地铁站400~800 m范围内（5分），距地铁站800~1 500 m范围内（3分），距1 500 m范围外（1分）
F10 办公便利性	将主要办公场所（写字楼、政府机关、事业单位、科技园）点数据生成核密度，并根据标准差均值面进行分级。住房位于核密度3个标准差以上（含3个标准差）范围内（9分），位于2~3个标准差之间（7分），位于1~2个标准差之间（5分），位于0~1个标准差之间（3分），其他，即位于低于标准差均值的范围内（1分）
F11 小学教育便利性及学区	小区所在社区拥有省级重点小学（9分），所在社区拥有市级重点小学（7分），所在社区未拥有省市级重点小学的小区但距离省市级重点小学500 m范围内（5分），其他未拥有省市级重点小学的小区且距离省市级普通小学500 m范围内（3分），其他未拥有省市级重点小学的小区且距离所有小学500 m范围外（1分）

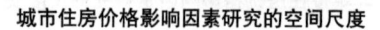

（续表）

影响因素指标	计算方法（分数赋值标准或单位）
F12 日常消费便利性	将主要日常消费服务网点（市场、超市、商场、餐饮场所、娱乐场所）的点数据生成核密度，并根据标准差均值面进行分级。赋分方式与办公便利性相同（1~9分的得分值）
F13 公园和水域可达性	位于公园（含公园、休闲绿地、开敞性公共活动空间）或水域（主要河流、湖泊）边界100 m范围内（9分），位于公园边界100~200 m范围内（8分），……，距公园800 m外（1分）
F14 厌恶型设施邻近性	各类交通或市政类厌恶型设施及其影响范围设定如下：机场（半径5 000 m），火车站（半径500 m），长途汽车站（半径500 m），高速公路和高架路（单侧200 m），铁路（单侧80 m），加油站（半径80 m），殡仪馆（半径1 000 m），污水处理厂（半径2 000 m），垃圾处理场（半径4 000 m），变电站（半径500 m），高压走廊（单侧100 m）。在此基础上，赋分如下：未受到厌恶型设施影响（1分），受到1种设施影响（5分），受到2种设施影响（7分），受到3种设施影响（8分），受到4种及4种以上设施影响（9分）
F15 片区道路密度	住房所在镇街的道路密度（km/km²）
F16 片区土地利用混合度	住房所在镇街的土地利用混合度根据Liu（2017）的计算方法技术。用地类型包括商业、居住、工业、办公、交通、绿地与广场，用地类型通过POI点体现，用地类型与POI点类型的对应关系见Wu等（2021b）的研究
F17 距CBD距离	距广州国际金融中心大厦（珠江新城西塔）的距离（m）
F18 人口集聚度	根据工作日白天的"腾讯热力图数据"生成核密度，并根据标准差均值面进行分级。赋分方式与办公便利性相同（1~9分的得分值）

注：以标准差面作为得分阈值的解释如下，根据正态分布规律，核密度生成的均值±1个/2个/3个标准差约涵盖总数据量的68%、95%、99%（Yu et al.，2015；吴康敏等，2016）。

（二）影响因素数据来源与处理

微观尺度的电梯与楼层、建筑面积、卧室数、装修情况、朝向、房龄、梯户比7项因素来源于贝壳找房大平台（https://gz.ke.com/）；小区规模（小区住房总套数）来源于"易居企业集团克尔瑞"数据库（https://www.cricchina.com/Home/Index_V2?v=1627901906）。地铁站可达性、办公便利性、小学教育便利性及学区、日常消费便利性、公园和水域可达性、厌恶型设施邻近性、片区道路密度、片区土地利用混合度的相关基础数据来源于百度地图POI点数据，线状和面状数据根据百度地图绘制而成（数据采集时间是2019年8月，其中地铁数据采集时间是2020年2月）。其中，污水处理厂、垃圾处理场、变电站、高压走廊的空间位置数据参考广州市城市总体规划的现状图绘制。距CBD距离根据GIS量取每套住宅与广州国际金融中心大厦（珠江新城西塔）的直线距离得出。人口集聚度的基础数据来源于"腾讯热力图数据"，获取时间是2020年6月8日上午11点。

根据上述评价方法得出广州市TH区各住宅小区住房价格的影响因素数值，其描述性统计见表5-10。

表5-10 广州市TH区住房价格差异影响因素的描述性统计

影响因素	单位	平均值	标准差	最大值	中位数	最小值
F1 电梯与楼层	得分	7.14	2.63	9.00	9.00	1.00
F2 建筑面积	m²	79.82	32.88	357.61	76.83	12.50
F3 卧室数	个	2.28	0.86	7.00	2.00	1.00
F4 装修情况	得分	6.74	2.00	9.00	5.00	1.00
F5 朝向	得分	6.05	3.32	9.00	9.00	1.00
F6 房龄	年	19.36	5.45	41.00	21.00	3.00
F7 梯户比	比值	0.29	0.15	2.00	0.25	0.04
F8 小区规模	套	1 581	2 328	9 156	750	32
F9 地铁站可达性	得分	4.63	1.84	9.00	5.00	1.00
F10 办公便利性	得分	7.62	1.80	9.00	9.00	1.00
F11 小学教育便利性及学区	得分	3.33	1.92	9.00	3.00	1.00
F12 日常消费便利性	得分	7.23	1.92	9.00	7.00	1.00
F13 公园和水域可达性	得分	3.15	2.48	9.00	2.00	1.00
F14 厌恶型设施邻近性	得分	2.88	2.32	8.00	1.00	1.00
F15 片区道路密度	km/km²	16.80	3.36	26.37	15.89	7.70
F16 片区土地利用混合度	数值	0.82	0.16	1.34	0.78	0.61
F17 距CBD距离	m	4 753	2 368	11 121	4 340	497
F18 人口集聚度	得分	7.35	1.63	9.00	7.00	1.00

三、广州市TH区住房价格的主要影响因素

对上述遴选的18个影响因素指标（自变量）和住房价格（因变量）数据进行对数标准化处理，以消除量纲差异对结果带来的影响。对这18个指标进行共线性检验（见表5-11），结果表明18个指标的VIF值都远低于10，VIF值最大的因素（人口集聚度）也仅为5.226 1，表明这18个

因素之间不存在明显的共线性,全部可以纳入回归模型进行因素分析。

表 5-11　广州市 TH 区住房价格差异影响因素的共线性检验

影响因素	容差	VIF 值
F1 电梯与楼层	0.811 5	1.232 3
F2 建筑面积	0.220 8	4.529 3
F3 卧室数	0.236 6	4.227 1
F4 装修情况	0.969 7	1.031 3
F5 朝向	0.968 9	1.032 1
F6 房龄	0.766 5	1.304 7
F7 梯户比	0.683 1	1.463 9
F8 小区规模	0.827 6	1.208 3
F9 地铁站可达性	0.725 8	1.377 7
F10 办公便利性	0.200 2	4.995 5
F11 小学教育便利性及学区	0.839 9	1.190 7
F12 日常消费便利性	0.380 6	2.627 2
F13 公园和水域可达性	0.786 3	1.271 7
F14 厌恶型设施邻近性	0.828 3	1.207 3
F15 片区道路密度	0.324 1	3.085 3
F16 片区土地利用混合度	0.703 7	1.421 0
F17 距 CBD 距离	0.442 9	2.257 7
F18 人口集聚度	0.191 3	5.226 1

对该回归模型的标准化残差进行正态分布检验,结果表明,该模型的标准化残差符合正态分布特征,说明回归模型的精度较高。采用 OLS 模型分析广州市 TH 区住房价格的主要影响因素,其回归系数和显著性等指标见表 5-12 和图 5-5。

表 5-12　广州市 TH 区住房价格影响因素的回归系数

因素类别（自变量）	回归系数	标准差	t 值	p 值
F1 电梯与楼层	0.122 6**	0.009 1	13.541 0	0.000 0
F2 建筑面积	0.056 3*	0.028 0	2.008 2	0.044 7
F3 卧室数	0.004 9	0.026 1	0.189 4	0.849 8
F4 装修情况	0.022 2	0.017 5	1.269 7	0.204 3
F5 朝向	0.002 2	0.006 3	0.352 0	0.724 9
F6 房龄	−0.290 9**	0.017 0	−17.152 2	0.000 0
F7 梯户比	0.101 5**	0.013 3	7.652 5	0.000 0
F8 小区规模	0.009 4	0.005 4	1.738 2	0.082 3
F9 地铁站可达性	−0.092 6**	0.014 3	−6.454 0	0.000 0
F10 办公便利性	−0.056 7	0.037 2	−1.522 5	0.128 0
F11 小学教育便利性及学区	0.031 4**	0.008 9	3.536 8	0.000 4

（续表）

因素类别（自变量）	回归系数	标准差	t 值	p 值
F12 日常消费便利性	−0.181 6**	0.026 0	−6.996 4	0.000 0
F13 公园和水域可达性	0.021 9**	0.007 2	3.018 1	0.002 6
F14 厌恶型设施邻近性	−0.073 0**	0.006 8	−10.773 4	0.000 0
F15 片区道路密度	0.130 8**	0.042 6	3.073 5	0.002 1
F16 片区土地利用混合度	−0.034 0	0.035 2	−0.965 0	0.334 7
F17 距 CBD 距离	−0.249 1**	0.012 3	−20.174 6	0.000 0
F18 人口集聚度	0.257 4**	0.039 8	6.471 0	0.000 0
常量	13.033	0.220	59.249	0.000

注：* 和 ** 分别表示在 0.05 和 0.01 水平上显著。

回归系数的绝对值

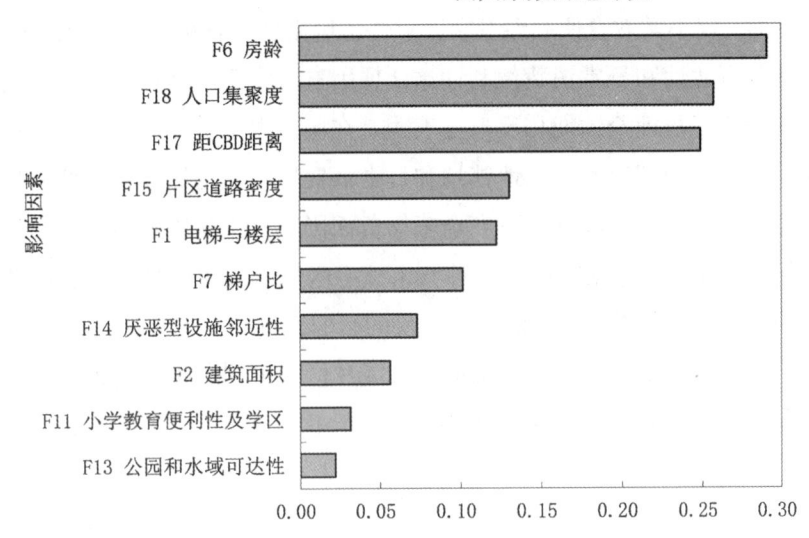

图 5-5　广州市 TH 区对住房价格有显著影响且符合理论预期的
10 个影响因素的影响程度

表 5-12 和图 5-4 的结果表明，在广州市 TH 区，电梯与楼层、建筑面积、房龄、梯户比、小学教育便利性及学区、公园和水域可达性、厌恶型设施邻近性、片区道路密度、距 CBD 距离、人口集聚度这 10 个因素对住房价格影响显著，且符合理论预期。这 10 个因素中，有 4 个因素属于微观尺度的因素（建筑特征）。

微观尺度的 4 个影响因素对住房价格影响强度由强到弱分别为：房龄、

电梯与楼层、梯户比、建筑面积。房龄的回归系数绝对值最高，达 –0.290 9，说明房龄每增加 1%，住房价格降低 0.290 9%。电梯与楼层、梯户比、建筑面积都对住房价格有正向促进作用。值得注意的是，单套住房建筑面积每增加 1%，住房价格提升 0.056 3%。这说明在 TH 区，大户型住房比小户型住房更受欢迎，大户型住房的单价更高。

在中观尺度的 6 个影响因素中，小学教育便利性及学区、公园和水域可达性、片区道路密度、人口集聚度对住房价格具有显著的正向影响。厌恶型设施邻近性、距 CBD 距离对住房价格有显著的负向影响。这说明环境特征和区位特征对 TH 区住房价格影响显著且符合理论预期。而在便利性特征方面，仅小学教育便利性及学区对住房价格显著影响且符合理论预期。而地铁站可达性和日常消费便利性这 2 项因素对住房价格影响显著，但影响方向为负，与理论预期相反。这表明，在城市内部，并不是所有区域的影响因素都符合理论预期。地铁站和日常消费场所在为居民带来便利的同时，也带来了嘈杂、混乱和不安全感等负面影响，进而影响居住体验。日常出行和消费便利性在 TH 区这种城市核心区域不属于稀缺资源，因此，地铁站可达性和日常消费便利性对房价的影响为负。

上述结果表明，在城市内部的区域或片区，可同时采用中观尺度和微观尺度的指标来分析住房价格影响因素。

参考文献

[1] AGNEW K, LYONS R C, 2018. The impact of employment on housing prices: Detailed evidence from FDI in Ireland [J]. Regional Science and Urban Economics, 70: 174-189.

[2] ANSELIN L, SYABRI I, KHO Y, 2006. GeoDa: An introduction to spatial data analysis [J]. Geographical Analysis, 38 (1): 5-22.

[3] APERGIS N, 2003. Housing prices and macroeconomic factors: prospects within the European Monetary Union [J]. International real estate review, 6 (1): 63-74.

[4] ARBIA G, 2006. Spatial econometrics: statistical foundations and applications to regional convergence [M]. Berlin: Springer Science & Business Media.

[5] BEEN V, ELLEN I G, O'REGAN K, 2019. Supply skepticism: Housing supply and affordability [J]. Housing Policy Debate, 29 (1): 25-40.

[6] BELL R, 2001. The impact of airport noise on residential real estate [J]. The Appraisal Journal, 69 (3): 312.

[7] BENSON E D, HANSEN J L, SCHWARTZ A L, et al., 1998. Pricing residential amenities: the value of a view [J]. The Journal of Real

Estate Finance and Economics, 16（1）: 55-73.

［8］BISCHOFF O, 2012. Explaining regional variation in equilibrium real estate prices and income［J］. Journal of Housing Economics, 21（1）: 1-15.

［9］BITTER C, MULLIGAN G F, DALL'ERBA S, 2007. Incorporating spatial variation in housing attribute prices: a comparison of geographically weighted regression and the spatial expansion method［J］. Journal of Geographical Systems, 9（1）: 7-27.

［10］BLACK A, FRASER P, HOESLI M, 2006. House prices, fundamentals and bubbles［J］. Journal of Business Finance & Accounting, 33（9-10）: 1535-1555.

［11］BOND S, WANG K K, 2005. The impact of cell phone towers on house prices in residential neighborhoods［J］. Appraisal Journal, 73（3）.

［12］BRAMLEY G, 1993. The impact of land use planning and tax subsidies on the supply and price of housing in Britain［J］. Urban Studies, 30（1）: 5-30.

［13］BRASINGTON D, 1999. Which measures of school quality does the housing market value?［J］. Journal of real estate research, 18（3）: 395-413.

［14］BRUNSDON C, FOTHERINGHAM A S, Charlton M E, 1996. Geographically weighted regression: A method for exploring spatial nonstationarity［J］. Geographical Analysis, 28（4）: 281-298.

［15］BUCKLEY R, ERMISCH J, 1983. Theory and empiricism in the econometric modelling of house prices［J］. Urban Studies, 20（1）: 83-90.

［16］CAHILL M, MULLIGAN G, 2007. Using geographically weighted regression to explore local crime patterns［J］. Social Science Computer Review, 25（2）: 174-193.

[17] CAPOZZA D R, SCHWANN G M, 1989. The asset approach to pricing urban land: Empirical evidence [J]. Real Estate Economics, 17(2): 161-174.

[18] CECCATO V, WILHELMSSON M, 2020. Do crime hot spots affect housing prices? [J]. Nordic journal of criminology, 21(1): 84-102.

[19] CELLMER R, CICHULSKA A, BEŁEJ M, 2020. Spatial analysis of housing prices and market activity with the geographically weighted regression [J]. ISPRS International Journal of Geo-Information, 9(6): 380.

[20] CERVERO R, KOCKELMAN K, 1997. Travel demand and the 3Ds: Density, diversity, and design [J]. Transportation Research Part D: Transport and Environment, 2(3): 199-219.

[21] CHEN D, CHEN S, 2017. Particulate air pollution and real estate valuation: Evidence from 286 Chinese prefecture-level cities over 2004–2013 [J]. Energy Policy, 109: 884-897.

[22] CHEN S, JIN H, 2019. Pricing for the clean air: Evidence from Chinese housing market [J]. Journal of Cleaner Production, 206: 297-306.

[23] CLARK D E, HERRIN W E, 2000. The impact of public school attributes on home sale prices in California [J]. Growth and change, 31(3): 385-407.

[24] COCKERILL L, STANLEY D, 2002. How will the centerline affect property values in orange county? [DB]. Fullerton: California State University at Fullerton Institute of Economic and Environmental Studies.

[25] COLLINSON R, GANONG P, 2018. How do changes in housing voucher design affect rent and neighborhood quality? [J]. American Economic Journal: Economic Policy, 10(2): 62-89.

[26] CONROY S, NARWOLD A, SANDY J, 2013. The value of a floor: valuing floor level in high-rise condominiums in San Diego [J]. International Journal of Housing Markets and Analysis, 6(2): 197–208.

[27] DUAN J, TIAN G, YANG L, et al., 2021. Addressing the macroeconomic and hedonic determinants of housing prices in Beijing Metropolitan Area, China [J]. Habitat International, 113: 102374.

[28] DZIAUDDIN M F, 2019. An investigation of condominium property value uplift around light rail transit stations using a hedonic pricing model [C] //IOP conference series: earth and environmental science. IOP Publishing, 286(1): 012032.

[29] EDWARDS L, TORCELLINI P, 2002. Literature review of the effects of natural light on building occupants [M]. Golden: NREL.

[30] ESPEY M, LOPEZ H, 2000. The impact of airport noise and proximity on residential property values [J]. Growth and change, 31(3): 408–419.

[31] ESPEY M, OWUSU-EDUSEI K, 2001. Neighborhood parks and residential property values in Greenville, South Carolina [J]. Journal of Agricultural and Applied Economics, 33(3): 487–492.

[32] FAN G Z, ONG S E, KOH H C, 2006. Determinants of house price: A decision tree approach [J]. Urban Studies, 43(12): 2301–2315.

[33] FAN J, ZHOU L, YU X, et al., 2021. Impact of land quota and land supply structure on China's housing prices: Quasi-natural experiment based on land quota policy adjustment [J]. Land Use Policy, 106: 105452.

[34] FESSELMEYER E, SEAH K Y S, 2018. The effect of localized density on housing prices in Singapore [J]. Regional Science and Urban

Economics, 68: 304–315.

[35] FORTURA P, KUSHNER J, 1986. Canadian inter - city house price differentials [J]. Real Estate Economics, 14 (4): 525–536.

[36] FOTHERINGHAM A S, BRUNSDON C, CHARLTON M, 2003. Geographically weighted regression: the analysis of spatially varying relationships [M]. New York: John Wiley & Sons.

[37] FOTHERINGHAM AS, YANG W, KANG W, 2017. Multiscale geographical- ly weighted regression (MGWR) [J]. Annals of the American Association of Geographers, 107 (6): 1247 – 1265.

[38] GABRIEL S A, NOTHAFT F E, 2001. Rental housing markets, the incidence and duration of vacancy, and the natural vacancy rate [J]. Journal of Urban Economics, 49 (1): 121–149.

[39] GLAESER E L, GYOURKO J, SAKS R E, 2005a. Why have housing prices gone up? [J]. American Economic Review, 95 (2): 329–333.

[40] GLAESER E L, GYOURKO J, SAKS R, 2005b. Why is Manhattan so expensive? Regulation and the rise in housing prices [J]. The Journal of Law and Economics, 48 (2): 331–369.

[41] GREEN K P, FILIPOWICZ J, LAFLEUR S, et al., 2016. The impact of land-use regulation on housing supply in Canada [DB]. Vancouver: Fraser Institute.

[42] GRIMES A, AITKEN A, 2010. Housing supply, land costs and price adjustment [J]. Real Estate Economics, 38 (2): 325–353.

[43] HAMIDI S, BONAKDAR A, KESHAVARZI G, et al., 2020. Do Urban Design qualities add to property values? An empirical analysis of the relationship between Urban Design qualities and property values [J]. Cities, 98: 102564.

[44] HAMIDI S, ZANDIATASHBAR A, 2019. Does urban form matter for

innovation productivity? A national multi-level study of the association between neighbourhood innovation capacity and urban sprawl[J]. Urban Studies, 56(8): 1576-1594.

[45] HAN X, SHEN Y, ZHAO B, 2021. Winning at the starting line: The primary school premium and housing prices in Beijing[J]. China Economic Quarterly International, 1(1): 29-42.

[46] HANINK D M, CROMLEY R G, EBENSTEIN A Y, 2012. Spatial Variation in the Determinants of House Prices and Apartment Rents in China[J]. Journal of Real Estate Finance & Economics, 45(2): 347-363.

[47] HASTIE T J, 1960. Generalized additive models[M]. New York: Chapman and Hall/CRC.

[48] HAURIN D R, BRASINGTON D, 1996. School quality and real house prices: Inter-and intrametropolitan effects[J]. Journal of Housing economics, 5(4): 351-368.

[49] HAYES K J, TAYLOR L L, 1996. Neighborhood school characteristics: what signals quality to homebuyers?[J]. Economic Review-Federal Reserve Bank of Dallas, (1): 2-9.

[50] HOLLY S, PESARAN M H, YAMAGATA T, 2010. A spatio-temporal model of house prices in the USA[J]. Journal of Econometrics, 158(1): 160-173.

[51] HORT K, 1998. The determinants of urban house price fluctuations in Sweden 1968 – 1994[J]. Journal of housing Economics, 7(2): 93-120.

[52] HOSSAIN B, LATIF E, 2009. Determinants of housing price volatility in Canada: a dynamic analysis[J]. Applied Economics, 41(27): 3521-3531.

[53] Huang B, He X, Xu L, et al., 2020. Elite school designation and

housing prices-quasi-experimental evidence from Beijing, China [J]. Journal of Housing Economics, 50: 101730.

[54] Huang D J, Leung C K, Qu B, 2015. Do bank loans and local amenities explain Chinese urban house prices? [J]. China Economic Review, 34: 19-38.

[55] Huang Y, Jiang L, 2009. Housing inequality in transitional Beijing [J]. International Journal of Urban and Regional Research, 33 (4): 936-956.

[56] Hui E C M, Wang X R, Jia S H, 2016. Fertility rate, inter-generation wealth transfer and housing price in China: A theoretical and empirical study based on the overlapping generation model [J]. Habitat international, 53: 369-378.

[57] Humphreys J, Ahern A, 2019. Is travel based residential self-selection a significant influence in modal choice and household location decisions? [J]. Transport Policy, 75: 150-160.

[58] Ihlanfeldt K R, 2007. The effect of land use regulation on housing and land prices [J]. Journal of urban economics, 61 (3): 420-435.

[59] Jang M, Kang C D, 2015. Retail accessibility and proximity effects on housing prices in Seoul, Korea: A retail type and housing submarket approach [J]. Habitat International, 49: 516-528.

[60] Jayantha W M, Abeydeera L H U W, 2020. Effects of High-Voltage Overhead Power Lines (HVOPLs) on Residential Property Prices [J]. Asian Journal of Economics and Empirical Research, 7 (2): 115-125.

[61] Jia S, Wang Y, Fan G Z, 2018. Home-purchase limits and housing prices: Evidence from China [J]. The Journal of Real Estate Finance and Economics, 56 (3): 386-409.

[62] Jiang W, Feng T, Timmermans H, et al., 2017. A gap-theoretical path model of residential satisfaction and intention to move house applied

to renovated historical blocks in two Chinese cities [J]. Cities, 71: 19-29.

[63] Jud G D, Winkler D T, 2002. The dynamics of metropolitan housing prices [J]. The journal of real estate research, 23 (1/2): 29-46.

[64] Keskin B, 2008. Hedonic analysis of price in the Istanbul housing market [J]. International Journal of Strategic Property Management, 12 (2): 125-138.

[65] Kim J H, Pagliara F, Preston J, 2005. The intention to move and residential location choice behaviour [J]. Urban studies, 42 (9): 1621-1636.

[66] Kuang W, 2010. Expectation, speculation and urban housing price volatility in China [J]. Economic Research Journal, 9 (7): 67-78.

[67] Laakso S, 1992. Public transport investment and residential property values in Helsinki [J]. Scandinavian Housing and Planning Research, 9 (4): 217-229.

[68] Lancaster K J, 1966. A new approach to consumer theory [J]. Journal of political economy, 74 (2): 132-157.

[69] LeSage J, Pace R K, 2009. Introduction to spatial econometrics [M]. Chapman and Hall/CRC.

[70] Li H, Chen P, Grant R, 2021. Built environment, special economic zone, and housing prices in Shenzhen, China [J]. Applied Geography, 129: 102429.

[71] Li H, Wei Y D, Wu Y, et al., 2019. Analyzing housing prices in Shanghai with open data: Amenity, accessibility and urban structure [J]. Cities, 91: 165-179.

[72] Li J, Hu Y, Liu C, 2020. Exploring the influence of an urban water system on housing prices: case study of Zhengzhou [J]. Buildings, 10 (3): 44.

[73] Li R Y M, Cheng K Y, Shoaib M, 2018. Walled buildings, sustainability, and housing prices: An artificial neural network approach [J]. Sustainability, 10(4): 1298.

[74] Li S, Chen L, Zhao P, 2019. The impact of metro services on housing prices: a case study from Beijing [J]. Transportation, 46(4): 1291-1317.

[75] Li S, Jiang Y, Ke S, et al., 2021. Understanding the effects of influential factors on housing prices by combining extreme gradient boosting and a hedonic price model (XGBoost-HPM) [J]. Land, 10(5): 533.

[76] Li Z C, Chen Y J, Wang Y D, et al., 2013. Optimal density of radial major roads in a two-dimensional monocentric city with endogenous residential distribution and housing prices [J]. Regional Science and Urban Economics, 43(6): 927-937.

[77] Liebersohn J, 2017. Housing demand, regional house prices and consumption [J]. Regional House Prices and Consumption.

[78] Liew C, Haron N A, 2013. Factors influencing the rise of house price in Klang Valley [J]. International Journal of Research in Engineering and Technology, 2(10): 261-272.

[79] Lin Y, Ma Z, Zhao K, et al., 2018. The impact of population migration on urban housing prices: Evidence from China's major cities [J]. Sustainability, 10(9): 3169.

[80] Liu J, Siqun Y, Khan Z, 2022. The demand for money in China: A housing price perspective [J]. Applied Economics Letters, 29(8): 676-681.

[81] Liu M, Ma Q P, 2021. Determinants of house prices in China: a panel-corrected regression approach [J]. The Annals of Regional Science, 67(1): 47-72.

[82] Liu Q, Wang S, Zhang W, et al., 2017. China's municipal public

infrastructure: Estimating construction levels and investment efficiency using the entropy method and a DEA model [J]. Habitat International, 64: 59-70.

[83] Lockwood D, 2007. Mapping crime in Savannah: Social disadvantage, land use, and violent crimes reported to the police [J]. Social Science Computer Review, 25 (2): 194-209.

[84] Lu J, 2018. The value of a south-facing orientation: A hedonic pricing analysis of the Shanghai housing market [J]. Habitat International, 81: 24-32.

[85] Lutzenhiser M, Netusil N R, 2001. The effect of open spaces on a home's sale price [J]. Contemporary Economic Policy, 19 (3): 291-298.

[86] Maennig W, Dust L, 2008. Shrinking and growing metropolitan areas asymmetric real estate price reactions?: The case of German single-family houses [J]. Regional Science and Urban Economics, 38 (1): 63-69.

[87] Makhubu S S, 2018. The effect of building density on housing prices and the supply of housing in Stellenbosch: the application of a Hedonic Price Model [D]. Stellenbosch: Stellenbosch University.

[88] Mok H M K, Chan P P K, Cho Y S, 1995. A hedonic price model for private properties in Hong Kong [J]. The Journal of Real Estate Finance and Economics, 10 (1): 37-48.

[89] Mou Y, He Q, Zhou B, 2017. Detecting the Spatially Non-Stationary Relationships between Housing Price and Its Determinants in China: Guide for Housing Market Sustainability [J]. Sustainability, 9 (10): 1826.

[90] Nellis J G, Longbottom J A, 1981. An empirical analysis of the determination of house prices in the United Kingdom [J]. Urban

Studies, 18(1): 9-21.

[91] Nelson A C, Genereux J, Genereux M, 1992. Price effects of landfills on house values [J]. Land economics, 359–365.

[92] Nelson J P, 2004. Meta-analysis of airport noise and hedonic property values [J]. Journal of Transport Economics and Policy (JTEP): 38(1): 1–27.

[93] Nicholls S, Crompton J L, 2005. The impact of greenways on property values: Evidence from Austin, Texas [J]. Journal of Leisure Research, 37(3): 321–341.

[94] Ohta M, Griliches Z, 1976. Automobile prices revisited: Extensions of the hedonic hypothesis [M] //Household production and consumption. NBER, 325–398.

[95] Ossokina I V, Verweij G, 2015. Urban traffic externalities: Quasi-experimental evidence from housing prices [J]. Regional Science and Urban Economics, 55: 1–13.

[96] Potepan M J, 1996. Explaining intermetropolitan variation in housing prices, rents and land prices [J]. Real Estate Economics, 24(2): 219–245.

[97] Quigley J M, Rosenthal L A, 2005. The effects of land use regulation on the price of housing: What do we know? What can we learn? [J]. Cityscape, 69–137.

[98] Radoslaw Cellmer, Aneta Cichulska, Aneta Cichulska, et al., 2020. Spatial Analysis of Housing Prices and Market Activity with the Geographically Weighted Regression [J]. International Journal of Geo-Information, 9(6): 380.

[99] Rahadi R A, Wiryono S K, Koesrindartoto D P, et al., 2013. Attributes influencing housing product value and price in Jakarta metropolitan region [J]. Procedia-Social and Behavioral Sciences,

101: 368-378.

[100] Raphael S, Winter-Ebmer R, 2001. Identifying the effect of unemployment on crime[J]. The journal of law and economics, 44(1): 259-283.

[101] Raymond Y C, Love P E D, 2000. Measuring residential property values in Hong Kong [J]. Property Management.

[102] Rivas R, Patil D, Hristidis V, et al., 2019. The impact of colleges and hospitals to local real estate markets [J]. Journal of Big Data, 6(1): 1-24.

[103] Rosen S, 1974. Hedonic prices and implicit markets: product differentiation in pure competition [J]. Journal of political economy, 82(1): 34-55.

[104] Rubin G M, 1993. Is housing age a commodity? Hedonic price estimates of unit age [J]. Journal of Housing Research, 165-184.

[105] Rubin Z, Felsenstein D, 2017. Supply side constraints in the Israeli housing market—The impact of state owned land [J]. Land Use Policy, 65: 266-276.

[106] Han L, Lu M, 2017. Housing prices and investment: an assessment of China's inland-favoring land supply policies [J]. Journal of the Asia Pacific Economy, 22(1): 106-121.

[107] Rundle A, Roux A V D, Freeman L M, et al., 2007. The urban built environment and obesity in New York City: a multilevel analysis[J]. American Journal of Health Promotion, 21(4_suppl): 326-334.

[108] Saunders P, 1978. Domestic property and social class [J]. International Journal of Urban and Regional Research, 2(1-3): 233-251.

[109] Schirmer P M, Van Eggermond M A B, Axhausen K W, 2014. The role of location in residential location choice models: a review of

literature [J]. Journal of Transport and Land Use, 7（2）: 3–21.

[110] Shen Y, Liu H, 2004. Housing prices and economic fundamentals: A cross city analysis of China for 1995–2002 [J]. Economic Research Journal, 6（7）: 78–86.

[111] Shi H, 2020. The Impact of Urban Forests on Housing Prices [J]. Financial Engineering and Risk Management, 3（1）: 102–106.

[112] Simons R A, El Jaouhari A, 2004. The effect of freight railroad tracks and train activity on residential property values [J]. Appraisal Journal, 72（3）: 223–233.

[113] Song Y, Knaap G J, 2003. New urbanism and housing values: a disaggregate assessment [J]. Journal of Urban Economics, 54（2）: 218–238.

[114] Stenger A, Harou P, Navrud S, 2009. Valuing environmental goods and services derived from the forests [J]. Journal of forest economics, 15（1–2）: 1–14.

[115] Su C W, Wang X Q, Tao R, et al., 2019. Does money supply drive housing prices in China? [J]. International Review of Economics & Finance, 60: 85–94.

[116] Su Z, Huang J T, Lin A J, 2021. House price expectations, mortgages, and subjective well-being in urban China [J]. Journal of Consumer Affairs, 55（4）: 1540–1562.

[117] Sun B, Yang S, 2020. Asymmetric and Spatial Non-Stationary Effects of Particulate Air Pollution on Urban Housing Prices in Chinese Cities [J]. International Journal of Environmental Research and Public Health, 17（20）: 7443.

[118] Sung M, Ki J, 2021. Influence of educational and cultural facilities on apartment prices by size in Seoul: do residents'preferred facilities influence the housing market? [J]. Housing Studies, 1–27.

[119] Tajima K, 2003. New estimates of the demand for urban green space: Implications for valuing the environmental benefits of Boston's big dig project [J]. Journal of Urban affairs, 25 (5): 641–655.

[120] Tan K, 2021. The Analysis on the Facotrs of Housing Price of the Cities in Pearl River Delta [J]. World Scientific Research Journal, 7 (2): 398–410.

[121] Tan R, He Q, Zhou K, et al., 2019. The effect of new metro stations on local land use and housing prices: The case of Wuhan, China [J]. Journal of Transport Geography, 79: 102488.

[122] Tang B, Yiu C Y, 2010. Space and scale: A study of development intensity and housing price in Hong Kong [J]. Landscape and Urban Planning, 96 (3): 172–182.

[123] Thompson P N, 2017. Effects of fiscal stress labels on municipal government finances, housing prices, and the quality of public services: Evidence from Ohio [J]. Regional Science and Urban Economics, 64: 98–116.

[124] Tiwari P, Hasegawa H, 2001. Welfare effects of public housing in Tokyo [J]. Journal of Policy Modeling, 23 (4): 421–431.

[125] Tobler W R, 1970. A Computer Movie Simulating Urban Growth in the Detroit Region [J]. Economic Geography, 46 (1): 234–240.

[126] Vogiazas S, Alexiou C, 2017. Determinants of housing prices and bubble detection: Evidence from seven advanced economies [J]. Atlantic Economic Journal, 45 (1): 119–131.

[127] Wang J F, Li X H, Christakos G, et al., 2010. Geographical detectors - based health risk assessment and its application in the neural tube defects study of the Heshun Region, China [J]. International Journal of Geographical Information Science, 24 (1): 107–127.

[128] Wang J F, Zhang T L, Fu B J, 2016. A measure of spatial stratified

heterogeneity [J]. Ecological Indicators, 67: 250-256.

[129] Wang S, Yang Z, Liu H, 2011. Impact of urban economic openness on real estate prices: Evidence from thirty-five cities in China [J]. China Economic Review, 22 (1): 42-54.

[130] Wang Y, Wang S, Li G, et al., 2017. Identifying the determinants of housing prices in China using spatial regression and the geographical detector technique [J]. Applied Geography, 79: 26-36.

[131] Wang Y, Wu K, Jin L, et al., 2021. Identifying the Spatial Heterogeneity in the Effects of the Social Environment on Housing Rents in Guangzhou, China [J]. Applied Spatial Analysis and Policy, 14 (4): 849-877.

[132] Wang Y, Wu K, Qin J, et al., 2020. Examining Spatial Heterogeneity Effects of Landscape and Environment on the Residential Location Choice of the Highly Educated Population in Guangzhou, China [J]. Sustainability, 12 (9): 3869.

[133] Wang Y, Wu K, Zhao Y, et al., 2022. Examining the Effects of the Built Environment on Housing Rents in the Pearl River Delta of China [J]. Applied Spatial Analysis and Policy, 15 (1): 289-313.

[134] Wang Y, Zhao L, Sobkowiak L, et al., 2015. Impact of urban landscape and environmental externalities on spatial differentiation of housing prices in Yangzhou City [J]. Journal of Geographical Sciences, 25 (9): 1122-1136.

[135] Wang Z, Zhang Q, 2014. Fundamental factors in the housing markets of China [J]. Journal of housing economics, 25: 53-61.

[136] Wen H, Goodman A C, 2013. Relationship between urban land price and housing price: Evidence from 21 provincial capitals in China [J]. Habitat International, 40: 9-17.

[137] Wen H, Zhang Y, Zhang L, 2014. Do educational facilities affect housing price? An empirical study in Hangzhou, China [J]. Habitat International, 42: 155-163.

[138] Wilhelmsson M, Long R, 2020. Impacts of shopping malls on apartment prices: The case of Stockholm [J]. Nordic Journal of Surveying and Real Estate Research, 5: 29-48.

[139] Wu F, Chen J, Pan F, et al., 2020. Assetization: The Chinese path to housing financialization [J]. Annals of the American Association of Geographers, 110 (5): 1483-1499.

[140] Wu K, Wang Y, Liu Y, et al., 2021a. On innovation capitalization: Empirical evidence from Guangzhou, China [J]. Habitat International, 109: 102323.

[141] Wu K, Wang Y, Ye Y, et al., 2019. Relationship between the built environment and the location choice of high-tech firms: Evidence from the Pearl River Delta [J]. Sustainability, 11 (13): 3689.

[142] Wu K, Wang Y, Zhang H, et al., 2021b. Impact of the Built Environment on the Spatial Heterogeneity of Regional Innovation Productivity: Evidence from the Pearl River Delta, China [J]. Chinese Geographical Science, 31 (3): 413-428.

[143] Yang Z, 2001. An application of the hedonic price model with uncertain attribute-the case of the People's Republic of China [J]. Journal of Property Management, 19 (1): 50-53.

[144] Yazdanifard Y, Joshaghani H, Talebian M, 2021. Metro station inauguration, housing prices, and transportation accessibility: Tehran case study [J]. Journal of Transport and Land Use, 14 (1): 537-561.

[145] Yi C, Huang Y, 2014. Housing consumption and housing inequality in Chinese cities during the first decade of the twenty-first century [J].

Housing Studies, 29（2）: 291-311.

[146] Yu H, Fotheringham A S, Li Z, et al., 2020. Inference in multiscale geographically weighted regression[J]. Geographical Analysis, 52(1): 87-106.

[147] Yuan F, Wu J, Wei Y D, et al., 2018. Policy change, amenity, and spatiotemporal dynamics of housing prices in Nanjing, China[J]. Land Use Policy, 75: 225-236.

[148] Zabel J, Dalton M, 2011. The impact of minimum lot size regulations on house prices in Eastern Massachusetts[J]. Regional Science and Urban Economics, 41（6）: 571-583.

[149] Zhang L, Hong J, Nasri A, et al., 2012. How built environment affects travel behavior: A comparative analysis of the connections between land use and vehicle miles traveled in US cities[J]. Journal of transport and land use, 5（3）: 40-52.

[150] Zhang L, Hui E C, Wen H, 2015. Housing price-volume dynamics under the regulation policy: Difference between Chinese coastal and inland cities[J]. Habitat International, 47: 29-40.

[151] Zhang L, Zhou J, Hui E C, 2020. Which types of shopping malls affect housing prices? From the perspective of spatial accessibility[J]. Habitat International, 96: 102118.

[152] Zhang Y, Dong R, 2018. Impacts of street-visible greenery on housing prices: Evidence from a hedonic price model and a massive street view image dataset in Beijing[J]. ISPRS International Journal of Geo-Information, 7（3）: 104.

[153] Zheng X, Peng W, Hu M, 2020. Airport noise and house prices: A quasi-experimental design study[J]. Land Use Policy, 90: 104287.

[154] Zou Y, 2019. Air pollution and housing prices across Chinese cities

[J]. Journal of Urban Planning and Development, 145（4）: 04019012.

[155] Hastie T J. Generalized additive models [J] //John M. Chambers. Statistical models in S. Routledge, 2017: 249-307.

[156] Hastie T, Tibshirani R. Generalized additive models [J]. Statistical Science, 1986, 1（3）: 297-310.

[157] 曾迎香, 张英杰, 刘萍, 2021. 北京市新建城市公园对住房的价格溢出效应研究 [J]. 价格月刊, （1）: 1-8.

[158] 陈多多, 贾德铮, 2015. 上海徐汇区房价的影响因素分析——基于消费者效用的实证分析 [J]. 企业技术开发, 34（1）: 113-116.

[159] 陈美潼, 2019. 沈阳居民住宅二手房价影响因素分析 [J]. 北方经贸, 39（6）: 54-56.

[160] 陈淑云, 唐将伟, 2017. 公共服务供给不均等加剧了国内房价分化吗?——基于我国286个地级及以上城市面板数据的实证 [J]. 经济体制改革, （4）: 181-187.

[161] 陈雪雯, 2019. 基于GIS的成都市商品住宅价格时空分异性研究 [J]. 四川职业技术学院学报, 29（3）: 57-67.

[162] 党艺, 余建辉, 张文忠, 2020. 环境类邻避设施对北京市住宅价格影响研究——以大型垃圾处理设施为例[J]. 地理研究, 39（8）: 1769-1781.

[163] 邓小园, 2019. 住房特征对北京各区域二手房价的影响分析 [J]. 商讯, 37（17）: 84-86.

[164] 董增辉, 2013. 解析建筑结构的抗震设计[J]. 民营科技, 19（4）: 211.

[165] 宫徽, 边潇, 庞洪涛, 等, 2018. 污水处理厂对周边房价增速影响的大数据分析——以北京市为例[J]. 给水排水, 54（6）: 123-128.

［166］古恒宇，孟鑫，沈体雁，等，2018．基于sDNA模型的路网形态对广州市住宅价格的影响研究［J］．现代城市研究，（6）：2-8．

［167］谷兴，周丽青，2015．基于地理加权回归的武汉市住宅房价空间分异及其影响因素分析［J］．国土与自然资源研究，（3）：63-68．

［168］何祺，云露阳，2020．基于GIS的沈阳市新房价格空间分布及影响因素研究［J］．城市住宅，27（9）：72-76．

［169］洪世键，颜静娴，杨林川，等，2019．教育资源可达性对住房价格的影响——厦门案例［J］．中国房地产，（30）：28-36．

［170］胡艳辉，2021．人口集聚和经济集聚对房价影响的实证研究——以南昌市为例［J］．中国房地产，（9）：26-31．

［171］黄滨茹，满燕云，张衔春，2014．城市主次就业中心对周边住房价格的影响差异——以北京市主次就业中心为例［J］．商业时代，（20）：122-125．

［172］贾德铮，顾青蓝，2017．关于二手房特征价格的计量分析——以上海地区为例［J］．上海立信会计金融学院学报，（6）：88-97．

［173］贾德铮，张恩阳，2016．基于房屋特征模型的房价影响因素研究［J］．企业技术开发，35（4）：78-80，96．

［174］姜川，2017．城市竞争视角下现代CBD规划策略研究［D］．天津：天津大学．

［175］兰峰，吴迪，2018．人口流动与住房价格波动——基于我国35个大中城市的实证研究［J］．华东经济管理，32（5）：97-106．

［176］李璐琼，2018．用STATA进行房价影响因素的分析［J］．经济研究导刊，14（31）：133-136．

［177］李文斌，杨春志，2007．住房价格指数以及区位对住房价格的影响——北京市住房价格实证分析［J］．城市问题，（8）：26-31．

［178］李瑶瑶，戚渊，朱道林，等，2020．基于不同住房属性视角的土地供应规模对房价的影响［J］．中国土地科学，34（12）：59-

67.

[179] 梁军辉，林坚，吴佳雨，2016. 北京市公共服务设施配置对住房价格的影响［J］. 城市发展研究，23（9）：82-87，124.

[180] 刘冰，朱建国，金跃强，2020. 南京市二手房房价影响因素的主成分回归分析［J］. 南通职业大学学报，34（2）：66-68.

[181] 刘康，吴群，王佩，2015. 城市轨道交通对住房价格影响的计量分析——以南京市地铁1、2号线为例［J］. 资源科学，37（1）：133-141.

[182] 刘天培，齐澄宇，冯健，2014. 北京市住宅与房价空间结构探究［J］. 中国统计，（11）：18-19.

[183] 卢茜，林涛，2010. 基于交通可达性的上海郊区新城房价研究［J］. 上海师范大学学报（自然科学版），39（4）：426-431.

[184] 陆学艺，2002. 当代中国社会阶层研究报告［M］. 北京：社会科学文献出版社.

[185] 马思新，李昂，2003. 基于Hedonic模型的北京住宅价格影响因素分析［J］. 土木工程学报，50（9）：59-64.

[186] 孟元元，2012. 城市宜居社区综合评价及其应用研究［D］. 秦皇岛：燕山大学.

[187] 牛方曲，刘卫东，冯建喜，2016. 基于家庭区位需求的城市住房价格模拟分析［J］. 地理学报，71（10）：1731-1740.

[188] 潘添翼，贾德铮，2019. 上海二手房房价影响因素［J］. 中国市场，26（5）：29-32.

[189] 彭保发，石忆邵，单玥，等，2015. 上海市三甲医院对周边地区住房价格的空间影响效应分析［J］. 地理科学，35（7）：860-866.

[190] 彭鸿斌，2010 北京市商品住宅价格研究［D］. 重庆：重庆大学.

[191] 任丽燕，宋俊星，马仁锋，2020. 城市邻避型服务设施对住宅价格的影响——以宁波市为例［J］. 山东财经大学学报，32（2）：

70-79.

[192] 戎会芹, 2019. 开发商品牌溢价及变化趋势研究——以上海住房市场为例 [J]. 生产力研究, (8): 62-67, 90.

[193] 沈体雁, 于瀚辰, 周麟, 等, 2020. 北京市二手住宅价格影响机制——基于多尺度地理加权回归模型（MGWR）的研究 [J]. 经济地理, 40 (3): 75-83.

[194] 沈体雁, 于瀚辰, 2019. 空间计量经济学（第二版）[M]. 北京: 北京大学出版社.

[195] 石忆邵, 李木秀, 2006. 上海市住房价格梯度及其影响因素分析 [J]. 地理学报, (6): 604-612.

[196] 石忆邵, 王伊婷, 2014. 上海市学区房价格的影响机制 [J]. 中国土地科学, 28 (12): 47-55.

[197] 斯子文, 石忆邵, 2013. 三甲医院对人口分布及房价影响的研究——以复旦大学附属儿科医院为例 [J]. 经济地理, 33 (10): 74-81.

[198] 宋伟轩, 毛宁, 陈培阳, 等, 2017. 基于住宅价格视角的居住分异耦合机制与时空特征——以南京为例 [J]. 地理学报, 72 (4): 589-602.

[199] 孙枫, 章锦河, 王昶, 等, 2021. 城市商业型健身休闲场所空间格局及影响机理——以上海市为例 [J]. 地理科学, 41 (2): 198-206.

[200] 谭文浩, 陈婷婷, 汪强斌, 等, 2021. 福州市中心城区公园绿地可达性对房价的影响 [J]. 中国城市林业, 19 (1): 66-71.

[201] 汤庆园, 徐伟, 艾福利, 2012. 基于地理加权回归的上海市房价空间分异及其影响因子研究 [J]. 经济地理, 32 (2): 52-58.

[202] 王德, 黄万枢, 2007. 外部环境对住宅价格影响的 Hedonic 法研究——以上海市为例 [J]. 城市规划, (9): 34-41, 46.

[203] 王芳, 高晓路, 颜秉秋, 2014. 基于住宅价格的北京城市空间结

构研究［J］. 地理科学进展，33（10）：1322-1331.

［204］王光玉，2008. 中国城镇住房价格宏观波动及其微观机制研究［D］. 成都：西南交通大学.

［205］王劲峰，徐成东，2017. 地理探测器：原理与展望［J］. 地理学报，72（1）：116-134.

［206］王鹏，林晓燕，2018. 虚拟经济扩大条件下货币供应量对中国房价的影响——基于VAR模型的实证分析［J］. 经济问题探索，（6）：63-73.

［207］王瑞瑞，2019. 深圳市住宅价格空间格局分异特征及影响因子［J］. 中国房地产业，（21）：42.

［208］王少剑，王洋，蔺雪芹，等，2016. 中国县域住宅价格的空间差异特征与影响机制［J］. 地理学报，71（8）：1329-1342.

［209］王新宇，刘俊豪，成惠茹，2015. 城市住宅特征对二手房挂牌价的影响［J］. 徐州工程学院学报（社会科学版），30（4）：55-61.

［210］王洋，王德利，刘丽华，等，2015a. 中国城市住宅价格的空间分化及其土地市场影响［J］. 中国土地科学，29（6）：33-40.

［211］王洋，杨忍，关兴良，等，2015b. 城市住宅价格空间分异的理论基础及应用路径［J］. 中国房地产，（8）：16-27.

［212］王洋，李强，王少剑，等，2014. 扬州市住宅价格空间分异的影响因素与驱动机制［J］. 地理科学进展，33（3）：375-388.

［213］王洋，吴康敏，张虹鸥，等，2021b. 粤港澳大湾区分县住房租金与影响因素数据集（2019）［DB/OL］. 全球变化数据仓储［2021-02-17］. http://www.geodoi.ac.cn/WebCn/doi.aspx?Id=1741.

［214］王洋，吴康敏，张虹鸥，2021a. 广州中心城区住宅租金差异的核心影响因素［J］. 地理学报，76（8）：1924-1938.

［215］王洋，张虹鸥，金利霞，等，2017. 中国城市社会阶层空间化评

价的思路与方法［J］．人文地理，32（6）：15-23．

［216］王洋，2021．城市住房的特征租金理论与模型［M］．北京：经济科学出版社．

［217］王洋，2017．城市住房空间与社会空间：结构·关系·差异［M］．广州：中山大学出版社．

［218］王洋，2015．基于住宅优势度的城市住宅价格空间分异研究［M］．北京：科学出版社．

［219］王颖，张洪瑞，卿天佑，2020．哈尔滨市学区房溢价研究［J］．北方经贸，40（3）：50-52．

［220］温海珍，贾生华，2004．住宅的特征与特征的价格——基于特征价格模型的分析［J］．浙江大学学报（工学版），（10）：101-105，112．

［221］温海珍，李旭宁，张凌，2012．城市景观对住宅价格的影响——以杭州市为例［J］．地理研究，31（10）：1806-1814．

［222］吴昌耀，刘钰靖，谭希丽，等，2018．基于多元逐步回归对均衡房价影响因素的研究——以长春市、吉林市为例［J］．东北电力大学学报，38（3）：90-95．

［223］吴云清，骆丽，2018．基于房价的城市邻避设施空间效应分析——以南京市蓝燕三汊河加油站为例［J］．地域研究与开发，37（5）：78-82．

［224］席德利，2021．容积率对住房价格的影响及实例分析［J］．中国房地产，（6）：14-20．

［225］徐生钰，陈菲娅，2018．基础教育资源资本化对房价的影响——基于南京市鼓楼区数据的分析［J］．中国名城，32（6）：41-47．

［226］许慧，王林，黄利芳，2016．容积率对住宅商品房价格影响的实证研究［J］．云南财经大学学报，32（3）：152-160．

［227］薛冰，肖骁，李京忠，等，2019．基于POI大数据的老工业区房

价影响因素空间分异与实证［J］．人文地理，34（4）：106-114．

［228］杨必磊，2013．荣誉称号对广州市住宅小区房价的影响研究［D］．广州：华南理工大学．

［229］杨俊，鲍雅君，金翠，等，2018．大连城市绿地可达性对房价影响的差异性分析［J］．地理科学，38（12）：1952-1960．

［230］杨励雅，王振波，2019．城市社区建成环境对居民日常出行行为的影响分析［J］．经济地理，39（4）：101-108．

［231］杨林川，张衔春，洪世键，等，2016．公共服务设施步行可达性对住宅价格的影响——基于累积机会的可达性度量方法［J］．南方经济，（1）：57-70．

［232］杨凌凡，罗小龙，唐蜜，等，2022．尺度重构视角下开发区整合转型机制研究——以江苏省为例［J］．经济地理，42（6）：33-44．

［233］杨巧，陈诚，宛昆，2017．住房空置的区域差异及对房价的影响——基于35个大中城市的实证［J］．城市学刊，18（1）：12-18．

［234］余亮亮，蔡银莺，2018．土地供给结构、财政压力与房价——来自广东省的经验分析［J］．中国土地科学，32（8）：30-36．

［235］翟崟淞，2019．基于GIS的成都市商品住宅价格空间分布差异研究［J］．价值工程，38（18）：46-49．

［236］张琳，2017．美国输电线路及变电站对周边房价的影响［J］．上海房地，（4）：57-58．

［237］张冕，2008．基于Hedonic模型的浦东新区住宅价格特征分析［D］．上海：同济大学．

［238］张少尧，宋雪茜，邓伟，2017．空间功能视角下的公共服务对房价的影响——以成都市为例［J］．地理科学进展，36（8）：995-1005．

［239］张志斌，巨继龙，李花，2018．兰州市人居环境与住宅价格空间

特征及其相关性［J］.经济地理，38（6）：69-76.

［240］赵沁娜，肖娇，刘梦玲，等，2019.邻避设施对周边住宅价格的影响研究——以合肥市殡仪馆为例［J］.城市规划，43（5）：107-112，120.

附　录

附表 1

中国 292 个城市市区住房价格（2017 年 9 月）

位序	城市名称	住房均价/（元/㎡）	位序	城市名称	住房均价/（元/㎡）
1	北京	60 353	147	长治	5 606
2	深圳	56 717	148	潍坊	5 462
3	上海	53 517	149	东营	5 452
4	厦门	39 237	150	绵阳	5 444
5	杭州	28 583	151	日照	5 444
6	广州	27 860	152	南充	5 444
7	三亚	26 938	153	锦州	5 424
8	福州	25 952	154	潮州	5 404
9	南京	25 610	155	吉林	5 347
10	天津	22 732	156	常德	5 327
11	青岛	20 902	157	临沧	5 307
12	苏州	19 533	158	雅安	5 306
13	温州	18 615	159	普洱	5 302
14	珠海	17 821	160	驻马店	5 292
15	廊坊	17 555	161	泸州	5 284
16	丽水	16 563	162	资阳	5 266
17	济南	16 057	163	遂宁	5 244
18	石家庄	15 686	164	阳江	5 226
19	合肥	15 672	165	南阳	5 212
20	武汉	15 402	166	商丘	5 205
21	宁波	15 155	167	通辽	5 190
22	郑州	14 542	168	临沂	5 178
23	漳州	13 695	169	菏泽	5 177
24	东莞	13 324	170	鄂州	5 167
25	舟山	13 188	171	鹰潭	5 161
26	成都	12 673	172	广安	5 148

（续表）

位序	城市名称	住房均价 /（元 / m²）	位序	城市名称	住房均价 /（元 / m²）
27	无锡	12 577	173	广元	5 145
28	沧州	12 552	174	银川	5 135
29	海口	12 271	175	齐齐哈尔	5 130
30	金华	12 034	176	鄂尔多斯	5 109
31	佛山	11 905	177	十堰	5 103
32	嘉兴	11 707	178	云浮	5 099
33	台州	11 379	179	焦作	5 090
34	南昌	11 292	180	德阳	5 087
35	绍兴	11 239	181	揭阳	5 084
36	南通	11 218	182	韶关	5 063
37	扬州	11 058	183	株洲	5 038
38	保定	11 038	184	内江	5 012
39	莆田	11 015	185	临汾	4 985
40	常州	10 604	186	自贡	4 977
41	大连	10 555	187	宜宾	4 926
42	长沙	10 372	188	酒泉	4 922
43	惠州	10 219	189	平顶山	4 917
44	昆明	10 166	190	葫芦岛	4 905
45	泉州	9 966	191	巴彦淖尔	4 894
46	中山	9 904	192	湘潭	4 857
47	龙岩	9 871	193	宜春	4 856
48	衢州	9 628	194	遵义	4 817
49	湖州	9 176	195	武威	4 813
50	宁德	9 136	196	怀化	4 811
51	张家口	8 963	197	延安	4 785
52	太原	8 938	198	定西	4 748
53	承德	8 883	199	牡丹江	4 694
54	镇江	8 672	200	平凉	4 691
55	盐城	8 621	201	眉山	4 654
56	芜湖	8 562	202	郴州	4 617
57	徐州	8 346	203	贺州	4 572
58	烟台	8 255	204	三门峡	4 547
59	南宁	8 185	205	白城	4 543
60	阜阳	8 139	206	贵港	4 508
61	兰州	8 070	207	黄冈	4 478
62	襄阳	8 062	208	巴中	4 475
63	汕头	7 721	209	忻州	4 467
64	拉萨	7 702	210	玉林	4 456
65	三明	7 660	211	呼伦贝尔	4 448
66	沈阳	7 647	212	咸阳	4 437

（续表）

位序	城市名称	住房均价/（元/㎡）	位序	城市名称	住房均价/（元/㎡）
67	江门	7 643	213	大庆	4 409
68	淮安	7 584	214	吕梁	4 393
69	连云港	7 535	215	安顺	4 390
70	柳州	7 508	216	周口	4 382
71	泰州	7 486	217	大同	4 368
72	西安	7 468	218	阳泉	4 357
73	赤峰	7 467	219	益阳	4 354
74	衡水	7 455	220	通化	4 322
75	泰安	7 441	221	随州	4 311
76	聊城	7 425	222	河池	4 303
77	邢台	7 406	223	昭通	4 301
78	宣城	7 395	224	辽阳	4 284
79	汕尾	7 378	225	安康	4 281
80	呼和浩特	7 350	226	四平	4 270
81	赣州	7 219	227	毕节	4 259
82	六安	7 144	228	松原	4 225
83	重庆	7 128	229	枣庄	4 216
84	南平	7 085	230	衡阳	4 211
85	贵阳	6 984	231	永州	4 208
86	湛江	6 964	232	安阳	4 203
87	哈尔滨	6 922	233	克拉玛依	4 186
88	长春	6 921	234	新余	4 176
89	天水	6 909	235	漯河	4 174
90	秦皇岛	6 872	236	营口	4 160
91	邯郸	6 819	237	海东	4 125
92	乌鲁木齐	6 808	238	萍乡	4 125
93	安庆	6 789	239	荆门	4 097
94	清远	6 785	240	邵阳	4 073
95	许昌	6 654	241	鞍山	4 058
96	唐山	6 590	242	娄底	4 048
97	滁州	6 547	243	本溪	4 047
98	桂林	6 524	244	乌兰察布	4 035
99	池州	6 504	245	梧州	4 026
100	铜陵	6 501	246	百色	4 022
101	蚌埠	6 497	247	六盘水	3 956
102	河源	6 457	248	固原	3 926
103	吉安	6 445	249	白银	3 926
104	陇南	6 429	250	抚顺	3 925
105	梅州	6 428	251	运城	3 923
106	茂名	6 396	252	朝阳	3 892

（续表）

位序	城市名称	住房均价/（元/㎡）	位序	城市名称	住房均价/（元/㎡）
107	宿迁	6 394	253	宝鸡	3 868
108	黄山	6 388	254	攀枝花	3 865
109	威海	6 366	255	铁岭	3 820
110	保山	6 353	256	淮南	3 799
111	洛阳	6 338	257	防城港	3 793
112	肇庆	6 326	258	佳木斯	3 780
113	西宁	6 251	259	中卫	3 769
114	济宁	6 233	260	莱芜	3 768
115	榆林	6 219	261	汉中	3 722
116	荆州	6 217	262	渭南	3 711
117	上饶	6 202	263	铜仁	3 711
118	岳阳	6 177	264	张掖	3 629
119	晋城	6 150	265	盘锦	3 616
120	玉溪	6 126	266	曲靖	3 581
121	马鞍山	6 120	267	伊春	3 542
122	信阳	6 113	268	阜新	3 509
123	德州	6 105	269	绥化	3 500
124	丽江	6 101	270	黑河	3 496
125	包头	6 012	271	咸宁	3 489
126	淄博	5 995	272	吴忠	3 484
127	亳州	5 953	273	钦州	3 483
128	宜昌	5 952	274	鹤壁	3 476
129	庆阳	5 924	275	哈密	3 440
130	濮阳	5 922	276	白山	3 438
131	宿州	5 841	277	朔州	3 394
132	黄石	5 831	278	嘉峪关	3 342
133	九江	5 831	279	乐山	3 322
134	新乡	5 800	280	来宾	3 212
135	达州	5 799	281	乌海	3 209
136	孝感	5 738	282	吐鲁番	3 196
137	抚州	5 722	283	鸡西	3 178
138	张家界	5 703	284	辽源	3 133
139	开封	5 689	285	商洛	3 127
140	晋中	5 676	286	崇左	3 111
141	滨州	5 662	287	金昌	3 028
142	林芝	5 641	288	铜川	2 863
143	北海	5 626	289	七台河	2 746
144	淮北	5 622	290	石嘴山	2 732
145	丹东	5 612	291	双鸭山	2 467
146	景德镇	5 609	292	鹤岗	2 096

附表 2

广州都市区 1803 个住宅小区的成交均价和影响因素数值（2020 年 11 月 15 日至 2021 年 4 月 15 日）

注：表中小区均价为该小区已成交住房的均价，单位为元 /m²。F1-F15 的涵义和单位见正文第三章表 3-5。

附表 2-1 广州都市区 1803 个住宅小区的成交均价和影响因素数值 F1-F7

小区序号	小区均价	F1	F2	F3	F4	F5	F6	F7
1	139 745	6	3 387	5	3	3	1	3
2	134 365	6	1 316	5	7	9	5	7
3	130 890	12	607	5	9	9	9	9
4	130 000	6	168	5	5	9	5	9
5	127 802	16	1 353	5	7	9	5	7
6	125 709	12	495	5	7	9	3	7
7	124 159	17	702	5	5	5	3	5
8	123 905	13	1 774	5	7	9	9	9
9	121 389	18	525	5	7	9	3	7
10	117 415	15	418	5	7	9	3	7
11	116 834	8	683	5	9	9	5	9
12	115 825	16	473	5	5	9	9	7
13	113 685	12	570	5	7	9	9	9
14	112 062	16	804	5	7	5	3	5
15	110 687	13	882	5	7	9	9	9
16	109 230	17	632	5	7	9	3	7
17	108 786	21	111	5	3	5	1	5
18	108 220	16	236	5	3	7	3	5
19	108 179	17	392	5	3	9	3	5
20	107 633	9	2 961	5	3	9	5	7
21	106 004	13	935	5	3	9	7	9
22	105 493	20	1 344	5	5	9	1	9
23	103 223	11	241	5	3	7	3	7
24	102 533	13	1 596	5	5	5	3	5
25	102 128	13	321	5	7	9	5	5
26	102 021	9	345	5	7	9	5	9
27	101 811	9	405	5	3	9	1	9
28	101 491	17	600	5	3	7	3	5
29	101 020	12	664	5	5	9	3	9
30	99 980	17	1 608	5	5	9	3	7
31	99 672	14	516	5	5	5	3	5

（续表）

小区序号	小区均价	F1	F2	F3	F4	F5	F6	F7
32	99 313	6	2 351	5	7	9	9	7
33	98 848	6	649	5	7	9	5	9
34	98 172	15	578	5	7	9	7	9
35	97 941	13	951	5	9	9	9	9
36	97 513	17	862	5	5	9	5	9
37	96 829	9	189	5	5	5	3	5
38	95 433	20	372	5	5	9	1	9
39	93 656	22	1 805	5	7	9	5	7
40	93 571	15	1 004	5	3	9	7	9
41	93 200	12	640	5	3	9	5	7
42	92 700	9	256	5	7	9	5	7
43	92 613	13	701	5	5	9	9	7
44	92 382	11	928	5	5	9	1	9
45	91 007	9	3 078	5	3	5	3	5
46	90 365	10	264	5	5	3	3	3
47	89 225	22	1 673	1	3	7	3	7
48	88 904	10	401	5	5	9	3	7
49	88 172	18	476	5	5	9	9	9
50	87 831	21	698	5	5	9	5	9
51	87 228	14	2 129	5	3	7	3	5
52	87 000	26	82	1	5	9	5	5
53	86 973	24	376	5	5	9	5	9
54	85 948	24	332	5	5	9	3	7
55	84 883	11	528	5	5	9	9	9
56	84 568	19	1 200	5	5	9	5	9
57	84 248	8	1 180	5	7	5	3	5
58	84 157	11	782	5	5	5	1	5
59	84 086	14	408	5	3	7	3	5
60	84 030	19	747	5	3	9	5	9
61	83 835	19	450	5	3	9	5	9
62	83 819	13	378	5	5	5	3	5
63	83 163	14	728	5	3	7	3	7
64	82 793	16	434	5	7	9	3	7
65	82 512	21	390	5	5	5	3	5
66	82 336	18	1 535	5	3	3	1	1
67	82 171	13	328	5	5	9	1	9
68	82 141	12	888	5	7	9	5	9
69	82 095	17	239	5	9	9	3	7
70	81 765	12	756	5	3	9	5	9
71	81 456	22	216	5	5	9	5	9
72	80 694	12	371	5	1	3	1	1

（续表）

小区序号	小区均价	F1	F2	F3	F4	F5	F6	F7
73	80 656	6	616	5	5	9	5	9
74	80 619	21	292	5	3	9	5	7
75	79 789	29	1 212	1	7	9	9	9
76	79 616	22	543	5	5	9	9	9
77	79 569	14	1 485	5	1	7	1	7
78	79 412	17	198	5	5	9	5	9
79	79 292	16	1 032	5	7	9	3	7
80	78 993	24	355	5	9	9	7	9
81	78 856	36	136	5	5	9	5	7
82	78 811	25	265	5	3	9	3	7
83	78 785	21	1 152	5	5	7	9	5
84	78 784	23	1 188	5	7	9	5	7
85	78 716	22	366	5	7	9	5	9
86	78 627	10	1 125	5	1	3	1	3
87	77 654	7	78	5	1	3	1	3
88	77 593	24	264	5	7	9	5	7
89	76 487	24	1 214	5	3	9	5	5
90	76 324	18	512	5	3	5	1	3
91	76 156	21	299	5	5	7	9	5
92	76 148	17	3 028	5	7	5	3	5
93	75 695	21	216	5	3	5	3	3
94	75 578	25	72	5	3	5	3	5
95	75 445	17	631	5	3	7	3	5
96	75 095	13	252	5	7	9	5	5
97	75 072	22	608	5	5	9	3	9
98	74 659	17	352	5	5	9	5	7
99	74 623	18	729	5	5	3	1	3
100	74 537	21	136	5	7	9	3	7
101	74 366	25	1 250	5	5	9	3	5
102	74 294	34	1 553	1	5	9	5	7
103	74 133	22	560	5	7	9	9	7
104	73 993	18	421	5	3	9	3	9
105	73 720	28	222	5	5	9	5	7
106	73 480	19	768	5	3	9	3	9
107	73 453	17	293	5	3	7	3	7
108	73 206	12	1 923	5	9	9	5	7
109	73 203	25	282	5	3	7	3	7
110	73 072	6	432	5	3	3	1	5
111	73 058	19	861	5	7	9	5	7
112	72 986	31	1 394	1	5	9	7	9
113	72 975	21	1 504	5	5	9	5	9

（续表）

小区序号	小区均价	F1	F2	F3	F4	F5	F6	F7
114	72 935	23	1 931	5	3	7	3	5
115	72 912	13	417	5	5	9	5	9
116	72 809	16	1 070	5	3	7	1	7
117	72 481	11	672	5	5	9	5	5
118	72 297	15	1 736	5	5	5	3	5
119	72 171	21	2 056	5	3	9	5	7
120	72 146	5	512	5	5	7	3	5
121	72 120	26	1 097	5	5	7	3	3
122	71861	26	655	5	5	9	5	7
123	71 777	22	703	5	3	7	3	7
124	71 749	18	390	5	5	9	9	9
125	71 730	23	72	5	3	9	3	9
126	71 718	31	1 738	5	5	9	3	7
127	71 652	15	506	5	3	7	3	5
128	71 563	16	576	5	5	9	3	9
129	71 429	19	405	5	3	5	1	5
130	71 420	14	119	5	5	9	5	9
131	71 393	18	664	5	5	9	5	7
132	71 348	7	234	5	5	3	1	5
133	71 239	41	1 186	1	5	9	3	5
134	71 139	15	368	5	9	9	5	7
135	71 039	6	2 968	5	7	5	1	7
136	70 998	17	1 056	5	3	9	1	7
137	70 995	23	858	1	5	9	5	9
138	70 852	21	432	5	3	9	7	9
139	70 629	21	676	1	5	9	3	7
140	70 603	17	780	5	3	9	5	5
141	70 557	14	468	5	3	9	5	7
142	70 550	13	449	5	5	9	5	7
143	70 497	19	580	5	3	9	9	5
144	70 495	23	569	5	5	9	5	9
145	70 328	21	340	5	3	5	1	5
146	70 264	12	200	5	3	7	5	5
147	70 118	4	399	5	5	5	3	7
148	70 110	16	360	5	7	9	7	9
149	70 054	26	1 317	5	5	9	5	9
150	69 825	21	1 054	1	5	7	9	3
151	69 672	12	504	5	3	9	5	7
152	69 508	23	1 584	1	3	3	1	3
153	69 384	16	241	5	5	9	1	9
154	69 096	18	730	5	3	9	5	9

（续表）

小区序号	小区均价	F1	F2	F3	F4	F5	F6	F7
155	69 025	15	780	5	7	9	7	9
156	69 020	19	744	5	3	5	3	5
157	68 989	18	224	1	3	9	1	5
158	68 965	19	270	5	3	9	5	9
159	68 863	16	2 665	5	3	5	1	5
160	68 697	7	315	5	9	3	1	3
161	68 691	23	216	5	3	5	3	5
162	68 596	25	120	5	3	9	5	9
163	68 445	14	572	5	7	9	5	9
164	68 245	22	679	5	7	9	5	7
165	68 086	23	474	5	7	9	3	9
166	68 024	26	2 958	1	7	9	5	7
167	67 979	20	1 035	1	7	9	5	7
168	67 949	24	216	1	5	9	5	7
169	67 709	19	644	5	3	9	5	9
170	67 669	14	1 173	5	5	5	3	7
171	67 641	26	454	5	5	9	7	9
172	67 555	25	795	5	5	9	9	7
173	67 522	17	293	5	3	5	1	5
174	67 519	14	1 388	5	3	5	3	5
175	67 515	6	261	5	5	9	5	9
176	67 406	22	381	1	3	9	5	5
177	67 361	25	144	1	3	5	3	5
178	67 248	23	432	5	3	9	3	9
179	67 065	27	1 530	5	7	9	7	9
180	66 977	16	285	5	3	5	3	5
181	66 839	21	108	1	3	5	3	5
182	66 517	26	400	1	7	9	5	9
183	66 515	21	204	5	5	9	7	9
184	66 355	16	391	5	3	9	5	9
185	66 190	32	99	1	5	9	5	7
186	66 162	11	1 475	5	5	5	5	5
187	66 044	3	511	5	7	9	3	7
188	66 042	21	162	5	3	5	3	5
189	65 949	21	575	5	3	5	3	5
190	65 885	26	282	5	5	9	5	9
191	65 765	15	517	5	3	5	1	5
192	65 681	36	1 101	1	5	9	5	7
193	65 676	16	1 364	5	3	5	3	5
194	65 536	13	552	5	3	5	3	5
195	65 467	28	1 457	1	5	9	5	7

（续表）

小区序号	小区均价	F1	F2	F3	F4	F5	F6	F7
196	65 443	15	1 208	5	3	5	5	5
197	65 226	8	814	5	3	9	9	5
198	64 667	17	1 111	5	3	5	1	5
199	64 517	19	432	5	3	9	5	7
200	64 334	9	622	5	3	9	3	7
201	64 234	11	520	5	5	7	3	7
202	64 181	32	970	1	5	9	9	7
203	64 053	16	190	5	5	9	5	9
204	64 010	12	491	5	3	7	5	7
205	63 961	9	751	5	7	7	5	7
206	63 945	11	463	5	7	9	5	9
207	63 857	25	286	1	7	7	5	5
208	63 758	19	148	5	3	5	1	5
209	63 644	31	3 398	5	5	9	5	7
210	63 643	26	380	1	5	9	5	5
211	63 636	23	1 256	5	3	9	5	7
212	63 545	21	162	5	3	5	3	5
213	63 327	21	360	5	3	5	1	5
214	63 319	19	863	5	9	9	9	9
215	63 150	36	369	1	5	9	5	7
216	63 061	23	176	5	7	9	5	9
217	62 944	10	716	5	5	5	5	7
218	62 911	15	552	5	5	5	5	7
219	62 887	30	837	5	7	9	7	7
220	62 822	9	923	5	5	7	9	9
221	62 820	17	528	5	3	9	5	5
222	62 775	12	216	5	5	7	9	5
223	62 767	22	63	5	7	9	5	9
224	62 553	33	1 011	1	5	9	5	9
225	62 538	21	550	5	7	9	5	9
226	62 384	18	372	5	5	9	3	7
227	62 317	22	150	1	5	9	7	7
228	62 283	29	2 328	1	5	9	3	7
229	62 161	17	400	5	5	9	5	7
230	62 110	19	672	5	3	5	1	5
231	62 055	5	1 590	5	3	3	1	3
232	61 910	21	88	1	5	9	9	7
233	61 886	12	1 430	5	5	5	5	7
234	61 827	18	356	5	7	9	1	9
235	61 779	26	317	5	3	9	5	9
236	61 761	21	715	5	3	9	3	9

（续表）

小区序号	小区均价	F1	F2	F3	F4	F5	F6	F7
237	61 692	20	1 232	5	7	5	3	3
238	61 624	15	130	5	7	9	5	9
239	61 579	11	467	5	5	9	5	9
240	61 572	15	570	5	7	9	5	9
241	61 536	9	590	5	5	7	3	9
242	61 512	9	382	5	9	9	9	9
243	61 471	22	266	5	3	9	3	7
244	61 426	24	102	1	5	9	5	9
245	61 319	31	208	5	7	9	5	7
246	61 266	32	502	1	3	9	5	7
247	61 230	19	281	5	5	9	3	9
248	61 195	22	464	5	5	9	1	9
249	61 167	20	1 312	5	7	5	3	5
250	60 958	18	516	5	9	9	1	9
251	60 860	17	175	5	5	9	5	9
252	60 834	16	263	5	5	9	5	9
253	60 810	25	123	5	9	9	5	7
254	60 664	10	711	5	5	9	5	9
255	60 659	15	1 570	5	5	3	1	5
256	60 600	24	394	5	5	9	5	7
257	60 589	7	853	5	5	5	3	5
258	60 510	26	1 323	5	5	9	5	9
259	60 317	19	1 028	5	3	5	5	5
260	60 224	17	120	5	3	7	3	7
261	60 220	13	1 664	5	3	7	5	7
262	60 193	19	267	5	9	9	5	7
263	60 179	22	160	5	3	9	5	7
264	60 077	21	698	5	3	9	7	7
265	59 957	32	328	1	5	9	3	7
266	59 897	22	200	5	3	9	3	7
267	59 856	6	1 719	5	5	1	1	1
268	59 741	24	324	5	5	9	5	9
269	59 641	18	3 626	5	3	7	3	7
270	59 619	21	8 831	5	5	9	3	9
271	59 617	35	4 250	1	5	9	7	9
272	59 602	19	798	5	5	9	5	9
273	59 537	17	378	5	7	9	5	9
274	59 507	9	712	5	5	3	9	3
275	59 479	23	186	1	3	9	5	5
276	59 475	27	344	1	7	9	5	5
277	59 430	26	118	1	5	7	3	5

（续表）

小区序号	小区均价	F1	F2	F3	F4	F5	F6	F7
278	59 382	23	108	1	3	5	3	5
279	59 372	31	228	1	5	9	3	5
280	59 339	6	735	5	3	3	3	3
281	59 327	18	242	1	7	3	1	5
282	59 256	22	633	1	7	9	7	9
283	59 209	51	464	1	5	9	5	7
284	59 192	17	152	5	5	5	3	5
285	59 178	23	789	1	5	9	5	9
286	59 159	13	329	5	3	7	5	7
287	59 110	21	264	5	5	9	3	9
288	59 072	17	1 408	5	5	9	3	9
289	59 069	23	575	5	5	9	1	9
290	58 951	12	774	5	1	1	1	1
291	58 897	6	531	5	7	9	5	9
292	58 880	22	619	5	3	9	5	9
293	58 864	20	416	5	7	9	5	9
294	58 834	24	120	5	9	9	9	9
295	58 751	18	308	5	5	3	1	3
296	58 715	24	1 860	1	9	9	3	9
297	58 651	24	322	5	5	9	1	9
298	58 406	14	222	5	3	5	3	5
299	58 369	25	458	1	5	9	7	9
300	58 334	6	492	5	9	9	3	9
301	58 329	28	168	5	3	9	5	5
302	58 310	16	1 118	5	5	9	9	7
303	58 305	23	230	5	3	9	5	9
304	58 279	29	54	5	5	9	7	7
305	58 277	15	271	5	5	9	5	9
306	58 130	40	431	1	5	9	5	5
307	58 091	23	72	1	3	5	3	5
308	58 076	31	5 431	1	7	9	7	9
309	58 068	19	1 408	5	3	7	5	7
310	57 961	19	3 368	5	5	7	3	7
311	57 956	23	335	5	7	9	3	7
312	57 928	13	360	5	5	9	5	9
313	57 831	10	541	5	7	7	5	9
314	57 738	4	1 427	5	5	5	1	7
315	57 716	17	1 859	5	5	3	1	5
316	57 647	17	426	5	3	5	1	5
317	57 605	24	300	5	5	9	5	9
318	57 593	13	198	1	3	7	3	9

（续表）

小区序号	小区均价	F1	F2	F3	F4	F5	F6	F7
319	57 552	4	110	5	5	7	3	9
320	57 485	11	208	5	3	5	3	5
321	57 309	21	803	5	7	9	3	9
322	57 308	14	433	5	5	7	3	7
323	57 288	20	2 756	5	9	7	3	7
324	57 286	32	472	5	5	9	3	5
325	57 270	16	1 054	5	5	9	5	9
326	57 210	25	450	5	3	7	3	5
327	57 208	5	446	5	7	3	3	3
328	57 178	12	460	5	7	9	5	9
329	57 166	24	416	5	5	9	5	7
330	56 990	17	428	5	5	3	1	5
331	56 984	12	644	5	7	9	3	9
332	56 820	24	168	5	5	9	5	9
333	56 721	15	342	5	5	5	3	5
334	56 642	26	208	5	5	9	9	7
335	56 573	17	234	5	3	7	1	7
336	56 566	14	926	5	3	5	5	5
337	56 510	21	589	5	7	9	5	9
338	56 444	17	480	5	5	9	7	9
339	56 292	19	400	5	5	9	5	9
340	56 270	22	144	1	3	5	5	5
341	56 251	21	893	5	3	5	5	5
342	56 244	17	414	5	3	5	3	5
343	56 194	10	760	5	7	9	3	7
344	56 106	22	128	1	5	9	5	9
345	56 062	12	1 902	5	5	5	5	9
346	56 010	19	204	5	3	7	5	5
347	56 001	21	1 941	5	3	5	3	5
348	55 922	5	1 622	5	5	3	1	3
349	55 919	21	216	5	3	5	3	3
350	55 903	17	668	5	5	7	5	7
351	55 833	9	2 142	5	5	5	5	5
352	55 804	5	872	5	5	5	3	7
353	55 802	22	1 540	5	3	7	3	5
354	55 748	26	324	1	5	9	3	9
355	55 731	16	261	5	5	9	5	9
356	55 730	22	798	5	3	7	1	7
357	55 725	9	773	5	5	7	5	7
358	55 662	21	340	5	3	9	5	7
359	55 647	11	750	5	3	7	1	7

（续表）

小区序号	小区均价	F1	F2	F3	F4	F5	F6	F7
360	55 639	15	408	5	3	5	3	5
361	55 539	36	981	1	7	9	7	9
362	55 356	20	170	5	3	7	5	7
363	55 339	20	496	5	5	9	5	9
364	55 322	11	698	5	7	9	3	5
365	55 307	22	112	5	9	9	9	9
366	55 239	21	240	5	5	9	7	7
367	55 204	12	5 161	5	7	5	5	9
368	55 163	22	1 446	5	3	9	5	9
369	55 089	19	1 520	5	7	7	5	9
370	55 055	35	262	1	5	9	9	7
371	55 044	18	508	5	9	9	1	9
372	55 002	15	308	5	3	7	5	5
373	54 923	24	128	5	7	9	5	9
374	54 886	21	749	5	7	9	5	9
375	54 870	36	1 091	1	7	9	9	7
376	54 839	17	414	5	7	9	3	9
377	54 835	25	263	5	5	9	3	9
378	54 833	24	686	5	5	9	5	9
379	54 773	19	170	5	9	9	5	9
380	54 765	15	840	5	5	5	1	5
381	54 765	21	406	5	3	9	3	5
382	54 753	26	449	5	3	9	3	7
383	54 731	22	210	5	3	7	3	5
384	54 706	20	724	5	3	7	1	5
385	54 682	13	954	5	7	9	9	9
386	54 592	21	588	5	5	9	3	9
387	54 538	18	350	5	9	9	3	9
388	54 520	15	1 615	5	5	9	3	5
389	54 440	13	236	5	7	9	5	9
390	54 403	23	241	1	5	9	5	7
391	54 362	16	399	5	5	3	3	3
392	54 222	8	360	5	3	9	3	9
393	54 215	20	299	5	3	5	3	5
394	54 209	6	852	5	5	3	3	5
395	54 136	24	188	5	5	9	5	9
396	54 125	19	2 489	5	5	7	3	7
397	54 104	24	2 054	5	3	5	3	5
398	54 056	15	216	5	3	7	3	7
399	54 001	13	519	5	3	9	3	7
400	53 995	20	463	5	7	9	5	7

（续表）

小区序号	小区均价	F1	F2	F3	F4	F5	F6	F7
401	53 912	9	160	5	5	7	7	7
402	53 904	22	295	5	5	9	1	9
403	53 860	21	305	5	9	9	5	9
404	53 799	20	600	5	3	9	1	9
405	53 791	21	313	5	3	5	1	5
406	53 678	17	686	5	5	9	5	7
407	53 625	17	368	5	7	9	5	7
408	53 618	19	500	5	7	9	5	9
409	53 576	18	794	5	5	9	1	9
410	53 502	28	161	5	3	9	5	7
411	53 491	19	414	5	5	9	5	9
412	53 487	12	180	5	5	9	5	5
413	53 460	13	216	5	5	9	3	5
414	53 401	11	25	5	5	3	1	1
415	53 370	15	354	5	3	5	1	5
416	53 273	15	651	5	7	9	1	9
417	53 254	21	216	1	9	9	9	9
418	53 229	6	294	5	5	3	7	3
419	53 218	9	600	5	5	9	5	9
420	53 111	26	224	1	3	9	5	9
421	52 950	24	400	5	3	9	7	9
422	52 916	22	409	5	3	5	3	5
423	52 801	23	3 003	5	5	5	1	5
424	52 748	28	160	5	5	9	7	7
425	52 737	16	360	5	5	9	3	5
426	52 655	22	2 176	5	3	7	1	7
427	52 636	11	692	5	9	7	5	9
428	52 622	12	224	5	5	9	3	9
429	52 610	22	192	5	3	5	5	5
430	52 598	23	648	5	5	7	5	9
431	52 487	15	340	5	7	9	5	9
432	52 466	11	1 083	5	5	9	3	9
433	52 420	31	629	5	7	9	3	9
434	52 398	24	558	1	5	5	1	5
435	52 378	13	714	5	5	9	5	9
436	52 373	22	136	5	5	9	3	9
437	52 357	19	6 247	5	3	7	3	9
438	52 281	16	289	5	3	9	9	5
439	52 278	16	471	5	5	7	7	7
440	52 265	23	185	5	5	7	1	5
441	52 259	28	232	1	5	9	7	7

（续表）

小区序号	小区均价	F1	F2	F3	F4	F5	F6	F7
442	52 213	19	240	5	7	3	1	3
443	52 205	15	917	5	5	5	3	7
444	52 176	20	1 333	5	3	5	3	5
445	52 125	20	192	5	9	9	7	9
446	52 065	24	496	5	3	9	5	5
447	52 015	30	1 617	1	5	9	3	5
448	52 011	8	260	5	5	9	5	9
449	51 975	28	168	5	5	9	5	7
450	51 905	21	399	5	3	7	7	7
451	51 871	22	296	5	7	5	3	3
452	51 853	16	540	5	5	9	9	7
453	51 829	18	1 285	5	5	9	3	9
454	51 795	28	168	5	5	9	7	7
455	51 725	8	330	5	7	9	5	9
456	51 716	27	508	5	3	3	3	3
457	51 666	16	135	5	7	7	5	9
458	51 616	21	1 634	5	5	7	5	9
459	51 586	25	129	1	5	9	5	9
460	51 581	14	3 100	5	5	9	3	9
461	51 521	23	1 160	5	5	9	3	9
462	51 508	20	767	5	3	9	3	5
463	51 428	14	200	5	5	7	3	7
464	51 427	22	214	5	5	9	5	7
465	51 371	26	710	1	9	9	5	9
466	51 356	14	66	5	7	7	1	7
467	51 342	15	486	5	5	9	5	9
468	51 311	21	186	1	5	9	1	5
469	51 210	26	72	1	5	7	5	5
470	51 208	27	180	1	5	7	5	5
471	51 115	19	2 158	5	5	7	3	9
472	51 111	9	624	5	9	1	1	1
473	51 046	21	576	5	5	9	7	9
474	51 021	22	625	5	3	9	3	9
475	50 867	31	230	5	5	9	5	9
476	50 814	24	368	1	3	5	1	5
477	50 811	26	168	5	5	9	5	7
478	50 800	21	374	5	3	9	5	7
479	50 800	17	508	5	7	3	3	5
480	50 743	15	688	5	5	7	1	9
481	50 742	8	486	5	3	9	3	9
482	50 716	21	232	5	3	5	3	5

（续表）

小区序号	小区均价	F1	F2	F3	F4	F5	F6	F7
483	50 710	13	2 084	5	3	5	3	5
484	50 685	19	162	5	5	9	5	9
485	50 685	15	274	5	3	5	7	7
486	50 663	18	360	5	7	9	1	9
487	50 659	17	308	5	9	9	5	7
488	50 633	19	182	5	5	7	5	9
489	50 625	6	2 040	5	3	5	5	5
490	50 581	25	180	1	3	5	3	5
491	50 512	21	1 400	5	5	7	5	9
492	50 503	36	567	1	5	7	3	3
493	50 462	23	324	5	3	9	5	7
494	50 382	17	964	5	3	7	1	9
495	50 379	7	1 433	5	5	1	1	1
496	50 366	21	308	1	5	9	5	7
497	50 350	18	416	5	3	5	3	5
498	50 343	10	72	5	7	9	3	9
499	50 304	31	1 432	1	5	9	5	9
500	50 281	28	168	5	5	9	5	7
501	50 261	13	702	5	5	7	3	7
502	50 066	33	667	1	5	9	5	7
503	49 927	25	462	1	3	7	3	7
504	49 866	21	544	5	3	7	3	7
505	49 857	31	631	1	7	9	5	7
506	49 784	17	844	1	9	3	3	3
507	49 724	24	68	5	3	5	3	5
508	49 688	11	420	5	9	9	3	9
509	49 684	9	548	1	3	5	5	7
510	49 591	26	1 336	5	3	9	9	5
511	49 510	19	243	5	5	3	1	3
512	49 435	20	375	5	7	7	5	5
513	49 425	27	112	1	3	5	3	5
514	49 406	13	473	5	5	7	9	9
515	49 377	17	429	5	5	9	5	9
516	49 356	25	150	5	5	9	3	9
517	49 331	11	300	5	7	9	9	9
518	49 317	33	1 014	1	3	9	9	5
519	49 282	19	1 032	5	7	5	5	7
520	49 273	23	420	5	3	7	3	7
521	49 273	19	3 898	5	3	7	3	5
522	49 215	36	350	1	5	9	5	9
523	49 177	9	773	5	3	3	1	3

（续表）

小区序号	小区均价	F1	F2	F3	F4	F5	F6	F7
524	49 127	13	208	5	3	5	1	5
525	49 101	15	272	5	5	5	3	5
526	49 041	14	368	5	3	7	5	5
527	49 032	23	432	5	3	5	3	5
528	49 026	23	432	5	5	9	1	9
529	49 013	16	1 827	5	7	7	5	9
530	49 010	14	768	5	5	9	5	7
531	48 958	10	732	5	5	9	7	9
532	48 929	15	486	5	5	9	5	9
533	48 921	33	206	1	3	9	5	5
534	48 903	26	354	1	3	9	5	7
535	48 874	31	1 781	1	7	9	5	7
536	48 859	14	600	5	5	9	5	7
537	48 853	21	753	5	3	3	3	3
538	48 853	15	252	5	3	9	1	9
539	48 833	24	430	1	5	9	9	7
540	48 773	16	506	5	9	9	3	9
541	48 713	31	82	1	5	9	5	7
542	48 665	16	2 232	5	5	5	5	7
543	48 665	31	539	1	7	9	9	9
544	48 566	31	464	1	7	9	5	9
545	48 553	23	416	5	5	9	7	9
546	48 533	28	168	1	9	3	3	3
547	48 519	16	1 056	5	9	7	5	9
548	48 393	24	720	5	7	9	5	9
549	48 329	6	557	5	5	3	1	3
550	48 320	26	136	5	5	9	5	7
551	48 316	22	793	5	5	9	3	9
552	48 282	17	4 254	5	1	5	3	5
553	48 281	25	492	5	7	9	1	9
554	48 280	23	119	1	7	9	7	9
555	48 277	16	1 840	5	7	7	5	9
556	48 228	22	924	1	9	9	5	9
557	48 180	29	369	1	5	9	1	9
558	48 175	24	264	5	9	9	5	9
559	48 164	23	291	1	5	9	5	9
560	48 151	31	564	1	3	9	9	5
561	48 105	28	555	5	5	9	1	9
562	48 072	24	464	5	7	9	1	5
563	48 072	21	444	1	5	9	1	5
564	48 047	13	387	5	5	5	3	5

（续表）

小区序号	小区均价	F1	F2	F3	F4	F5	F6	F7
565	48 030	31	1 682	1	3	3	1	3
566	48 026	15	3 224	5	5	5	3	5
567	48 017	13	848	5	5	5	5	7
568	48 009	11	432	5	3	9	3	5
569	47 972	18	2 689	5	7	7	5	9
570	47 959	20	1 688	5	9	7	5	9
571	47 880	31	837	1	7	9	5	9
572	47 863	10	447	5	3	7	3	5
573	47 861	22	80	5	5	7	3	9
574	47 849	12	1 289	5	3	1	1	1
575	47 846	21	191	5	5	9	5	9
576	47 845	29	745	1	5	9	9	5
577	47 820	31	201	5	5	9	5	7
578	47 802	20	407	5	3	9	9	5
579	47 776	12	1 127	5	5	3	9	5
580	47 734	14	390	5	7	7	5	9
581	47 714	14	1 621	5	5	3	1	3
582	47 651	29	1 886	1	9	9	5	5
583	47 635	31	283	1	5	9	3	7
584	47 612	28	194	1	3	3	1	1
585	47 570	28	477	1	7	7	9	9
586	47 568	23	150	5	7	9	5	5
587	47 567	26	2 663	1	5	9	7	9
588	47 558	21	331	1	3	7	3	7
589	47 485	21	539	5	7	7	3	5
590	47 47 2	18	398	5	7	9	3	9
591	47 408	31	176	5	7	9	5	7
592	47 374	17	448	5	7	9	5	9
593	47 346	17	541	5	7	7	5	9
594	47 322	15	706	5	5	5	1	7
595	47 228	17	243	5	3	7	5	5
596	47 185	11	1 578	5	5	3	1	3
597	47 120	6	2 420	5	3	3	3	3
598	47 118	18	526	1	3	9	1	5
599	47 050	12	756	5	3	5	5	5
600	47 033	17	1 218	5	5	7	3	7
601	46 951	13	507	5	7	7	5	9
602	46 913	9	654	5	3	3	3	3
603	46 894	20	416	5	3	7	5	9
604	46 842	22	212	5	3	5	5	5
605	46 826	13	1 844	5	1	1	3	1

（续表）

小区序号	小区均价	F1	F2	F3	F4	F5	F6	F7
606	46 817	19	700	5	9	9	3	9
607	46 767	21	384	5	7	9	1	9
608	46 734	9	424	5	1	7	7	7
609	46 727	31	220	5	5	9	5	7
610	46 725	5	1 796	5	9	1	1	1
611	46 685	24	72	1	5	7	5	5
612	46 682	11	1 839	5	1	7	7	7
613	46 638	19	475	5	5	7	7	7
614	46 610	22	429	1	5	9	5	7
615	46 537	16	3 832	5	7	7	1	7
616	46 356	26	352	5	5	9	9	7
617	46 309	8	646	5	5	7	7	7
618	46 250	13	840	1	5	7	3	5
619	46 241	25	737	5	9	9	5	5
620	46 182	31	936	1	7	9	5	9
621	46 153	21	2 026	5	3	7	5	7
622	46 138	23	72	5	5	9	7	7
623	46 077	21	706	5	5	9	5	7
624	46 024	21	126	1	5	9	5	7
625	46 023	23	285	5	5	7	7	9
626	46 003	16	1 463	5	5	7	3	9
627	45 984	7	4 016	5	7	3	1	3
628	45 978	22	1 462	1	5	7	3	7
629	45 937	17	322	5	7	5	5	7
630	45 924	23	279	5	3	7	1	5
631	45 841	21	2 649	1	5	9	5	5
632	45 802	20	96	1	3	7	5	5
633	45 774	22	2 738	5	5	7	3	9
634	45 730	14	216	5	5	9	3	9
635	45 708	8	1 820	5	5	3	3	3
636	45 698	15	340	5	7	7	5	9
637	45 567	12	332	5	9	3	1	5
638	45 515	25	467	1	7	9	5	7
639	45 511	20	189	5	3	9	5	9
640	45 503	21	392	5	5	9	1	7
641	45 495	15	922	5	5	3	3	3
642	45 469	28	1 336	1	7	9	5	5
643	45 463	5	324	5	5	7	5	7
644	45 445	26	254	5	3	5	5	5
645	45 424	26	512	5	3	5	3	5
646	45 421	25	587	1	5	9	1	9

（续表）

小区序号	小区均价	F1	F2	F3	F4	F5	F6	F7
647	45 408	12	731	5	5	5	3	7
648	45 406	22	120	1	3	3	1	1
649	45 369	35	984	1	5	9	9	5
650	45 353	31	256	5	5	9	5	9
651	45 313	17	783	5	5	9	5	9
652	45 308	29	474	1	5	9	5	9
653	45 283	19	923	5	7	5	5	9
654	45 279	21	6 806	5	7	3	1	5
655	45 236	11	188	5	7	9	5	9
656	45 201	11	1 024	5	5	3	1	3
657	45 200	24	266	5	7	9	9	9
658	45 200	26	816	5	5	7	5	9
659	45 157	18	288	5	3	5	3	7
660	45 133	17	1 454	5	5	5	3	9
661	45 117	17	106	5	5	9	3	9
662	45 108	4	633	5	3	3	1	3
663	45 057	19	1 054	5	7	5	3	7
664	45 040	18	644	1	5	3	3	5
665	45 031	13	378	5	7	9	3	9
666	45 030	24	186	5	7	9	7	9
667	44 913	5	1 086	5	5	3	1	3
668	44 872	17	156	5	3	5	3	5
669	44 866	41	1 016	1	5	9	5	9
670	44 826	16	1 084	5	7	7	3	7
671	44 787	21	373	5	5	9	3	7
672	44 749	16	326	1	9	9	9	9
673	44 733	13	1 475	5	5	3	1	3
674	44 610	26	440	1	7	9	3	9
675	44 557	20	523	1	3	7	3	7
676	44 471	21	460	5	5	7	3	5
677	44 407	11	963	5	9	5	5	7
678	44 386	24	448	1	9	9	1	9
679	44 362	15	266	5	5	9	1	9
680	44 323	18	581	5	5	7	5	9
681	44 303	6	1 728	5	5	1	1	1
682	44 282	6	504	5	1	3	7	3
683	44 277	28	348	1	5	9	5	9
684	44 267	13	966	5	9	9	3	9
685	44 261	8	422	1	3	3	3	3
686	44 247	30	711	1	7	7	1	7
687	44 218	21	526	5	7	9	5	9

（续表）

小区序号	小区均价	F1	F2	F3	F4	F5	F6	F7
688	44 140	25	396	5	5	9	5	7
689	44 131	16	1 464	5	5	5	5	7
690	44 089	31	574	1	7	9	7	9
691	44 061	11	709	5	3	3	1	1
692	44 014	22	388	5	7	9	3	9
693	44 004	5	5 854	5	3	1	1	1
694	43 940	20	308	5	1	3	1	3
695	43 927	9	138	5	5	5	5	7
696	43 912	6	1 694	5	7	1	1	1
697	43 831	21	256	5	5	9	5	5
698	43 818	14	626	5	9	5	3	7
699	43 816	11	2 606	5	5	3	3	3
700	43 804	13	372	5	5	7	5	9
701	43 801	17	448	5	3	3	1	3
702	43 697	21	240	1	5	9	3	5
703	43 647	9	336	5	5	7	3	7
704	43 639	13	184	5	3	5	7	7
705	43 638	31	1 095	5	7	9	7	9
706	43 577	22	372	1	5	9	1	9
707	43 571	13	594	5	3	5	3	5
708	43 559	26	480	5	3	9	9	5
709	43 514	31	250	1	5	9	5	7
710	43 465	41	1 465	1	3	7	7	7
711	43 454	31	677	1	9	9	5	9
712	43 441	22	72	1	7	5	3	5
713	43 402	14	4 118	5	3	3	7	5
714	43 397	28	828	1	5	9	5	9
715	43 362	21	296	1	3	9	5	5
716	43 339	19	260	5	5	9	3	9
717	43 316	16	889	5	5	5	3	7
718	43 311	13	220	5	5	5	5	7
719	43 283	18	418	5	5	7	5	7
720	43 261	16	368	5	5	9	5	9
721	43 260	9	1 415	5	7	3	1	7
722	43 260	21	260	5	5	7	5	9
723	43 253	31	1 020	5	5	9	5	9
724	43 237	20	2 099	5	5	9	5	9
725	43 069	22	936	5	5	9	3	9
726	43 043	33	154	5	7	9	5	9
727	43 000	13	109	1	3	7	5	7
728	42 959	20	2 058	5	5	7	5	7

（续表）

小区序号	小区均价	F1	F2	F3	F4	F5	F6	F7
729	42 953	20	171	5	9	9	1	9
730	42 932	13	894	5	3	3	1	5
731	42 896	21	1 625	1	3	5	3	5
732	42 882	19	731	5	7	7	3	9
733	42 841	31	93	5	5	3	5	5
734	42 735	21	452	5	5	9	5	7
735	42 715	30	156	1	7	7	1	7
736	42 688	23	687	5	7	9	1	9
737	42 686	28	341	5	3	9	9	5
738	42 628	20	1 024	5	3	7	1	7
739	42 612	20	893	5	5	7	5	9
740	42 610	14	1 758	5	7	5	9	7
741	42 550	21	721	5	3	9	5	9
742	42 547	19	682	5	5	3	1	5
743	42 544	17	598	5	3	3	1	5
744	42 541	26	305	1	3	9	5	9
745	42 521	25	224	5	7	9	3	9
746	42 493	18	1 751	5	5	3	3	3
747	42 483	21	126	5	3	7	1	7
748	42 442	27	161	1	5	9	3	9
749	42 411	18	629	1	7	3	3	3
750	42 386	5	360	5	5	7	7	9
751	42 382	21	616	5	1	7	3	7
752	42 361	17	816	5	3	9	3	9
753	42 274	22	2 194	5	5	5	3	7
754	42 250	9	168	5	5	7	3	9
755	42 246	18	1 711	5	7	7	3	7
756	42 242	27	1 512	5	5	9	3	5
757	42 215	13	4 058	5	9	3	7	5
758	42 197	21	1 252	5	5	7	5	7
759	42 110	26	558	5	7	9	5	9
760	42 093	5	320	5	1	1	1	1
761	42 075	19	294	5	7	5	9	7
762	42 008	15	482	5	5	7	5	7
763	41 996	15	666	5	5	7	5	9
764	41 987	23	295	1	5	9	3	9
765	41 982	25	435	1	5	7	1	7
766	41 952	31	3 252	1	7	9	5	9
767	41 917	21	224	5	7	9	1	9
768	41 875	16	222	1	7	5	3	7
769	41 863	28	417	5	3	5	3	5

（续表）

小区序号	小区均价	F1	F2	F3	F4	F5	F6	F7
770	41 858	19	2 487	5	1	5	3	9
771	41 854	25	1 100	5	5	9	9	9
772	41 829	22	349	1	5	5	9	5
773	41 814	21	57	1	7	9	1	9
774	41 765	19	954	5	5	9	5	9
775	41 758	16	1 398	5	9	7	5	9
776	41 735	15	847	5	1	3	1	3
777	41 734	22	288	5	5	9	5	9
778	41 731	25	1 014	1	3	7	5	7
779	41 684	22	1 304	5	5	9	1	9
780	41 608	20	1 065	5	1	3	1	3
781	41 594	23	106	5	7	9	5	9
782	41 594	31	442	1	5	9	7	7
783	41 593	19	642	5	7	3	1	5
784	41 550	15	918	1	7	7	5	9
785	41 539	7	872	5	7	5	1	7
786	41 536	20	839	5	5	7	5	9
787	41 512	11	359	5	3	3	1	3
788	41 435	19	216	5	5	9	5	9
789	41 366	31	169	1	5	9	5	7
790	41 303	18	619	1	3	3	3	3
791	41 292	10	208	5	5	5	5	7
792	41 289	17	997	5	5	3	1	3
793	41 284	24	303	1	3	5	3	5
794	41 236	15	384	5	7	9	5	9
795	41 217	17	978	5	3	7	5	7
796	41 189	12	985	1	7	7	5	9
797	41 104	26	1 703	5	1	7	1	7
798	41 085	12	580	5	1	3	3	3
799	41 069	19	914	5	5	5	5	7
800	41 054	25	375	5	5	9	5	9
801	41 018	21	3 496	5	5	7	7	9
802	40 982	31	170	1	5	9	1	7
803	40 967	22	5 582	5	5	5	5	5
804	40 906	31	492	1	3	7	7	7
805	40 899	25	882	1	5	5	3	7
806	40 888	18	458	5	7	3	3	5
807	40 873	18	778	1	3	5	3	5
808	40 872	29	1 056	1	9	9	1	9
809	40 864	24	153	5	7	9	1	9
810	40 800	31	701	1	3	9	5	7

（续表）

小区序号	小区均价	F1	F2	F3	F4	F5	F6	F7
811	40 716	31	670	1	9	9	1	9
812	40 705	31	60	1	3	7	5	5
813	40 680	11	156	5	5	3	1	3
814	40 660	13	549	5	3	1	1	1
815	40 650	20	413	5	1	3	1	3
816	40 648	9	1 187	5	5	5	3	7
817	40 640	8	310	5	7	3	9	3
818	40 577	16	1 394	5	3	5	9	3
819	40 574	12	426	5	5	7	1	9
820	40 562	22	623	5	5	9	5	9
821	40 526	39	1 161	1	5	7	5	7
822	40 516	23	240	1	5	9	5	9
823	40 504	26	55	5	5	9	5	9
824	40 476	26	1 326	1	7	7	5	9
825	40 456	29	342	1	5	7	5	7
826	40 447	21	5 192	1	5	7	7	9
827	40 443	18	984	5	7	7	5	9
828	40 419	26	230	1	5	9	3	7
829	40 409	31	646	1	5	9	7	9
830	40 401	31	373	5	5	5	5	5
831	40 379	28	267	5	3	7	1	5
832	40 336	33	354	1	5	7	3	5
833	40 331	31	920	1	5	9	7	9
834	40 322	23	984	5	5	7	3	5
835	40 289	5	317	5	3	5	3	7
836	40 284	22	346	5	7	7	5	9
837	40 182	22	472	5	3	7	3	7
838	40 172	9	288	5	3	3	3	3
839	40 140	8	1 944	5	1	1	1	1
840	40 140	14	315	5	5	9	9	9
841	40 129	24	128	5	5	7	3	9
842	40 087	17	505	5	7	3	9	5
843	40 074	22	912	5	5	5	1	5
844	40 036	14	2 500	5	7	3	1	3
845	39 981	16	212	1	5	9	5	9
846	39 943	21	326	5	1	7	3	9
847	39 939	18	391	5	5	9	5	9
848	39 927	23	1 306	5	5	9	1	9
849	39 916	25	60	5	5	7	3	7
850	39 898	20	310	5	5	5	3	7
851	39 884	22	594	5	5	7	3	9

（续表）

小区序号	小区均价	F1	F2	F3	F4	F5	F6	F7
852	39 864	23	1 542	5	5	7	5	9
853	39 859	20	396	5	3	3	1	3
854	39 825	15	222	1	3	7	5	7
855	39 798	7	2 646	5	3	1	1	1
856	39 766	21	273	5	5	9	7	9
857	39 742	21	126	1	5	7	3	7
858	39 725	13	424	5	5	7	3	7
859	39 720	20	94	1	5	9	5	9
860	39 715	21	126	5	3	5	3	5
861	39 678	27	298	5	7	9	3	7
862	39 665	12	1 052	5	1	3	1	3
863	39 662	25	306	5	7	9	3	9
864	39 657	33	504	1	5	9	5	5
865	39 622	22	825	1	9	9	1	9
866	39 612	25	1 220	5	7	9	5	9
867	39 594	17	855	1	5	7	5	7
868	39 591	22	546	1	5	7	7	9
869	39 587	19	544	5	5	9	5	9
870	39 577	19	468	5	5	5	3	5
871	39 539	11	5 384	5	1	1	1	1
872	39 494	18	301	5	5	9	5	9
873	39 491	21	662	5	5	7	3	9
874	39 465	14	352	5	5	9	3	5
875	39 446	20	469	5	5	7	5	7
876	39 385	24	297	5	5	7	7	7
877	39 330	26	288	5	3	7	5	7
878	39 327	11	1 703	5	3	3	1	3
879	39 276	21	176	5	5	5	5	5
880	39 250	21	769	5	5	9	3	9
881	39 241	13	865	5	5	3	3	5
882	39 192	19	630	5	5	7	3	9
883	39 183	3	1 582	5	1	1	1	1
884	39 136	11	1 750	5	3	3	1	3
885	39 072	41	1 080	1	5	9	7	7
886	39 066	16	769	5	7	5	3	7
887	39 049	10	388	5	3	7	1	7
888	38 992	16	640	5	3	3	3	3
889	38 960	11	549	5	5	3	3	3
890	38 854	22	484	5	5	7	5	9
891	38 790	12	1 847	5	3	1	3	3
892	38 785	21	530	5	9	9	1	9

（续表）

小区序号	小区均价	F1	F2	F3	F4	F5	F6	F7
893	38 785	15	1 296	5	5	5	1	7
894	38 778	20	870	5	1	3	1	3
895	38 713	17	3 512	5	3	5	3	7
896	38 694	18	1 400	5	5	9	5	9
897	38 643	21	868	5	5	7	5	9
898	38 642	18	226	5	5	9	5	9
899	38 616	26	1 798	1	5	5	9	5
900	38 602	23	345	1	5	7	5	9
901	38 575	21	780	5	7	3	1	3
902	38 545	33	1 309	1	5	9	1	7
903	38 518	16	112	5	7	7	5	7
904	38 485	31	1 014	1	5	9	5	7
905	38 426	25	148	5	3	5	3	5
906	38 406	20	182	1	5	7	5	9
907	38 404	12	432	5	5	7	1	9
908	38 396	17	160	5	3	3	1	3
909	38 384	20	202	1	5	3	5	5
910	38 380	21	400	5	9	9	5	9
911	38 370	31	213	1	3	7	5	5
912	38 344	19	301	5	1	3	3	3
913	38 322	18	1 071	5	3	7	1	9
914	38 292	22	2 385	1	5	9	5	9
915	38 280	25	144	1	5	7	7	9
916	38 201	28	765	1	7	7	1	7
917	38 175	31	375	5	3	5	5	7
918	38 168	24	397	5	5	9	7	9
919	38 158	23	393	1	3	7	5	7
920	38 152	22	453	5	7	9	5	9
921	38 087	17	2 574	5	7	5	3	5
922	38 036	22	140	5	5	9	3	9
923	38 027	12	240	5	3	3	7	3
924	38 005	9	420	5	5	3	9	3
925	37 992	10	1 275	5	1	1	1	3
926	37 945	8	1 214	5	3	1	7	1
927	37 898	26	284	5	5	9	5	9
928	37 891	6	493	5	1	3	1	3
929	37 851	26	701	1	9	9	5	9
930	37 827	4	311	5	5	5	5	5
931	37 821	22	1 122	1	3	9	3	9
932	37 817	17	104	5	3	3	3	5
933	37 814	27	419	5	7	7	5	9

（续表）

小区序号	小区均价	F1	F2	F3	F4	F5	F6	F7
934	37 812	23	351	5	5	9	7	9
935	37 785	6	4 904	5	1	1	3	1
936	37 778	33	605	1	5	9	5	9
937	37 777	22	786	5	7	3	1	3
938	37 761	28	208	1	5	9	3	9
939	37 757	11	578	5	3	3	1	3
940	37 738	24	1 585	5	5	5	3	7
941	37 723	26	90	5	5	9	5	9
942	37 705	31	260	5	5	3	1	5
943	37 663	27	1 531	5	5	5	5	5
944	37 638	29	165	5	3	5	1	5
945	37 634	22	188	1	5	3	3	3
946	37 630	23	499	1	5	9	5	9
947	37 627	25	1 169	5	5	9	5	9
948	37 624	19	296	5	9	5	5	7
949	37 614	17	1 352	5	5	3	5	3
950	37 599	20	868	5	5	5	3	5
951	37 588	4	773	5	5	3	5	3
952	37 582	36	1 625	1	7	9	5	9
953	37 576	6	1 681	5	1	3	1	3
954	37 523	22	2 306	1	7	7	3	5
955	37 509	18	2 304	5	5	5	1	7
956	37 504	21	1 228	1	5	7	5	9
957	37 460	19	502	1	3	7	7	7
958	37 435	13	192	5	5	1	1	1
959	37 416	25	519	1	9	7	3	5
960	37 413	21	1 445	5	5	9	5	9
961	37 332	19	274	5	3	5	3	5
962	37 327	31	315	1	5	9	5	9
963	37 318	21	837	5	3	7	3	9
964	37 303	18	425	5	5	7	5	9
965	37 258	22	264	5	5	7	5	9
966	37 258	22	132	5	5	9	1	9
967	37 249	22	683	1	7	5	5	7
968	37 222	13	645	5	5	5	5	5
969	37 207	24	224	5	3	9	7	9
970	37 206	22	736	5	5	7	3	9
971	37 174	4	3 732	5	1	1	1	3
972	37 156	18	428	1	3	3	1	3
973	37 084	20	396	5	3	3	1	3
974	37 077	20	159	5	5	3	9	3

（续表）

小区序号	小区均价	F1	F2	F3	F4	F5	F6	F7
975	37 070	24	1 445	5	5	7	3	7
976	37 038	11	153	5	7	3	1	3
977	37 006	20	270	5	5	9	3	9
978	36 973	24	247	1	5	7	5	7
979	36 954	22	1 677	1	5	7	1	7
980	36 941	26	2 183	5	3	7	5	9
981	36 926	16	437	5	5	7	5	9
982	36 911	16	77	1	5	9	3	9
983	36 888	24	468	5	3	9	9	5
984	36 880	21	1 092	5	5	7	5	9
985	36 791	23	108	1	5	9	3	9
986	36 787	21	117	5	3	7	3	5
987	36 770	27	606	1	5	7	5	7
988	36 750	20	864	5	5	5	1	5
989	36 737	26	104	5	3	7	5	7
990	36 711	25	240	5	5	9	9	5
991	36 702	23	1 142	1	3	5	5	5
992	36 691	26	202	1	5	7	9	7
993	36 660	24	1 064	1	7	7	5	9
994	36 655	7	2 498	5	1	1	1	1
995	36 653	24	96	5	5	5	1	5
996	36 619	7	2 073	5	1	3	1	3
997	36 590	21	2 573	5	5	7	9	5
998	36 580	27	404	5	7	9	5	9
999	36 572	25	559	1	5	7	5	9
1000	36 561	19	99	1	3	5	3	5
1001	36 551	25	272	1	7	7	5	9
1002	36 544	23	803	5	5	9	5	9
1003	36 524	21	184	5	7	7	3	5
1004	36 517	13	1 022	5	5	1	1	3
1005	36 510	31	578	1	3	7	5	5
1006	36 510	21	1 231	5	1	1	1	1
1007	36 502	21	470	5	9	9	3	9
1008	36 479	25	1 549	1	5	9	7	9
1009	36 478	23	186	1	3	7	3	7
1010	36 468	28	90	1	5	7	9	9
1011	36 455	10	408	5	5	7	3	9
1012	36 437	5	1 886	5	3	1	1	1
1013	36 434	18	368	5	5	3	5	3
1014	36 365	28	981	1	3	7	5	5
1015	36 339	24	296	1	3	3	3	5

（续表）

小区序号	小区均价	F1	F2	F3	F4	F5	F6	F7
1016	36 301	18	2 833	1	5	9	5	9
1017	36 282	11	592	5	5	3	3	3
1018	36 266	8	1 066	5	1	1	3	1
1019	36 195	26	443	1	7	9	5	9
1020	36 190	23	2 700	1	5	7	3	7
1021	36 160	17	1 008	5	5	9	5	9
1022	36 152	26	400	5	3	9	5	7
1023	36 132	20	576	5	3	3	1	5
1024	36 130	22	161	1	5	9	7	9
1025	36 107	23	1 211	5	3	7	5	7
1026	36 077	14	650	5	1	5	3	5
1027	36 071	25	241	1	5	7	1	7
1028	36 070	21	145	1	5	9	5	7
1029	36 043	41	226	5	3	7	3	5
1030	36 018	5	5 547	5	3	3	7	3
1031	35 990	8	1 336	5	3	3	3	3
1032	35 889	22	236	5	5	7	5	7
1033	35 886	21	1 322	1	9	7	9	9
1034	35 870	20	328	5	7	7	3	7
1035	35 820	19	675	5	9	9	5	9
1036	35 807	20	228	5	7	5	5	9
1037	35 784	37	541	1	5	3	3	5
1038	35 766	22	724	1	3	3	3	5
1039	35 760	22	1 348	1	5	9	3	9
1040	35 753	18	1 342	5	1	1	3	1
1041	35 734	29	148	1	5	7	7	5
1042	35 728	20	469	1	7	7	5	7
1043	35 706	22	480	1	5	7	5	9
1044	35 680	19	1 907	5	1	7	3	9
1045	35 634	17	901	5	5	5	3	7
1046	35 562	29	1 530	5	9	5	5	5
1047	35 556	24	153	1	5	3	1	3
1048	35 526	20	1 288	5	1	7	1	9
1049	35 512	21	1 440	5	3	3	1	5
1050	35 512	24	703	1	5	7	7	9
1051	35 508	24	547	5	5	9	5	9
1052	35 503	21	179	5	5	9	3	9
1053	35 485	21	195	1	3	7	3	7
1054	35 448	21	267	5	3	5	3	5
1055	35 445	24	383	1	5	7	5	7
1056	35 410	23	237	5	3	5	9	5

（续表）

小区序号	小区均价	F1	F2	F3	F4	F5	F6	F7
1057	35 408	22	1 028	1	5	3	9	7
1058	35 389	16	468	5	3	3	1	3
1059	35 372	21	112	5	5	9	5	9
1060	35 363	28	282	1	5	7	7	7
1061	35 356	11	2 738	5	3	1	1	1
1062	35 336	23	760	5	5	7	3	7
1063	35 334	3	1 968	5	3	3	3	3
1064	35 285	5	1 023	5	3	1	1	1
1065	35 283	29	96	1	9	3	3	3
1066	35 244	19	296	5	3	5	3	5
1067	35 242	22	394	5	5	7	1	9
1068	35 217	22	183	1	7	9	3	9
1069	35 186	21	964	1	3	5	1	5
1070	35 153	27	217	1	7	9	3	9
1071	35 153	31	709	1	9	9	5	9
1072	35 146	23	1 677	5	3	5	3	5
1073	35 135	22	6	1	5	7	3	9
1074	35 130	23	198	5	5	5	5	7
1075	35 121	11	353	5	3	3	1	3
1076	35 119	22	645	1	5	7	3	7
1077	35 027	31	1 070	1	5	9	3	9
1078	35 021	24	1 087	1	5	9	3	9
1079	35 012	21	1 080	5	3	3	1	5
1080	35 009	22	509	5	3	9	5	9
1081	35 008	23	288	5	5	9	5	9
1082	34 978	20	208	1	7	3	3	5
1083	34 964	22	3 075	5	5	3	5	5
1084	34 938	7	2 713	5	3	1	1	3
1085	34 931	21	252	5	5	9	3	9
1086	34 930	23	304	1	3	5	3	5
1087	34 926	28	1 455	1	7	9	3	5
1088	34 906	23	178	1	7	9	1	5
1089	34 877	17	8 547	5	1	5	5	7
1090	34 872	14	1 714	5	5	5	3	7
1091	34 868	31	1 494	1	5	9	5	9
1092	34 857	12	858	5	5	7	3	5
1093	34 850	26	314	1	5	5	5	7
1094	34 831	16	180	5	3	7	3	9
1095	34 800	16	300	1	5	3	1	5
1096	34 789	24	395	5	5	3	9	7
1097	34 699	28	385	1	3	7	3	7

（续表）

小区序号	小区均价	F1	F2	F3	F4	F5	F6	F7
1098	34 697	31	71	1	7	9	5	9
1099	34 695	19	1 240	5	3	3	3	3
1100	34 688	15	1 076	5	1	7	3	9
1101	34 677	26	1 316	1	5	5	5	7
1102	34 676	25	328	1	7	7	5	7
1103	34 655	26	1 073	1	5	7	1	7
1104	34 649	23	898	5	7	5	7	7
1105	34 649	22	918	1	5	9	3	9
1106	34 613	33	1 218	1	5	9	5	9
1107	34 543	18	276	5	3	3	3	5
1108	34 537	23	414	1	5	3	1	3
1109	34 523	25	900	5	9	9	1	9
1110	34 521	23	1 288	5	5	7	3	5
1111	34 508	23	729	1	5	7	5	7
1112	34 488	22	67	1	9	9	1	9
1113	34 486	9	650	5	1	3	1	3
1114	34 483	23	273	5	9	7	5	9
1115	34 449	25	228	1	7	7	5	7
1116	34 428	23	1 045	5	7	7	5	7
1117	34 425	21	200	1	7	3	1	5
1118	34 413	22	658	1	5	9	5	9
1119	34 403	31	1 099	1	7	7	5	7
1120	34 396	19	1 924	5	5	3	1	5
1121	34 383	11	374	5	5	7	5	7
1122	34 359	6	3 736	5	1	1	1	1
1123	34 338	22	408	5	7	5	3	7
1124	34 318	17	936	5	3	3	1	5
1125	34 209	22	1 508	5	5	9	3	9
1126	34 195	23	312	1	3	1	1	1
1127	34 189	25	416	1	3	5	5	7
1128	34 167	23	430	1	5	7	5	9
1129	34 110	14	700	5	1	1	3	1
1130	34 071	10	100	5	3	3	7	3
1131	34 044	24	1 082	1	5	7	5	9
1132	34 033	23	712	1	3	3	3	3
1133	34 030	30	996	1	7	7	5	9
1134	34 017	27	3 125	1	5	9	5	9
1135	33 964	26	232	1	7	7	3	5
1136	33 950	35	140	1	5	9	5	9
1137	33 912	29	1 033	5	5	9	5	9
1138	33 906	20	144	5	7	7	5	9

（续表）

小区序号	小区均价	F1	F2	F3	F4	F5	F6	F7
1139	33 902	26	757	1	3	9	3	5
1140	33 885	18	48	1	1	3	1	3
1141	33 883	23	432	5	7	7	3	5
1142	33 867	22	1 760	5	7	3	1	5
1143	33 813	23	843	5	7	5	1	5
1144	33 717	13	494	5	7	7	5	9
1145	33 713	20	356	5	3	7	3	9
1146	33 704	24	194	5	3	7	5	5
1147	33 691	6	782	5	3	3	7	3
1148	33 674	26	1 186	5	3	5	3	7
1149	33 636	21	646	1	3	5	5	3
1150	33 634	17	48	5	5	9	5	9
1151	33 633	27	129	5	1	3	3	3
1152	33 593	24	395	1	7	5	5	7
1153	33 558	25	112	1	5	7	1	7
1154	33 539	5	520	5	3	1	1	1
1155	33 434	19	475	1	5	5	5	9
1156	33 427	24	682	5	7	7	5	9
1157	33 417	31	297	5	3	5	5	7
1158	33 397	23	892	1	3	5	3	5
1159	33 385	22	620	5	9	7	3	7
1160	33 366	24	108	1	5	5	9	9
1161	33 334	35	2 200	1	5	7	3	7
1162	33 329	28	1 405	1	3	9	9	5
1163	33 294	21	717	5	7	9	1	9
1164	33 292	22	289	1	5	7	7	9
1165	33 249	23	1 115	1	5	7	5	7
1166	33 249	36	108	5	5	9	5	9
1167	33 235	22	330	5	5	3	1	3
1168	33 231	21	6 766	5	3	5	3	5
1169	33 226	12	818	5	1	5	1	9
1170	33 202	23	480	1	3	1	1	3
1171	33 192	22	304	5	5	5	5	7
1172	33 182	17	4 480	5	1	5	3	7
1173	33 172	20	424	5	9	7	5	7
1174	33 160	20	608	1	3	3	1	3
1175	33 149	21	212	1	7	7	3	5
1176	33 118	18	627	5	7	5	3	7
1177	33 113	31	1 696	1	5	9	5	9
1178	33 033	8	296	5	1	1	1	1
1179	33 029	41	294	1	5	7	3	7

（续表）

小区序号	小区均价	F1	F2	F3	F4	F5	F6	F7
1180	33 025	15	367	5	3	9	5	9
1181	33 004	21	306	5	7	5	5	7
1182	32 966	24	306	5	3	9	3	9
1183	32 935	29	167	1	9	9	5	9
1184	32 916	7	665	5	5	1	1	1
1185	32 897	25	216	5	1	3	3	5
1186	32 894	22	747	1	3	5	1	5
1187	32 850	11	1 533	5	5	1	1	3
1188	32 813	25	120	5	5	5	1	5
1189	32 800	21	742	1	5	9	1	9
1190	32 800	22	840	1	5	9	5	9
1191	32 788	26	983	5	5	5	3	7
1192	32 778	24	192	1	5	7	1	9
1193	32 756	31	860	5	5	5	5	9
1194	32 746	13	1 017	5	1	1	1	3
1195	32 680	11	697	5	3	3	3	3
1196	32 676	12	366	5	3	3	1	5
1197	32 607	9	3 656	5	1	1	1	1
1198	32 569	26	197	5	5	9	5	9
1199	32 567	23	847	5	9	9	5	9
1200	32 554	22	168	1	3	9	3	9
1201	32 553	21	312	5	3	7	5	5
1202	32 544	23	1 173	5	3	7	3	9
1203	32 523	20	330	1	5	9	5	9
1204	32 508	10	426	5	5	1	1	3
1205	32 503	15	1 846	5	5	7	3	7
1206	32 503	21	473	5	5	7	3	9
1207	32 443	17	72	5	3	5	3	5
1208	32 442	12	1 720	5	1	1	1	1
1209	32 418	14	3 126	5	3	5	1	5
1210	32 402	23	787	1	5	5	3	5
1211	32 354	22	380	5	7	5	1	5
1212	32 352	22	4 048	5	3	3	3	3
1213	32 338	9	386	5	1	5	3	9
1214	32 308	22	512	5	5	5	5	5
1215	32 285	13	606	1	1	1	3	3
1216	32 275	20	60	1	5	7	5	9
1217	32 269	19	218	5	3	7	3	9
1218	32 266	5	474	5	7	5	3	7
1219	32 228	24	3 072	5	7	5	7	7
1220	32 192	8	666	5	5	3	3	5

（续表）

小区序号	小区均价	F1	F2	F3	F4	F5	F6	F7
1221	32 183	20	308	1	3	3	1	3
1222	32 143	21	421	1	3	3	3	5
1223	32 141	22	515	1	1	7	1	9
1224	32 138	20	181	5	5	5	3	7
1225	32 133	10	402	5	1	3	1	3
1226	32 123	26	448	1	5	7	5	9
1227	32 104	23	567	5	9	7	3	5
1228	32 090	23	293	5	7	7	3	5
1229	32 066	31	344	5	5	5	5	5
1230	32 057	25	1 009	5	3	5	1	5
1231	32 046	33	669	5	5	9	3	5
1232	32 017	16	449	1	9	7	5	9
1233	32 002	17	542	5	1	5	1	9
1234	31 997	23	272	1	5	9	3	9
1235	31 993	27	256	1	3	7	3	7
1236	31 917	24	426	1	5	5	3	7
1237	31 910	23	2 466	1	7	9	3	9
1238	31 907	23	618	1	3	3	1	3
1239	31 891	12	2 847	5	3	1	1	1
1240	31 872	27	106	1	9	5	5	9
1241	31 856	10	3 897	5	1	3	3	3
1242	31 849	22	712	5	1	5	3	9
1243	31 806	23	560	1	3	3	3	5
1244	31 778	31	217	1	3	5	3	5
1245	31 777	22	370	1	5	9	3	7
1246	31 755	14	1 476	5	3	3	1	3
1247	31 698	31	918	1	7	7	7	9
1248	31 682	12	1 172	5	1	5	3	9
1249	31 681	22	496	5	7	7	5	9
1250	31 679	28	511	5	3	7	3	5
1251	31 670	19	428	5	3	9	7	9
1252	31 652	31	392	1	9	9	5	9
1253	31 651	28	2 061	1	5	7	5	7
1254	31 636	23	456	1	5	9	5	9
1255	31 577	27	762	1	5	9	1	9
1256	31 576	27	417	1	5	7	3	9
1257	31 543	26	4 295	5	7	3	1	5
1258	31 535	26	540	1	5	7	5	9
1259	31 520	24	336	1	3	5	3	7
1260	31 490	23	869	1	5	7	5	9
1261	31 488	13	224	5	1	7	3	9

（续表）

小区序号	小区均价	F1	F2	F3	F4	F5	F6	F7
1262	31 470	25	407	1	3	5	1	7
1263	31 466	20	336	1	3	3	1	3
1264	31 439	23	71	5	3	5	3	7
1265	31 430	26	3 474	1	5	9	5	9
1266	31 425	16	617	5	3	3	3	5
1267	31 409	30	1 586	1	5	5	3	7
1268	31 408	36	726	1	3	7	5	5
1269	31 402	21	614	1	3	5	3	5
1270	31 363	12	1 283	5	3	3	1	3
1271	31 349	15	256	5	3	3	3	5
1272	31 348	28	288	1	3	7	1	9
1273	31 308	8	993	5	3	1	1	3
1274	31 307	22	217	1	5	7	1	9
1275	31 292	24	440	1	5	7	5	9
1276	31 289	21	330	1	1	9	5	9
1277	31 274	45	3 251	1	5	3	5	3
1278	31 238	31	144	1	9	7	5	9
1279	31 189	23	352	1	5	7	3	9
1280	31 188	15	1 278	5	1	3	1	3
1281	31 177	27	312	5	3	7	3	7
1282	31 163	26	1 363	1	5	7	3	7
1283	31 161	23	560	1	5	7	7	9
1284	31 154	27	483	1	5	7	7	9
1285	31 119	26	248	5	5	9	5	9
1286	31 117	22	360	1	5	7	3	9
1287	31 112	13	1 032	5	3	1	1	3
1288	31 110	24	9 156	1	3	7	3	9
1289	31 090	13	441	5	3	5	3	5
1290	31 088	26	1 098	1	3	7	3	5
1291	31 061	26	1 007	1	5	5	9	5
1292	31 049	23	72	1	5	9	1	9
1293	31 047	22	192	1	3	7	3	9
1294	31 036	36	144	1	3	7	9	5
1295	31 029	29	80	1	3	7	3	5
1296	31 023	13	1 569	5	3	3	5	3
1297	31 006	8	1 081	5	1	1	1	1
1298	30 997	21	378	1	3	3	3	5
1299	30 997	19	436	1	7	3	1	7
1300	30 994	18	1 496	5	5	3	1	5
1301	30 990	21	387	5	7	7	3	5
1302	30 966	22	675	5	3	7	3	9

（续表）

小区序号	小区均价	F1	F2	F3	F4	F5	F6	F7
1303	30 955	29	2 424	5	1	3	1	1
1304	30 938	24	7 296	1	3	5	5	7
1305	30 889	16	620	5	5	7	3	7
1306	30 873	31	477	1	3	7	5	5
1307	30 856	21	532	5	5	7	3	5
1308	30 842	21	112	5	5	9	1	9
1309	30 825	16	172	5	5	5	3	7
1310	30 804	13	164	5	3	3	3	3
1311	30 794	21	373	1	9	7	5	7
1312	30 790	21	264	5	5	9	3	9
1313	30 789	21	444	5	5	3	3	3
1314	30 788	18	561	1	3	3	3	5
1315	30 780	28	750	1	7	7	3	9
1316	30 777	29	407	5	5	5	5	7
1317	30 756	26	986	5	3	7	3	9
1318	30 753	22	1 008	5	5	5	1	7
1319	30 750	26	228	1	5	5	3	7
1320	30 744	22	199	1	3	7	3	7
1321	30 734	20	1 548	5	1	7	3	9
1322	30 701	29	600	1	3	7	5	5
1323	30 659	41	240	1	5	7	3	7
1324	30 658	21	448	1	5	3	3	3
1325	30 637	20	1 846	5	3	3	3	3
1326	30 613	16	62	1	5	5	3	7
1327	30 605	21	1 061	5	1	7	3	9
1328	30 599	26	240	5	5	3	1	5
1329	30 595	27	969	1	9	9	3	9
1330	30 558	11	1 111	5	3	1	1	3
1331	30 521	24	232	1	5	7	7	9
1332	30 487	21	1 563	1	3	5	3	5
1333	30 471	25	719	1	7	7	5	9
1334	30 464	20	64	1	1	1	1	1
1335	30 434	33	887	1	5	9	5	9
1336	30 397	31	125	1	3	5	3	5
1337	30 384	9	264	5	1	5	1	9
1338	30 368	25	652	1	5	5	3	7
1339	30 357	23	375	1	9	7	5	7
1340	30 328	23	128	5	7	9	3	9
1341	30 315	31	367	5	5	9	5	9
1342	30 314	24	34	5	7	7	3	7
1343	30 311	23	242	1	5	7	3	9

（续表）

小区序号	小区均价	F1	F2	F3	F4	F5	F6	F7
1344	30 297	24	948	1	5	7	7	7
1345	30 297	25	396	5	9	7	9	9
1346	30 296	21	288	5	7	9	5	9
1347	30 276	22	945	5	5	5	3	5
1348	30 226	27	340	1	7	5	5	9
1349	30 226	13	2 096	5	5	7	3	7
1350	30 226	24	243	1	5	5	1	5
1351	30 221	20	858	1	1	5	3	7
1352	30 216	27	954	1	3	5	1	3
1353	30 194	23	390	1	7	9	5	9
1354	30 185	25	80	1	7	7	5	7
1355	30 161	23	1 525	1	5	9	3	9
1356	30 159	24	367	1	5	5	3	7
1357	30 155	55	315	1	5	5	3	5
1358	30 127	20	312	1	3	3	1	3
1359	30 119	18	834	1	1	5	3	7
1360	30 098	23	707	1	1	5	3	7
1361	30 080	17	1 248	1	1	1	1	1
1362	30 067	21	840	5	7	3	3	3
1363	30 055	18	1 780	1	1	1	1	3
1364	30 002	15	2 940	5	1	1	1	1
1365	29 987	5	3 471	5	1	1	1	1
1366	29 986	37	820	1	5	9	7	9
1367	29 947	23	883	1	7	3	9	3
1368	29 936	22	908	5	1	5	3	9
1369	29 924	20	394	5	5	9	5	9
1370	29 922	27	5 366	1	9	7	5	9
1371	29 916	23	252	5	7	7	3	5
1372	29 889	23	270	5	7	7	3	7
1373	29 881	20	38	1	5	7	3	7
1374	29 865	26	334	5	7	7	3	5
1375	29 855	23	260	5	5	7	5	7
1376	29 837	36	57	5	3	3	3	3
1377	29 831	21	96	1	7	5	5	7
1378	29 804	22	715	1	5	3	1	3
1379	29 793	20	1 036	1	3	3	1	3
1380	29 789	30	64	1	5	9	5	9
1381	29 756	20	208	1	7	3	3	5
1382	29 744	22	612	1	5	5	5	7
1383	29 716	9	288	5	3	5	3	5
1384	29 661	25	160	5	3	3	3	5

（续表）

小区序号	小区均价	F1	F2	F3	F4	F5	F6	F7
1385	29 628	31	401	1	3	5	5	5
1386	29 628	31	266	1	5	5	5	5
1387	29 616	22	899	5	9	7	7	7
1388	29 611	28	766	1	5	5	3	7
1389	29 600	6	1 503	5	1	1	1	3
1390	29 571	8	244	5	1	1	1	1
1391	29 537	19	430	5	3	3	1	3
1392	29 533	24	865	5	5	9	5	9
1393	29 524	21	542	5	1	5	3	5
1394	29 517	18	535	1	3	5	1	9
1395	29 489	24	688	1	5	3	1	7
1396	29 438	22	2 668	5	5	7	5	9
1397	29 412	12	311	5	5	3	7	3
1398	29 385	25	196	1	1	5	1	3
1399	29 377	22	1 218	5	5	7	3	9
1400	29 375	31	881	1	5	9	5	9
1401	29 296	20	668	1	1	3	3	1
1402	29 296	41	1 799	1	5	7	7	7
1403	29 291	41	122	1	5	7	5	7
1404	29 280	17	428	5	7	3	1	5
1405	29 257	24	1 899	1	3	5	3	5
1406	29 255	40	5 299	1	5	7	5	9
1407	29 165	23	1 216	5	5	7	5	9
1408	29 159	17	966	5	1	7	3	9
1409	29 157	22	288	5	1	7	3	9
1410	29 155	25	160	1	7	9	3	9
1411	29 098	25	160	1	3	3	1	3
1412	29 084	24	120	5	5	3	3	3
1413	29 080	6	768	5	1	3	3	3
1414	29 055	26	254	1	5	7	3	7
1415	29 051	41	48	1	3	7	5	7
1416	29 039	23	128	1	5	7	1	9
1417	28 998	23	281	1	5	5	3	7
1418	28 986	29	283	1	3	7	9	5
1419	28 982	31	456	1	3	5	5	5
1420	28 947	6	91	5	3	5	1	9
1421	28 927	20	557	1	5	3	1	3
1422	28 903	24	220	1	5	3	3	7
1423	28 900	22	1 329	1	1	1	1	3
1424	28 870	23	458	1	5	5	5	7

（续表）

小区序号	小区均价	F1	F2	F3	F4	F5	F6	F7
1425	28 866	19	176	1	5	3	3	5
1426	28 860	32	2 141	1	7	5	5	7
1427	28 838	26	387	5	3	7	3	9
1428	28 819	25	886	1	3	5	1	3
1429	28 808	26	1 014	5	3	7	3	9
1430	28 777	25	130	5	3	7	3	9
1431	28 764	23	615	5	7	9	3	9
1432	28 763	16	480	1	9	7	5	9
1433	28 732	31	161	1	7	7	5	9
1434	28 665	30	3 092	1	3	7	9	5
1435	28 664	17	79	1	3	5	3	7
1436	28 654	25	173	1	7	7	3	7
1437	28 620	22	80	1	5	7	5	9
1438	28 602	22	216	1	3	7	9	9
1439	28 600	23	199	1	5	9	3	7
1440	28 576	24	286	1	7	7	5	9
1441	28 571	26	217	5	3	7	3	9
1442	28 536	23	800	1	7	7	3	9
1443	28 468	14	1 028	5	1	1	3	1
1444	28 467	22	640	1	5	7	5	5
1445	28 417	24	492	5	3	7	3	9
1446	28 409	26	126	1	3	5	5	9
1447	28 398	23	32	1	5	5	3	5
1448	28 393	9	1 849	5	5	3	1	3
1449	28 385	22	196	1	5	9	3	9
1450	28 381	19	207	5	1	5	3	9
1451	28 342	23	42	1	5	7	5	9
1452	28 294	24	443	1	5	9	5	9
1453	28 280	21	253	5	1	5	3	7
1454	28 275	23	252	1	5	3	9	3
1455	28 268	25	525	1	5	3	9	5
1456	28 248	21	144	1	3	7	9	9
1457	28 218	24	225	5	5	3	1	5
1458	28 184	31	416	1	5	7	5	7
1459	28 176	12	2 610	5	1	1	1	1
1460	28 174	22	411	1	7	7	5	9
1461	28 139	20	728	1	3	3	1	3
1462	28 131	22	1 055	5	5	5	3	7
1463	28 119	23	291	5	5	9	3	9
1464	28 113	19	801	1	1	1	1	1

（续表）

小区序号	小区均价	F1	F2	F3	F4	F5	F6	F7
1465	28 109	23	856	1	5	3	1	3
1466	28 090	23	312	1	3	1	1	1
1467	28 089	20	3 314	1	1	1	1	3
1468	28 078	23	420	1	5	3	1	3
1469	27 995	24	443	5	3	7	3	9
1470	27 995	31	1 518	1	7	7	5	9
1471	27 989	24	102	1	3	7	3	9
1472	27 970	23	638	1	3	3	1	3
1473	27 942	4	1 524	5	1	1	7	1
1474	27 920	23	243	5	5	3	3	3
1475	27 913	33	812	1	7	7	5	9
1476	27 905	21	318	1	3	3	1	3
1477	27 891	22	592	1	5	9	5	5
1478	27 882	22	2 125	1	5	3	3	5
1479	27 877	36	959	1	3	5	3	5
1480	27 836	18	408	5	1	3	1	3
1481	27 827	22	5 014	1	9	7	5	7
1482	27 819	25	132	5	3	3	1	3
1483	27 813	23	152	1	3	3	1	3
1484	27 805	33	118	1	5	9	5	9
1485	27 803	20	364	1	3	3	1	3
1486	27 787	28	1 414	1	7	5	1	7
1487	27 785	41	512	1	5	7	7	7
1488	27 784	21	456	1	5	3	5	3
1489	27 773	24	112	1	5	9	3	9
1490	27 766	30	32	1	5	9	3	7
1491	27 756	18	1 156	5	1	1	1	1
1492	27 726	22	371	5	5	5	5	7
1493	27 687	24	1 423	1	9	3	3	5
1494	27 682	22	318	5	3	7	3	9
1495	27 672	21	110	1	5	5	5	5
1496	27 574	23	300	1	7	3	5	3
1497	27 567	31	783	5	5	5	3	7
1498	27 558	24	322	1	5	7	3	9
1499	27 525	8	314	5	1	7	3	7
1500	27 525	22	379	5	1	5	3	5
1501	27 463	21	3 074	1	5	3	5	3
1502	27 463	22	60	5	3	5	3	5
1503	27 459	27	1 658	1	3	7	7	7
1504	27 420	19	2 176	1	1	1	1	1
1505	27 417	21	300	1	5	3	1	3

（续表）

小区序号	小区均价	F1	F2	F3	F4	F5	F6	F7
1506	27 398	26	171	5	1	3	3	5
1507	27 390	20	120	1	7	9	5	9
1508	27 378	36	1 892	1	5	9	7	9
1509	27 373	24	703	1	3	7	5	7
1510	27 334	23	360	1	1	5	3	7
1511	27 316	26	557	1	5	3	1	3
1512	27 289	5	4 600	5	1	1	1	1
1513	27 258	22	240	1	3	3	7	3
1514	27 221	20	198	5	5	3	3	5
1515	27 192	20	684	1	5	3	3	5
1516	27 188	24	418	5	5	3	3	5
1517	27 183	23	1 362	1	3	3	1	3
1518	27 174	22	152	1	5	7	7	7
1519	27 163	17	1 335	5	1	1	1	1
1520	27 131	26	217	1	3	7	3	9
1521	27 104	22	445	5	1	7	7	9
1522	27 099	26	445	1	7	7	5	9
1523	27 076	20	116	5	3	7	3	9
1524	27 052	26	1 724	1	3	3	7	3
1525	27 021	21	704	1	3	3	5	5
1526	27 016	21	1 584	1	3	3	7	5
1527	27 012	17	1 056	1	1	1	1	3
1528	26 982	19	1 584	1	1	1	1	3
1529	26 968	23	336	1	3	1	1	3
1530	26 930	26	1 047	1	5	3	3	3
1531	26 891	9	513	5	9	3	3	3
1532	26 889	23	478	5	5	7	3	9
1533	26 876	36	277	1	5	9	9	5
1534	26 851	33	2 003	1	9	3	5	3
1535	26 846	21	2 409	1	1	7	1	9
1536	26 745	22	310	1	3	7	7	7
1537	26 740	21	192	1	1	5	5	7
1538	26 733	26	430	1	5	7	9	5
1539	26 698	11	517	5	3	1	1	3
1540	26 686	21	311	1	7	3	7	3
1541	26 655	22	2 731	1	7	3	3	5
1542	26 614	19	754	1	1	5	3	7
1543	26 614	41	3 197	1	7	9	3	9
1544	26 611	20	108	5	3	7	3	9
1545	26 580	24	528	5	3	3	3	3
1546	26 576	29	28	1	5	5	3	5

（续表）

小区序号	小区均价	F1	F2	F3	F4	F5	F6	F7
1547	26 572	17	1 662	5	5	3	3	5
1548	26 570	21	216	1	9	3	3	3
1549	26 533	31	294	1	5	7	5	7
1550	26 431	6	93	5	3	5	3	7
1551	26 428	23	312	5	1	5	3	9
1552	26 410	27	731	1	5	7	9	7
1553	26 380	16	1 216	5	1	1	1	1
1554	26 176	24	286	5	5	3	3	5
1555	26 140	19	434	5	5	9	1	7
1556	26 126	23	1 086	5	3	3	7	3
1557	26 122	25	986	1	3	7	7	9
1558	26 098	28	108	1	3	7	5	3
1559	26 062	23	1 545	1	5	3	1	5
1560	26 060	25	518	1	5	7	3	7
1561	26 048	20	259	1	3	3	1	3
1562	26 006	25	243	1	1	5	7	9
1563	26 002	21	182	5	1	5	3	7
1564	25 967	23	566	1	5	3	3	3
1565	25 931	21	3 168	1	1	1	3	1
1566	25 928	41	231	1	5	7	3	9
1567	25 922	21	792	1	5	3	7	3
1568	25 919	27	69	1	5	3	5	3
1569	25 918	16	1 333	5	1	1	1	3
1570	25 916	24	2 898	1	1	1	1	1
1571	25 903	34	8 754	1	5	7	5	7
1572	25 872	22	370	5	3	3	5	3
1573	25 861	25	375	1	9	3	1	3
1574	25 854	21	2 380	5	1	7	1	9
1575	25 849	21	1 600	5	9	9	5	9
1576	25 840	25	108	1	5	7	1	5
1577	25 833	10	226	1	5	3	1	5
1578	25 829	21	711	1	5	9	3	9
1579	25 811	21	1 490	1	1	1	1	3
1580	25 783	26	1 423	1	5	5	5	5
1581	25 762	18	893	1	3	3	1	3
1582	25 759	24	1 366	5	1	5	3	9
1583	25 738	18	162	1	5	9	5	9
1584	25 729	23	229	1	3	7	3	9
1585	25 728	22	188	1	5	3	5	3
1586	25 728	27	145	1	3	5	3	5
1587	25 719	23	984	1	9	7	3	7

（续表）

小区序号	小区均价	F1	F2	F3	F4	F5	F6	F7
1588	25 709	22	152	5	1	7	3	7
1589	25 703	23	584	1	1	5	3	7
1590	25 588	36	2 027	1	3	5	5	5
1591	25 586	25	672	5	9	3	3	5
1592	25 579	22	56	1	5	5	3	7
1593	25 526	24	232	1	3	5	3	5
1594	25 525	27	471	1	5	9	1	9
1595	25 482	16	393	1	7	5	1	5
1596	25 452	26	661	1	7	9	5	9
1597	25 411	22	199	1	3	5	3	5
1598	25 340	20	3 150	1	1	3	5	3
1599	25 335	20	428	1	3	1	1	1
1600	25 304	25	144	1	3	7	7	9
1601	25 285	33	1 287	1	7	9	5	9
1602	25 252	22	1 008	5	7	3	1	5
1603	25 247	25	270	1	5	3	5	3
1604	25 245	23	312	1	3	1	1	1
1605	25 165	20	276	1	3	3	1	3
1606	25 130	21	1 822	1	3	3	1	3
1607	25 116	23	2 566	1	1	5	5	7
1608	25 046	24	136	1	5	5	3	5
1609	25 030	31	988	1	1	3	1	3
1610	25 000	24	124	1	3	7	3	9
1611	25 000	15	280	5	1	3	3	1
1612	24 923	21	849	1	1	5	1	9
1613	24 908	25	1 617	1	1	3	7	3
1614	24 853	28	308	1	3	5	3	7
1615	24 851	23	262	1	3	3	1	3
1616	24 778	24	252	5	5	5	3	5
1617	24 732	26	184	5	1	7	3	9
1618	24 727	22	228	5	3	1	3	1
1619	24 720	23	48	1	7	5	1	7
1620	24 704	21	2 021	5	1	5	3	7
1621	24 681	25	256	1	5	9	5	9
1622	24 657	22	600	5	5	3	1	5
1623	24 606	21	1 663	5	1	7	3	7
1624	24 530	16	260	5	1	3	1	1
1625	24 517	23	336	1	5	3	3	5
1626	24 497	24	266	1	3	5	1	5
1627	24 495	25	3 059	1	1	3	3	1
1628	24 485	27	617	1	5	5	7	7

（续表）

小区序号	小区均价	F1	F2	F3	F4	F5	F6	F7
1629	24 479	27	2 202	1	1	1	1	1
1630	24 445	23	1 885	1	5	7	3	9
1631	24 441	24	360	1	7	7	5	7
1632	24 437	28	576	5	5	3	3	5
1633	24 403	26	196	1	5	7	1	9
1634	24 385	21	140	1	5	3	3	5
1635	24 382	12	358	5	5	5	3	5
1636	24 375	18	364	5	1	5	3	7
1637	24 370	26	896	1	1	1	1	1
1638	24 340	23	561	1	5	7	3	7
1639	24 334	23	614	5	1	5	3	7
1640	24 292	26	426	1	1	7	3	9
1641	24 260	31	410	1	5	7	1	5
1642	24 216	24	345	5	5	3	3	5
1643	24 179	22	4 190	1	3	3	3	3
1644	24 152	31	924	1	5	7	5	9
1645	24 103	14	360	5	1	3	3	1
1646	24 087	26	210	1	3	5	3	5
1647	24 045	23	323	1	3	3	1	5
1648	23 976	22	124	1	7	5	5	7
1649	23 969	26	643	1	1	1	1	1
1650	23 953	36	2 101	1	7	5	5	7
1651	23 944	21	608	1	5	3	5	3
1652	23 914	26	632	1	3	3	5	5
1653	23 911	28	576	5	5	3	3	5
1654	23 875	26	3 774	1	1	1	1	3
1655	23 824	6	196	5	3	1	3	1
1656	23 788	28	900	1	9	7	7	7
1657	23 781	26	76	1	1	5	1	9
1658	23 751	26	594	1	1	7	1	9
1659	23 734	28	1 718	1	5	9	3	7
1660	23 663	26	576	5	5	3	1	5
1661	23 637	26	885	1	5	1	3	1
1662	23 613	20	532	1	5	7	5	7
1663	23 565	31	64	1	3	5	3	5
1664	23 563	21	987	1	1	7	1	9
1665	23 561	28	448	5	5	3	3	5
1666	23 539	26	317	1	3	7	3	9
1667	23 516	26	75	1	3	9	3	9
1668	23 442	14	398	5	5	7	7	9

（续表）

小区序号	小区均价	F1	F2	F3	F4	F5	F6	F7
1669	23 396	22	800	1	1	5	1	9
1670	23 387	22	3 321	5	7	3	3	3
1671	23 385	25	196	1	5	5	5	7
1672	23 376	21	327	1	5	3	3	3
1673	23 354	22	558	1	5	3	3	3
1674	23 306	28	448	5	5	3	3	5
1675	23 169	19	156	1	1	3	1	3
1676	23 156	23	392	1	1	5	3	9
1677	23 145	28	279	1	5	9	5	9
1678	23 143	25	144	1	1	5	7	9
1679	23 113	20	2 181	1	1	3	7	5
1680	23 012	23	184	1	1	5	3	9
1681	22 965	21	398	1	1	1	1	1
1682	22 940	24	1 304	1	5	3	5	3
1683	22 935	23	796	1	5	5	3	5
1684	22 913	28	2 428	1	5	3	3	5
1685	22 901	21	878	5	1	3	1	3
1686	22 813	26	448	5	5	3	1	5
1687	22 803	23	361	1	3	5	3	7
1688	22 761	31	140	1	3	5	1	5
1689	22 719	21	120	1	1	5	1	7
1690	22 639	18	449	1	3	7	5	5
1691	22 597	26	458	1	5	3	3	7
1692	22 593	18	312	5	3	1	1	1
1693	22 557	24	606	1	1	5	3	9
1694	22 550	23	304	1	3	7	3	9
1695	22 549	21	647	1	5	3	3	3
1696	22 517	24	1 232	1	1	5	3	5
1697	22 489	23	168	5	3	7	3	9
1698	22 437	24	192	1	1	7	3	9
1699	22 403	22	311	1	1	5	1	9
1700	22 299	21	120	1	5	9	3	9
1701	22 277	22	232	1	1	5	5	7
1702	22 272	20	262	5	3	5	1	9
1703	22 220	21	506	1	5	3	3	7
1704	22 211	20	143	1	1	3	3	1
1705	22 198	25	168	1	9	3	7	3
1706	22 153	21	1 166	1	1	5	5	7
1707	22 143	31	521	1	9	7	3	9
1708	22 135	28	169	1	1	5	3	9

（续表）

小区序号	小区均价	F1	F2	F3	F4	F5	F6	F7
1709	22 117	23	468	1	1	3	1	5
1710	22 098	9	396	5	1	3	3	5
1711	22 057	17	1 179	5	3	5	3	7
1712	21 981	26	600	5	5	3	3	5
1713	21 970	24	255	5	1	7	3	9
1714	21 900	21	1 331	5	1	1	1	1
1715	21 870	22	256	5	1	3	3	5
1716	21 836	25	59	1	5	7	3	7
1717	21 761	17	92	1	5	3	3	7
1718	21 673	26	1 729	5	7	3	5	3
1719	21 668	23	1 653	1	1	5	5	7
1720	21 658	23	839	1	3	3	1	3
1721	21 523	24	182	5	1	7	3	9
1722	21 508	21	436	1	5	3	5	7
1723	21 501	23	117	1	1	7	3	9
1724	21 458	24	305	1	3	3	5	3
1725	21 445	22	844	5	5	5	7	7
1726	21 389	23	960	5	3	1	1	1
1727	21 313	27	1 095	1	1	5	3	9
1728	21 232	26	56	1	3	5	1	7
1729	21 229	22	989	1	5	3	3	5
1730	21 135	26	398	1	3	5	1	9
1731	21 024	25	580	1	3	1	1	1
1732	20 815	18	151	5	3	9	1	9
1733	20 796	16	324	5	3	3	1	5
1734	20 776	23	429	1	1	5	3	7
1735	20 738	25	112	1	1	5	7	9
1736	20 677	17	182	1	1	3	1	5
1737	20 655	28	1 486	1	7	3	3	5
1738	20 645	26	54	1	1	5	3	9
1739	20 631	26	2 268	1	1	5	3	9
1740	20 625	26	399	1	3	5	3	7
1741	20 607	12	653	5	1	3	1	5
1742	20 595	28	314	1	1	7	1	9
1743	20 580	24	118	1	1	5	7	7
1744	20 564	19	246	5	1	7	1	9
1745	20 526	26	1 003	1	5	3	5	3
1746	20 460	24	2 307	1	1	3	3	5
1747	20 354	21	600	5	3	5	3	7
1748	20 341	18	288	1	3	5	3	5

（续表）

小区序号	小区均价	F1	F2	F3	F4	F5	F6	F7
1749	20 341	23	713	1	1	5	3	7
1750	20 336	23	697	1	1	3	1	5
1751	20 301	26	84	1	3	5	3	7
1752	20 239	23	900	1	5	3	5	5
1753	20 191	25	1 963	1	1	5	3	7
1754	20 112	22	191	1	1	5	1	7
1755	20 104	26	220	1	3	3	3	3
1756	20 094	21	617	1	5	3	5	3
1757	20 062	26	256	1	3	3	3	5
1758	20 048	16	360	1	1	3	1	5
1759	20 008	26	324	1	3	5	3	7
1760	20 000	28	349	1	5	7	9	5
1761	19 988	23	450	1	7	5	1	5
1762	19 960	26	200	1	3	7	5	7
1763	19 876	26	2 990	1	1	5	3	9
1764	19 872	26	98	1	3	5	1	9
1765	19 869	24	746	1	1	3	5	5
1766	19 862	28	192	1	1	5	1	9
1767	19 722	26	864	1	3	5	3	7
1768	19 695	16	447	1	1	3	1	5
1769	19 666	26	192	1	1	1	1	1
1770	19 657	26	1 024	1	1	5	3	7
1771	19 604	23	501	1	1	5	3	9
1772	19 578	23	1 109	1	1	5	1	9
1773	19 478	23	368	5	1	3	1	1
1774	19 421	23	674	1	3	1	3	1
1775	19 320	26	256	1	5	5	1	5
1776	19 205	21	494	1	1	3	1	5
1777	19 204	24	664	1	7	3	1	3
1778	19 162	23	2 168	1	1	1	1	1
1779	19 011	27	379	1	1	5	3	9
1780	18 715	33	1 521	1	7	9	1	7
1781	18 695	25	432	1	1	5	3	9
1782	18 497	22	133	1	3	5	3	5
1783	18 462	31	3 246	1	3	5	3	5
1784	18 439	16	313	5	1	3	1	3
1785	18 381	31	184	1	3	3	1	5
1786	18 311	20	489	1	7	5	1	5
1787	18 198	18	8	1	1	1	5	1
1788	17 936	13	95	1	1	5	3	7
1789	17 698	23	38	1	7	3	3	5

（续表）

小区序号	小区均价	F1	F2	F3	F4	F5	F6	F7
1790	17 683	16	168	1	1	3	1	5
1791	17 490	24	66	1	1	7	3	9
1792	17 468	31	119	1	1	5	3	9
1793	17 097	26	918	1	3	9	1	9
1794	16 975	19	344	1	3	5	3	5
1795	16 396	26	114	1	3	5	3	7
1796	15 810	26	49	1	3	5	1	9
1797	15 696	23	1 064	1	7	1	7	3
1798	15 649	27	82	1	1	5	1	9
1799	15 524	22	294	1	3	5	3	7
1800	15 314	26	212	5	1	3	7	5
1801	14 838	17	120	1	1	3	1	5
1802	14 682	22	56	1	3	3	3	7

附表 2-2　广州都市区 1803 个住宅小区的影响因素数值 F8–F15

小区序号	F8	F9	F10	F11	F12	F13	F14	F15
1	6	1	1	8.64	0.90	5 970	1.73	3
2	3	1	1	15.06	0.83	497	1.11	9
3	4	1	1	21.56	0.85	644	7.47	9
4	5	5	1	21.56	0.85	1 675	7.47	9
5	6	1	1	15.06	0.83	841	1.11	9
6	7	1	1	15.06	0.83	688	1.11	7
7	7	7	1	15.06	0.83	1 880	1.11	7
8	4	1	1	21.56	0.85	762	7.47	9
9	8	1	1	15.06	0.83	604	1.11	7
10	4	5	1	15.06	0.83	702	1.11	9
11	3	1	1	21.56	0.85	584	7.47	9
12	2	1	1	19.82	0.77	3 082	5.85	9
13	6	1	1	21.56	0.85	1 010	7.47	9
14	8	5	1	15.06	0.83	1 609	1.11	7
15	6	1	1	21.56	0.85	869	7.47	9
16	5	1	1	15.06	0.83	675	1.11	9
17	8	1	1	15.03	0.87	1 640	2.44	7
18	5	1	1	15.44	0.88	4 219	16.08	7
19	9	1	1	16.67	0.87	1 263	2.14	7
20	5	5	1	19.82	0.77	3 303	5.85	9
21	1	1	1	18.97	0.88	3 069	25.38	9
22	1	1	1	21.56	0.85	684	7.47	9
23	8	1	1	17.73	0.78	3 961	5.91	7
24	5	7	1	15.06	0.83	2 066	1.11	7
25	2	1	1	22.02	0.87	2 910	5.45	9
26	1	1	1	18.97	0.88	2 257	25.38	9
27	1	1	1	18.97	0.88	3 136	25.38	9
28	4	5	1	17.73	0.78	3 612	5.91	7
29	7	1	1	21.56	0.85	1 361	7.47	9
30	1	1	1	25.03	0.83	1 727	3.18	9
31	3	5	1	21.56	0.85	2 632	7.47	7
32	6	5	1	25.03	0.83	2 152	3.18	9
33	2	1	1	27.73	0.87	5 324	11.09	9
34	1	5	1	19.82	0.77	2 139	5.85	9
35	4	1	1	21.56	0.85	679	7.47	9
36	1	1	1	18.97	0.88	2 597	25.38	9
37	2	7	1	21.56	0.85	2 765	7.47	7
38	1	1	1	21.56	0.85	841	7.47	9
39	4	5	1	25.03	0.83	2 001	3.18	9
40	1	1	1	18.97	0.88	2 997	25.38	9

（续表）

小区序号	F8	F9	F10	F11	F12	F13	F14	F15
41	4	1	1	19.82	0.77	3 286	5.85	9
42	7	5	1	19.41	0.65	5 933	5.57	9
43	4	1	1	16.11	0.93	2 279	12.71	9
44	1	5	1	21.56	0.85	867	7.47	9
45	1	5	1	15.44	0.88	4 844	16.08	5
46	6	5	1	8.64	0.90	2 405	1.73	5
47	6	1	1	17.73	0.78	3 846	5.91	7
48	1	5	1	25.03	0.83	1 915	3.18	9
49	1	1	1	19.82	0.77	2 983	5.85	9
50	1	1	1	19.82	0.77	2 742	5.85	9
51	7	1	1	17.73	0.78	4 001	5.91	7
52	8	5	1	16.67	0.87	3 291	2.14	7
53	1	1	1	19.82	0.77	2 877	5.85	9
54	1	5	1	25.03	0.83	2 009	3.18	9
55	5	1	1	21.56	0.85	1 298	7.47	9
56	1	1	1	19.82	0.77	2 850	5.85	9
57	8	1	1	15.41	1.04	2 029	6.83	5
58	6	1	1	14.28	0.66	6 585	8.76	7
59	6	1	1	17.73	0.78	3 816	5.91	7
60	1	1	1	18.97	0.88	2 869	25.38	9
61	1	1	1	18.97	0.88	2 866	25.38	9
62	7	7	1	15.06	0.83	2 087	1.11	7
63	8	1	1	17.73	0.78	4 111	5.91	7
64	4	1	1	15.06	0.83	617	1.11	9
65	3	7	1	21.56	0.85	2 607	7.47	7
66	1	1	1	16.49	1.34	5 571	11.34	3
67	1	1	1	18.97	0.88	3 087	25.38	9
68	3	5	1	21.56	0.85	674	7.47	9
69	4	1	1	15.06	0.83	522	1.11	9
70	1	1	1	18.97	0.88	3 069	25.38	9
71	2	1	1	27.73	0.87	5 335	11.09	9
72	1	1	1	16.49	1.34	6 082	11.34	3
73	1	1	1	27.73	0.87	5 195	11.09	9
74	1	1	1	18.97	0.88	3 231	25.38	9
75	1	1	1	19.82	0.77	2 617	5.85	9
76	6	5	1	19.41	0.65	5 680	5.57	9
77	5	1	1	15.44	0.88	4 808	16.08	7
78	1	1	1	18.97	0.88	2 545	25.38	9
79	3	5	1	15.06	0.83	757	1.11	9
80	1	1	1	19.82	0.77	2 322	5.85	9
81	1	1	1	25.03	0.83	1 730	3.18	9

（续表）

小区序号	F8	F9	F10	F11	F12	F13	F14	F15
82	8	5	1	21.56	0.85	1 903	7.47	9
83	1	5	1	18.97	0.88	4 021	25.38	7
84	6	1	1	16.11	0.93	3 462	12.71	9
85	3	1	1	23.99	0.65	5 501	8.17	9
86	1	1	1	15.44	0.88	6 270	16.08	3
87	1	5	1	15.44	0.88	6 813	16.08	3
88	7	5	1	19.41	0.65	5 886	5.57	9
89	1	1	1	16.49	1.34	3 924	11.34	7
90	1	1	1	16.49	1.34	4 621	11.34	7
91	9	5	1	15.03	0.87	3 588	2.44	7
92	8	5	1	13.55	0.78	4 990	2.56	7
93	1	5	1	15.44	0.88	4 482	16.08	5
94	2	5	1	15.44	0.88	4 428	16.08	7
95	9	1	1	17.73	0.78	4 212	5.91	7
96	7	1	1	16.11	0.93	2 600	12.71	9
97	7	1	1	32.14	0.87	4 028	5.91	9
98	3	5	1	22.02	0.87	3 238	5.45	9
99	5	1	1	8.64	0.90	6 773	1.73	3
100	6	1	1	15.06	0.83	656	1.11	9
101	1	5	1	25.03	0.83	2 366	3.18	9
102	5	5	1	25.03	0.83	2 161	3.18	9
103	6	1	1	16.11	0.93	2 261	12.71	9
104	1	1	1	26.37	0.83	2 007	22.01	9
105	1	8	1	22.02	0.87	2 882	5.45	7
106	4	1	1	26.37	0.83	2 291	22.01	9
107	9	1	1	17.73	0.78	4 219	5.91	7
108	3	1	1	20.84	0.87	4 770	16.66	7
109	9	5	1	21.56	0.85	2 015	7.47	9
110	2	1	1	20.90	0.77	9 727	3.24	5
111	1	1	1	25.03	0.83	1 504	3.18	9
112	2	7	1	25.59	0.65	4 818	8.31	9
113	1	1	1	18.97	0.88	2 808	25.38	9
114	4	1	1	17.73	0.78	3 795	5.91	7
115	1	5	1	21.56	0.85	817	7.47	9
116	8	1	1	15.44	0.88	4 688	16.08	7
117	7	1	1	16.11	0.93	2 779	12.71	9
118	3	1	3	15.41	1.04	2 201	6.83	7
119	1	1	1	18.97	0.88	3 287	25.38	9
120	2	1	1	16.49	1.34	4 237	11.34	7
121	1	1	1	16.49	1.34	4 537	11.34	5
122	3	1	1	19.82	0.77	3 143	5.85	9

（续表）

小区序号	F8	F9	F10	F11	F12	F13	F14	F15
123	8	1	1	17.73	0.78	4 065	5.91	7
124	1	1	1	19.82	0.77	2 847	5.85	9
125	4	1	1	26.37	0.83	2 474	22.01	9
126	1	5	1	25.03	0.83	2 173	3.18	9
127	4	1	1	15.44	0.88	4 285	16.08	7
128	1	1	1	21.56	0.85	697	7.47	9
129	9	1	3	15.36	0.85	2 780	5.84	7
130	4	1	1	19.41	0.65	5 427	5.57	9
131	5	5	1	32.14	0.87	3 836	5.91	7
132	4	1	1	20.90	0.77	9 537	3.24	3
133	1	7	1	22.02	0.87	2 632	5.45	9
134	4	5	1	32.14	0.87	3 364	5.91	7
135	8	5	1	16.18	0.53	9 042	3.42	5
136	1	1	1	18.97	0.88	3 363	25.38	9
137	1	1	1	19.82	0.77	2 980	5.85	9
138	1	1	1	18.97	0.88	3 131	25.38	9
139	1	5	1	25.03	0.83	1 772	3.18	9
140	9	1	1	16.11	0.93	3 963	12.71	7
141	1	1	1	18.97	0.88	3 370	25.38	9
142	1	5	1	22.02	0.87	2 998	5.45	9
143	7	5	1	24.99	0.87	4 232	8.97	7
144	1	1	1	19.82	0.77	2 779	5.85	9
145	9	7	1	15.41	1.04	1 732	6.83	7
146	6	7	3	15.41	1.04	2 015	6.83	7
147	1	5	1	10.68	0.61	6 633	1.13	7
148	4	1	1	20.84	0.87	4 514	16.66	9
149	1	1	1	18.97	0.88	2 946	25.38	9
150	1	5	1	18.97	0.88	4 306	25.38	7
151	1	5	1	18.97	0.88	3 590	25.38	9
152	1	1	1	16.49	1.34	5 543	11.34	3
153	1	1	1	26.37	0.83	1 527	22.01	9
154	1	1	1	18.97	0.88	3 155	25.38	9
155	1	5	1	19.82	0.77	1 877	5.85	9
156	1	1	1	15.44	0.88	4 572	16.08	5
157	1	1	1	16.49	1.34	4 154	11.34	7
158	1	1	1	18.97	0.88	2 849	25.38	9
159	7	1	3	15.15	0.73	9 412	4.00	5
160	4	1	1	11.30	1.15	11 854	1.22	1
161	2	1	1	15.44	0.88	4 644	16.08	5
162	7	5	1	21.56	0.85	2 018	7.47	9
163	1	1	1	18.97	0.88	2 341	25.38	9

（续表）

小区序号	F8	F9	F10	F11	F12	F13	F14	F15
164	9	5	1	19.41	0.65	5 983	5.57	9
165	2	1	1	21.56	0.85	685	7.47	9
166	6	5	1	32.14	0.87	3 467	5.91	7
167	8	5	1	19.41	0.65	5 984	5.57	9
168	3	1	1	19.82	0.77	3 088	5.85	9
169	1	1	1	18.97	0.88	3 146	25.38	9
170	3	1	3	15.41	1.04	2 403	6.83	7
171	8	5	1	23.99	0.65	6 394	8.17	9
172	8	5	1	15.03	0.87	3 619	2.44	7
173	9	1	3	15.41	1.04	2 539	6.83	7
174	6	1	1	15.36	0.85	3 683	5.84	7
175	1	1	1	18.97	0.88	2 451	25.38	9
176	1	5	1	18.97	0.88	3 636	25.38	9
177	2	1	1	15.44	0.88	4 549	16.08	5
178	3	1	1	26.37	0.83	2 244	22.01	9
179	1	5	1	19.82	0.77	2 149	5.85	9
180	4	1	1	15.36	0.85	3 912	5.84	7
181	2	1	1	15.44	0.88	4 467	16.08	5
182	1	1	1	19.82	0.77	2 549	5.85	9
183	4	1	1	25.59	0.65	5 334	8.31	9
184	1	1	1	18.97	0.88	3 127	25.38	9
185	1	7	1	22.02	0.87	2 926	5.45	7
186	4	5	3	19.20	0.79	7 579	1.99	5
187	1	7	1	14.28	0.66	7 716	8.76	7
188	1	1	1	15.44	0.88	4 662	16.08	5
189	3	5	1	15.44	0.88	4 345	16.08	7
190	1	1	1	18.97	0.88	2 841	25.38	9
191	6	1	1	15.41	1.04	1 631	6.83	7
192	1	5	1	22.02	0.87	2 978	5.45	9
193	1	5	1	15.44	0.88	4 759	16.08	5
194	7	1	1	22.78	0.85	3 841	5.36	7
195	9	5	1	19.41	0.65	5 664	5.57	7
196	7	5	3	15.41	1.04	2 000	6.83	7
197	8	5	1	16.11	0.93	4 112	12.71	7
198	8	1	3	15.41	1.04	2 740	6.83	7
199	1	1	1	18.97	0.88	3 338	25.38	9
200	4	5	1	19.82	0.77	3 398	5.85	9
201	8	1	1	15.74	0.85	4 419	5.70	7
202	7	1	1	16.11	0.93	2 406	12.71	9
203	3	5	1	25.59	0.65	5 082	8.31	9
204	4	7	5	15.41	1.04	2 187	6.83	7

（续表）

小区序号	F8	F9	F10	F11	F12	F13	F14	F15
205	7	5	1	20.94	0.79	7 424	0.86	7
206	4	5	1	27.73	0.87	4 687	11.09	9
207	4	1	1	16.67	0.87	2 373	2.14	7
208	8	1	3	15.41	1.04	2 472	6.83	7
209	4	1	1	24.99	0.87	4 379	8.97	7
210	7	1	1	32.14	0.87	3 131	5.91	7
211	3	5	1	19.82	0.77	3 126	5.85	9
212	1	1	1	15.44	0.88	4 702	16.08	5
213	1	5	3	16.49	1.34	5 375	11.34	5
214	1	5	1	26.37	0.83	1 774	22.01	9
215	1	1	1	25.03	0.83	1 752	3.18	9
216	1	1	1	19.82	0.77	2 705	5.85	9
217	2	7	1	19.20	0.79	7 357	1.99	5
218	2	7	3	19.20	0.79	7 400	1.99	5
219	6	1	1	24.99	0.87	4 815	8.97	7
220	4	1	3	25.84	0.53	8 461	0.00	7
221	8	1	1	16.11	0.93	3 913	12.71	7
222	9	5	1	15.03	0.87	3 668	2.44	7
223	1	5	1	25.03	0.83	1 639	3.18	9
224	3	5	1	20.84	0.87	5 027	16.66	9
225	4	1	1	20.84	0.87	4 712	16.66	9
226	9	5	1	15.74	0.85	4 830	5.70	7
227	1	5	1	16.67	0.87	1 152	2.14	9
228	1	1	1	25.03	0.83	1 833	3.18	9
229	1	1	1	25.03	0.83	1 631	3.18	9
230	9	1	3	15.41	1.04	2 325	6.83	7
231	1	5	1	14.28	0.66	7 592	8.76	5
232	2	1	1	19.82	0.77	3 078	5.85	9
233	4	5	3	19.20	0.79	7 418	1.99	5
234	1	5	1	21.56	0.85	972	7.47	9
235	1	1	1	18.97	0.88	2 887	25.38	9
236	5	1	1	26.37	0.83	2 553	22.01	9
237	1	5	1	16.49	1.34	4 692	11.34	5
238	1	5	1	26.37	0.83	1 588	22.01	9
239	1	5	3	28.79	0.65	7 057	2.71	9
240	4	1	1	20.84	0.87	4 612	16.66	9
241	1	1	1	24.74	0.79	6 254	3.48	7
242	8	1	1	20.94	0.79	7 084	0.86	7
243	1	1	1	18.97	0.88	3 227	25.38	9
244	1	1	1	18.97	0.88	2 433	25.38	9
245	5	1	1	24.99	0.87	4 061	8.97	9

（续表）

小区序号	F8	F9	F10	F11	F12	F13	F14	F15
246	4	1	1	16.67	0.87	1 422	2.14	7
247	1	1	1	14.28	0.66	8 076	8.76	7
248	1	1	1	26.37	0.83	1 440	22.01	9
249	7	5	1	15.06	0.83	1 530	1.11	7
250	8	5	1	17.73	0.78	4 441	5.91	7
251	1	1	1	18.97	0.88	2 511	25.38	9
252	1	1	1	27.73	0.87	5 196	11.09	9
253	6	1	1	16.11	0.93	3 550	12.71	9
254	4	5	1	24.74	0.79	5 760	3.48	7
255	8	1	3	19.20	0.79	8 028	1.99	5
256	9	5	1	19.41	0.65	5 708	5.57	9
257	8	5	1	13.71	1.28	7 791	3.15	3
258	1	1	1	19.82	0.77	2 556	5.85	9
259	8	1	3	15.41	1.04	2 045	6.83	7
260	3	7	1	17.73	0.78	3 401	5.91	7
261	5	7	1	13.55	0.78	3 492	2.56	7
262	5	1	1	22.02	0.87	3 425	5.45	7
263	1	5	1	18.97	0.88	3 435	25.38	9
264	1	1	1	18.97	0.88	3 278	25.38	9
265	3	1	1	16.11	0.93	3 165	12.71	9
266	8	5	1	21.56	0.85	2 040	7.47	9
267	1	1	1	2.97	0.77	17 881	0.16	1
268	3	1	1	26.37	0.83	2 092	22.01	9
269	6	1	3	15.15	0.73	9 685	4.00	5
270	1	1	1	17.73	0.78	6 367	5.91	9
271	1	5	1	16.67	0.87	1 078	2.14	9
272	1	1	1	18.97	0.88	2 503	25.38	9
273	1	1	1	25.03	0.83	1 341	3.18	9
274	6	1	1	8.72	0.76	14 491	0.25	3
275	6	5	1	16.48	0.93	4 328	2.78	7
276	4	1	1	16.11	0.93	2 796	12.71	9
277	1	1	1	16.49	1.34	4 183	11.34	7
278	2	1	1	15.44	0.88	4 506	16.08	5
279	1	5	1	22.02	0.87	2 411	5.45	9
280	1	5	3	14.28	0.66	7 410	8.76	5
281	8	1	3	9.82	0.67	9 391	0.85	3
282	1	1	1	19.82	0.77	2 324	5.85	9
283	3	1	1	24.99	0.87	4 498	8.97	7
284	7	5	1	13.55	0.78	4 271	2.56	5
285	7	1	1	32.14	0.87	3 891	5.91	9
286	5	1	5	15.41	1.04	2 412	6.83	7

（续表）

小区序号	F8	F9	F10	F11	F12	F13	F14	F15
287	1	1	1	18.97	0.88	3 059	25.38	9
288	1	1	1	14.28	0.66	8 231	8.76	7
289	1	1	1	21.56	0.85	866	7.47	9
290	8	5	1	10.22	0.84	10 050	2.64	1
291	4	1	3	25.84	0.53	8 507	0.00	7
292	1	1	1	18.97	0.88	3 160	25.38	9
293	7	1	1	28.79	0.65	6 298	2.71	9
294	1	5	1	26.37	0.83	1 658	22.01	9
295	8	1	1	8.64	0.90	7 050	1.73	3
296	1	1	1	18.97	0.88	2 570	25.38	9
297	1	5	1	26.37	0.83	1 336	22.01	9
298	8	1	1	15.36	0.85	3 176	5.84	7
299	1	1	1	18.97	0.88	2 367	25.38	9
300	1	5	1	14.28	0.66	7 519	8.76	7
301	4	1	1	16.67	0.87	1 400	2.14	7
302	8	5	1	15.03	0.87	3 684	2.44	7
303	1	1	1	18.97	0.88	2 958	25.38	9
304	1	1	1	25.03	0.83	1 262	3.18	9
305	3	1	1	32.14	0.87	4 145	5.91	9
306	6	1	1	16.67	0.87	3 004	2.14	7
307	2	5	1	15.44	0.88	4 384	16.08	7
308	1	1	1	26.37	0.83	1 315	22.01	9
309	4	7	1	13.55	0.78	3 903	2.56	7
310	6	5	1	15.74	0.85	4 970	5.70	7
311	4	5	1	15.06	0.83	747	1.11	9
312	1	1	1	19.82	0.77	2 282	5.85	9
313	6	1	1	25.84	0.53	8 729	0.00	7
314	2	5	3	10.68	0.61	6 584	1.13	7
315	6	1	3	19.20	0.79	7 784	1.99	5
316	8	5	1	15.41	1.04	1 526	6.83	7
317	1	1	1	18.97	0.88	2 384	25.38	9
318	1	1	9	11.16	1.04	3 665	2.28	9
319	3	1	3	15.15	0.73	7 949	4.00	7
320	7	1	3	15.41	1.04	2 434	6.83	7
321	6	1	1	15.74	0.85	5 310	5.70	7
322	1	1	3	15.41	1.04	2 271	6.83	7
323	3	1	3	15.36	0.85	4 687	5.84	7
324	7	1	1	16.67	0.87	1 216	2.14	7
325	2	1	3	21.51	0.53	7 327	5.19	9
326	8	1	1	16.67	0.87	1 416	2.14	7
327	3	1	3	11.50	0.80	9 566	3.16	3

（续表）

小区序号	F8	F9	F10	F11	F12	F13	F14	F15
328	1	1	3	30.54	0.65	7 823	1.89	9
329	3	5	1	15.06	0.83	821	1.11	9
330	1	1	3	8.80	0.91	12 780	1.69	5
331	1	1	1	15.44	0.88	7 063	16.08	7
332	1	1	1	18.97	0.88	2 453	25.38	9
333	1	7	1	13.55	0.78	2 971	2.56	7
334	7	1	1	16.11	0.93	2 590	12.71	9
335	1	7	1	13.55	0.78	3 010	2.56	7
336	8	1	3	22.10	0.79	7 893	4.97	5
337	1	5	1	22.78	0.85	5 456	5.36	7
338	6	1	1	20.84	0.87	4 404	16.66	9
339	1	1	5	15.41	1.04	2 487	6.83	7
340	2	5	1	15.44	0.88	4 330	16.08	7
341	8	1	3	15.41	1.04	2 212	6.83	7
342	6	1	5	15.41	1.04	2 492	6.83	7
343	7	1	3	27.16	0.67	7 904	4.84	7
344	1	1	1	18.97	0.88	2 410	25.38	9
345	6	5	1	16.18	0.53	8 567	3.42	5
346	5	5	3	15.41	1.04	1 894	6.83	7
347	7	1	1	15.36	0.85	3 490	5.84	7
348	1	7	3	11.50	0.80	10 291	3.16	3
349	1	5	1	15.44	0.88	4 464	16.08	5
350	8	7	1	13.55	0.78	3 875	2.56	7
351	8	7	3	22.11	0.53	9 880	3.26	5
352	1	5	1	10.68	0.61	6 475	1.13	7
353	6	1	1	15.44	0.88	4 303	16.08	7
354	3	7	1	18.97	0.88	2 407	25.38	9
355	6	1	1	23.11	0.79	5 915	5.71	7
356	2	7	1	21.56	0.85	2 756	7.47	7
357	9	1	3	15.15	0.73	8 933	4.00	5
358	6	5	1	24.99	0.87	4 377	8.97	7
359	1	5	1	17.73	0.78	3 152	5.91	9
360	4	1	1	15.36	0.85	3 834	5.84	7
361	5	1	1	20.84	0.87	4 488	16.66	9
362	4	5	3	15.41	1.04	1 991	6.83	7
363	2	7	1	25.59	0.65	4 863	8.31	9
364	8	1	1	15.66	0.61	4 107	2.96	7
365	1	5	1	26.37	0.83	1 741	22.01	9
366	1	5	1	19.82	0.77	3 104	5.85	9
367	4	1	3	11.75	0.77	6 640	0.40	7
368	8	1	3	23.31	0.65	7 617	8.03	9

（续表）

小区序号	F8	F9	F10	F11	F12	F13	F14	F15
369	1	1	9	15.41	1.04	2 942	6.83	7
370	6	1	1	16.11	0.93	2 614	12.71	9
371	6	5	1	17.73	0.78	4 598	5.91	7
372	8	1	1	16.48	0.93	5 435	2.78	7
373	2	5	1	26.37	0.83	1 340	22.01	9
374	7	5	1	25.59	0.65	5 211	8.31	9
375	7	1	1	24.99	0.87	3 807	8.97	7
376	1	1	1	18.97	0.88	2 857	25.38	9
377	1	1	1	18.97	0.88	3 027	25.38	9
378	2	5	1	21.56	0.85	809	7.47	9
379	4	5	1	32.14	0.87	4 613	5.91	9
380	8	1	3	22.10	0.79	7 960	4.97	5
381	6	1	1	16.11	0.93	3 945	12.71	7
382	8	5	1	23.31	0.65	7 137	8.03	9
383	4	1	1	15.44	0.88	4 213	16.08	7
384	3	1	1	17.73	0.78	3 587	5.91	9
385	9	1	1	23.11	0.79	6 951	5.71	7
386	3	1	1	15.74	0.85	5 290	5.70	7
387	1	5	1	25.03	0.83	1 254	3.18	9
388	2	1	1	16.49	1.34	4 015	11.34	7
389	6	7	1	25.59	0.65	4 607	8.31	9
390	8	1	1	16.11	0.93	2 713	12.71	9
391	5	5	1	8.64	0.90	2 489	1.73	5
392	5	7	1	15.15	0.73	9 185	4.00	7
393	7	1	3	15.41	1.04	2 427	6.83	7
394	6	5	1	11.66	0.64	12 046	3.21	3
395	1	1	1	18.97	0.88	2 319	25.38	9
396	7	1	1	15.36	0.85	4 626	5.84	7
397	9	1	1	15.36	0.85	3 409	5.84	7
398	3	7	1	13.55	0.78	3 335	2.56	7
399	5	5	1	16.49	1.34	3 663	11.34	9
400	5	5	1	32.14	0.87	3 694	5.91	7
401	1	1	5	15.41	1.04	2 894	6.83	7
402	1	1	1	26.37	0.83	1 459	22.01	9
403	4	5	1	32.14	0.87	4 579	5.91	9
404	1	1	1	18.97	0.88	3 070	25.38	9
405	9	5	1	15.41	1.04	1 441	6.83	7
406	5	5	1	15.03	0.87	3 983	2.44	7
407	1	5	1	25.03	0.83	1 786	3.18	9
408	1	5	1	25.03	0.83	1 659	3.18	9
409	1	1	1	18.97	0.88	3 179	25.38	9

（续表）

小区序号	F8	F9	F10	F11	F12	F13	F14	F15
410	1	1	1	18.97	0.88	3 303	25.38	9
411	6	1	1	25.59	0.65	5 474	8.31	9
412	7	5	1	16.48	0.93	5 389	2.78	7
413	4	1	1	16.49	1.34	3 868	11.34	7
414	2	1	1	11.30	1.15	11 506	1.22	1
415	8	1	3	15.41	1.04	2 613	6.83	7
416	4	1	1	14.28	0.66	7 272	8.76	9
417	1	5	1	26.37	0.83	1 455	22.01	9
418	5	1	9	13.79	0.75	6 619	1.15	3
419	3	1	1	15.74	0.85	5 643	5.70	7
420	1	1	1	18.97	0.88	3 122	25.38	9
421	3	1	1	19.82	0.77	2 613	5.85	9
422	2	1	1	15.44	0.88	4 650	16.08	5
423	5	1	3	19.20	0.79	7 697	1.99	5
424	2	5	1	16.67	0.87	1 320	2.14	9
425	8	5	1	19.41	0.65	5 814	5.57	7
426	1	7	1	17.73	0.78	3 159	5.91	9
427	7	1	1	25.84	0.53	8 779	0.00	7
428	1	1	3	30.54	0.65	7 830	1.89	9
429	8	7	3	15.41	1.04	1 843	6.83	7
430	2	1	3	20.97	0.79	5 933	1.82	7
431	5	1	1	20.84	0.87	4 465	16.66	9
432	4	1	1	22.10	0.79	6 558	4.97	7
433	1	1	1	18.97	0.88	2 489	25.38	9
434	5	1	1	15.41	1.04	1 592	6.83	7
435	8	1	1	23.11	0.79	6 605	5.71	7
436	1	1	1	26.37	0.83	1 879	22.01	9
437	3	5	9	18.93	0.78	4 139	2.78	9
438	6	7	1	16.48	0.93	4 703	2.78	7
439	3	1	7	15.41	1.04	2 638	6.83	7
440	3	5	1	15.44	0.88	3 929	16.08	7
441	3	5	1	22.02	0.87	3 179	5.45	9
442	4	8	1	8.64	0.90	3 440	1.73	3
443	1	1	5	15.41	1.04	3 378	6.83	7
444	8	1	1	15.36	0.85	3 507	5.84	7
445	1	5	1	26.37	0.83	1 859	22.01	9
446	4	1	1	16.67	0.87	1 463	2.14	7
447	6	1	1	16.11	0.93	3 279	12.71	9
448	3	1	1	15.74	0.85	5 600	5.70	7
449	4	5	1	16.67	0.87	955	2.14	9
450	4	1	7	15.41	1.04	2 569	6.83	7

（续表）

小区序号	F8	F9	F10	F11	F12	F13	F14	F15
451	1	1	1	16.49	1.34	4 650	11.34	5
452	6	7	1	24.99	0.87	4 677	8.97	7
453	1	5	3	30.54	0.65	7 802	1.89	9
454	2	7	1	16.67	0.87	1 055	2.14	9
455	3	5	1	18.97	0.88	1 754	25.38	9
456	1	1	1	16.49	1.34	5 185	11.34	5
457	4	1	1	17.94	0.53	8 727	4.67	7
458	1	1	9	15.41	1.04	2 600	6.83	7
459	1	1	1	19.82	0.77	2 992	5.85	9
460	5	1	1	15.74	0.85	5 343	5.70	7
461	2	1	1	26.37	0.83	1 991	22.01	9
462	2	1	1	16.49	1.34	3 807	11.34	7
463	5	1	1	13.71	1.28	7 870	3.15	5
464	7	1	1	26.37	0.83	2 547	22.01	9
465	2	1	1	18.97	0.88	1 776	25.38	9
466	6	7	1	13.55	0.78	4 449	2.56	7
467	7	1	3	23.45	0.65	6 732	2.03	9
468	8	1	1	16.11	0.93	3 448	12.71	7
469	2	5	1	15.44	0.88	4 173	16.08	7
470	3	5	1	15.44	0.88	4 086	16.08	7
471	1	7	9	18.93	0.78	3 775	2.78	9
472	2	1	1	2.97	0.77	18 032	0.16	1
473	1	1	1	19.82	0.77	2 695	5.85	9
474	1	1	1	26.37	0.83	1 838	22.01	9
475	3	1	1	20.84	0.87	5 002	16.66	9
476	7	5	1	15.41	1.04	1 594	6.83	7
477	2	7	1	16.67	0.87	996	2.14	9
478	1	5	1	18.97	0.88	3 429	25.38	9
479	8	5	1	8.16	0.71	9 234	0.43	3
480	1	8	9	18.93	0.78	3 579	2.78	9
481	5	1	1	15.15	0.73	8 876	4.00	7
482	7	1	1	15.36	0.85	3 302	5.84	7
483	8	5	3	15.25	0.57	9 577	1.77	3
484	1	1	5	15.41	1.04	2 460	6.83	7
485	4	5	1	13.55	0.78	3 582	2.56	7
486	9	1	1	17.73	0.78	4 601	5.91	9
487	7	5	1	15.03	0.87	4 193	2.44	7
488	1	1	5	15.41	1.04	2 456	6.83	7
489	5	1	1	7.08	0.96	13 449	2.66	3
490	5	1	1	15.44	0.88	4 455	16.08	7
491	3	1	1	16.18	0.53	8 458	3.42	7

（续表）

小区序号	F8	F9	F10	F11	F12	F13	F14	F15
492	1	5	1	16.49	1.34	4 195	11.34	7
493	1	1	1	18.97	0.88	3 221	25.38	9
494	1	5	9	11.16	1.04	3 597	2.28	9
495	1	1	1	5.98	0.81	14 785	3.93	3
496	3	1	1	16.67	0.87	1 212	2.14	9
497	6	1	1	22.78	0.85	3 861	5.36	7
498	1	1	3	30.54	0.65	7 713	1.89	9
499	7	1	1	24.99	0.87	4 036	8.97	9
500	3	7	1	16.67	0.87	1 029	2.14	9
501	4	1	1	13.71	1.28	8 080	3.15	5
502	5	1	1	16.11	0.93	3 310	12.71	9
503	7	7	1	17.73	0.78	3 804	5.91	7
504	2	7	1	17.73	0.78	3 264	5.91	7
505	6	5	1	15.03	0.87	3 936	2.44	7
506	5	1	1	8.64	0.90	5 347	1.73	3
507	7	1	5	15.41	1.04	2 472	6.83	7
508	1	1	3	30.54	0.65	7 384	1.89	9
509	3	5	1	13.55	0.78	3 480	2.56	7
510	6	5	1	16.48	0.93	4 407	2.78	7
511	1	7	1	8.64	0.90	2 805	1.73	5
512	9	5	1	15.03	0.87	3 900	2.44	7
513	5	1	1	15.44	0.88	4 351	16.08	7
514	9	1	1	24.74	0.79	4 922	3.48	7
515	3	1	3	21.51	0.53	7 275	5.19	9
516	1	1	1	26.37	0.83	1 936	22.01	9
517	9	1	1	20.94	0.79	6 982	0.86	7
518	5	5	1	16.48	0.93	4 585	2.78	7
519	1	5	1	10.68	0.61	7 214	1.13	7
520	2	7	1	13.55	0.78	3 257	2.56	7
521	1	5	1	14.78	0.66	8 254	5.74	5
522	8	1	1	24.99	0.87	3 987	8.97	9
523	1	5	3	10.22	0.84	12 248	2.64	3
524	8	1	3	15.41	1.04	2 518	6.83	7
525	5	1	1	13.71	1.28	8 174	3.15	5
526	8	1	1	16.48	0.93	5 786	2.78	5
527	7	1	1	15.74	0.85	3 808	5.70	7
528	1	5	1	26.37	0.83	1 253	22.01	9
529	7	5	1	25.84	0.53	8 943	0.00	7
530	7	7	1	24.99	0.87	4 785	8.97	7
531	1	1	3	25.84	0.53	8 034	0.00	7
532	1	1	3	25.84	0.53	8 159	0.00	7

（续表）

小区序号	F8	F9	F10	F11	F12	F13	F14	F15
533	7	1	1	16.11	0.93	3 909	12.71	7
534	1	5	1	18.97	0.88	3 525	25.38	9
535	7	1	1	16.11	0.93	3 569	12.71	9
536	6	1	1	16.11	0.93	2 457	12.71	9
537	1	5	1	16.49	1.34	5 117	11.34	5
538	9	1	1	15.44	0.88	4 874	16.08	7
539	1	1	1	18.97	0.88	3 298	25.38	9
540	3	1	1	14.28	0.66	7 974	8.76	7
541	5	1	1	24.99	0.87	4 126	8.97	7
542	5	5	1	22.10	0.79	7 534	4.97	5
543	5	5	1	28.79	0.65	6 638	2.71	9
544	4	1	1	20.84	0.87	4 657	16.66	9
545	1	1	1	18.97	0.88	2 321	25.38	9
546	1	7	1	16.49	1.34	5 056	11.34	3
547	7	5	1	25.84	0.53	8 832	0.00	7
548	2	1	1	18.97	0.88	1 889	25.38	9
549	6	5	3	12.78	0.95	13 746	1.68	3
550	3	1	1	16.67	0.87	1 300	2.14	9
551	5	1	1	23.11	0.79	6 396	5.71	7
552	2	1	3	11.66	0.64	10 771	3.21	5
553	8	1	1	17.73	0.78	4 567	5.91	9
554	4	5	1	27.73	0.87	4 821	11.09	9
555	5	1	3	25.84	0.53	8 612	0.00	7
556	1	1	1	19.82	0.77	2 023	5.85	9
557	1	5	1	21.56	0.85	1 298	7.47	9
558	1	7	1	26.37	0.83	1 150	22.01	9
559	5	1	1	26.37	0.83	2 292	22.01	9
560	7	5	1	16.48	0.93	4 291	2.78	7
561	1	1	1	18.97	0.88	3 092	25.38	9
562	9	5	1	16.11	0.93	2 855	12.71	9
563	1	5	1	17.73	0.78	3 546	5.91	9
564	1	5	1	15.66	0.61	5 403	2.96	5
565	4	1	1	8.16	0.71	8 677	0.43	3
566	4	5	1	5.87	0.00	13 868	1.20	3
567	1	5	1	10.68	0.61	6 437	1.13	5
568	6	1	1	16.11	0.93	3 932	12.71	7
569	1	1	5	20.97	0.79	6 067	1.82	7
570	1	1	3	20.97	0.79	6 149	1.82	7
571	3	1	1	23.99	0.65	5 448	8.17	9
572	2	1	1	15.36	0.85	4 054	5.84	7
573	1	1	1	24.74	0.79	6 408	3.48	7

（续表）

小区序号	F8	F9	F10	F11	F12	F13	F14	F15
574	4	1	1	2.97	0.77	16 770	0.16	1
575	2	5	3	28.79	0.65	6 931	2.71	9
576	7	1	1	16.11	0.93	3 550	12.71	7
577	8	1	1	16.11	0.93	2 618	12.71	9
578	6	7	1	16.48	0.93	4 736	2.78	7
579	6	5	1	5.87	0.00	12 693	1.20	3
580	4	1	1	24.74	0.79	5 362	3.48	7
581	1	5	1	8.72	0.76	14 211	0.25	3
582	9	1	1	17.76	0.77	3 087	13.19	9
583	1	5	1	25.03	0.83	1 906	3.18	9
584	1	5	1	16.49	1.34	6 234	11.34	3
585	7	1	1	20.97	0.79	5 527	1.82	7
586	7	1	1	16.11	0.93	2 660	12.71	9
587	1	1	1	27.73	0.87	5 009	11.09	9
588	7	7	1	17.73	0.78	3 748	5.91	7
589	6	1	1	15.66	0.61	4 150	2.96	7
590	1	1	3	30.54	0.65	7 598	1.89	9
591	5	1	1	24.99	0.87	4 032	8.97	7
592	8	1	1	23.11	0.79	6 600	5.71	7
593	5	1	3	20.97	0.79	5 410	1.82	7
594	1	5	1	4.50	0.57	8 112	0.37	5
595	6	1	3	15.41	1.04	2 127	6.83	7
596	2	5	3	10.22	0.84	13 966	2.64	3
597	7	5	1	7.52	0.76	11 222	0.83	3
598	1	1	1	16.49	1.34	4 000	11.34	7
599	7	7	3	15.41	1.04	1 868	6.83	7
600	3	5	1	15.66	0.61	5 026	2.96	7
601	1	1	1	33.97	0.53	8 190	0.00	7
602	3	1	1	7.08	0.96	13 385	2.66	3
603	1	1	1	24.74	0.79	6 098	3.48	7
604	8	1	1	22.10	0.79	7 900	4.97	5
605	8	5	3	13.79	0.75	7 714	1.15	1
606	7	1	3	17.94	0.53	8 457	4.67	7
607	9	1	1	17.73	0.78	4 674	5.91	9
608	4	7	3	15.09	0.71	9 214	2.39	7
609	1	5	1	25.03	0.83	1 745	3.18	9
610	1	1	1	2.97	0.77	17 777	0.16	3
611	3	5	1	15.44	0.88	4 117	16.08	7
612	7	5	3	15.09	0.71	9 460	2.39	5
613	1	1	5	15.41	1.04	3 001	6.83	7
614	7	1	1	26.37	0.83	2 518	22.01	9

（续表）

小区序号	F8	F9	F10	F11	F12	F13	F14	F15
615	2	8	9	19.88	0.78	6 821	1.49	5
616	8	5	1	25.03	0.83	2 378	3.18	9
617	1	1	7	15.36	0.85	4 374	5.84	7
618	2	1	1	16.49	1.34	4 340	11.34	7
619	8	1	1	17.76	0.77	3 272	13.19	9
620	4	1	1	23.99	0.65	5 569	8.17	9
621	8	5	3	15.09	0.71	9 020	2.39	7
622	4	1	1	19.82	0.77	3 085	5.85	9
623	6	5	1	15.03	0.87	3 702	2.44	7
624	1	5	1	25.03	0.83	1 840	3.18	9
625	4	1	1	24.74	0.79	5 732	3.48	7
626	1	1	1	22.10	0.79	6 547	4.97	7
627	6	9	1	14.08	0.61	11 400	0.39	3
628	5	1	1	15.36	0.85	4 374	5.84	7
629	4	5	9	11.75	0.77	6 683	0.40	5
630	7	5	1	15.41	1.04	1 759	6.83	7
631	7	1	1	16.11	0.93	3 719	12.71	7
632	3	5	1	15.44	0.88	4 226	16.08	7
633	1	5	9	19.88	0.78	6 124	1.49	7
634	5	1	3	21.51	0.53	8 187	5.19	7
635	1	5	3	8.80	0.91	13 382	1.69	5
636	7	1	3	20.97	0.79	5 171	1.82	7
637	3	5	3	7.70	0.88	6 135	3.21	5
638	3	5	1	22.02	0.87	3 216	5.45	7
639	3	1	1	24.74	0.79	6 042	3.48	7
640	1	1	1	18.97	0.88	3 284	25.38	9
641	5	5	1	5.87	0.00	13 898	1.20	3
642	8	5	1	15.03	0.87	3 762	2.44	7
643	5	8	9	19.88	0.78	6 829	1.49	5
644	7	1	3	15.41	1.04	2 143	6.83	7
645	8	1	1	15.74	0.85	3 966	5.70	7
646	1	5	1	26.37	0.83	1 433	22.01	9
647	8	1	9	19.88	0.78	5 562	1.49	7
648	1	1	1	16.49	1.34	5 970	11.34	3
649	8	5	1	15.03	0.87	3 706	2.44	7
650	6	1	1	23.11	0.79	5 953	5.71	7
651	3	1	1	15.74	0.85	5 592	5.70	7
652	1	5	1	26.37	0.83	1 730	22.01	9
653	1	5	1	10.68	0.61	7 387	1.13	5
654	1	1	3	8.80	0.91	13 262	1.69	5
655	1	1	3	30.54	0.65	7 815	1.89	9

（续表）

小区序号	F8	F9	F10	F11	F12	F13	F14	F15
656	1	7	3	10.22	0.84	13 026	2.64	3
657	1	5	1	26.37	0.83	1 422	22.01	9
658	6	1	1	20.97	0.79	5 576	1.82	7
659	7	1	3	15.15	0.73	9 681	4.00	5
660	1	1	5	16.56	0.84	11 182	3.38	5
661	2	1	1	26.37	0.83	1 991	22.01	9
662	1	5	1	8.71	0.91	9 115	4.14	3
663	1	5	1	10.68	0.61	7 414	1.13	7
664	8	5	1	8.16	0.71	9 119	0.43	3
665	2	1	1	14.28	0.66	7 225	8.76	7
666	1	5	1	19.82	0.77	1 887	5.85	9
667	7	7	3	7.52	0.76	11 154	0.83	3
668	6	5	1	22.78	0.85	4 256	5.36	7
669	1	5	3	28.79	0.65	7 019	2.71	9
670	5	5	9	19.88	0.78	5 987	1.49	7
671	7	1	3	18.48	0.67	7 728	1.70	7
672	6	5	1	28.79	0.65	6 536	2.71	9
673	8	5	1	7.52	0.76	10 249	0.83	5
674	1	1	1	18.97	0.88	2 436	25.38	9
675	6	7	1	17.73	0.78	3 625	5.91	7
676	7	1	1	13.55	0.78	4 953	2.56	7
677	1	5	1	10.68	0.61	7 136	1.13	7
678	8	1	1	17.73	0.78	4 602	5.91	9
679	1	1	3	15.15	0.73	8 152	4.00	7
680	3	1	1	24.74	0.79	5 754	3.48	7
681	1	1	1	2.97	0.77	18 425	0.16	1
682	1	1	1	12.83	0.80	11 186	1.59	3
683	3	7	1	18.97	0.88	2 314	25.38	9
684	1	1	3	30.54	0.65	7 540	1.89	9
685	9	7	1	14.08	0.61	11 654	0.39	3
686	4	5	1	13.55	0.78	4 782	2.56	7
687	4	1	1	32.14	0.87	4 161	5.91	9
688	5	5	1	15.03	0.87	3 941	2.44	7
689	1	5	5	11.75	0.77	6 760	0.40	5
690	4	1	1	20.84	0.87	4 545	16.66	9
691	1	5	3	10.22	0.84	13 435	2.64	3
692	1	1	3	30.54	0.65	7 738	1.89	9
693	5	1	1	9.39	0.73	19 028	1.44	3
694	6	1	3	10.22	0.84	10 557	2.64	3
695	4	8	9	19.88	0.78	6 929	1.49	5
696	1	1	1	2.97	0.77	18 191	0.16	1

（续表）

小区序号	F8	F9	F10	F11	F12	F13	F14	F15
697	1	1	1	16.49	1.34	3 771	11.34	7
698	4	7	9	19.88	0.78	6 154	1.49	5
699	1	5	3	10.22	0.84	12 536	2.64	3
700	5	1	1	16.18	0.53	8 612	3.42	7
701	8	5	3	10.22	0.84	13 445	2.64	3
702	1	1	1	16.49	1.34	3 755	11.34	7
703	6	5	1	22.10	0.79	7 577	4.97	5
704	2	1	7	11.16	1.04	3 919	2.28	5
705	9	1	1	32.14	0.87	4 410	5.91	9
706	5	5	1	17.73	0.78	4 976	5.91	7
707	1	5	1	15.66	0.61	5 326	2.96	5
708	5	5	1	16.48	0.93	4 566	2.78	7
709	6	7	1	24.99	0.87	4 758	8.97	7
710	7	5	3	15.09	0.71	9 102	2.39	7
711	3	5	3	28.79	0.65	6 492	2.71	9
712	6	1	3	14.28	0.66	7 294	8.76	5
713	5	1	9	13.79	0.75	6 410	1.15	3
714	3	5	1	18.97	0.88	1 965	25.38	9
715	1	1	1	16.49	1.34	3 796	11.34	7
716	5	1	3	17.94	0.53	8 312	4.67	7
717	3	1	7	11.16	1.04	4 029	2.28	7
718	6	8	9	19.88	0.78	6 929	1.49	5
719	6	1	1	22.78	0.85	4 816	5.36	7
720	6	1	3	23.31	0.65	7 859	8.03	9
721	1	5	1	4.50	0.57	8 451	0.37	5
722	3	1	1	16.18	0.53	8 445	3.42	7
723	3	1	1	24.74	0.79	6 320	3.48	7
724	4	1	3	17.94	0.53	8 611	4.67	7
725	1	1	3	21.51	0.53	7 946	5.19	9
726	2	5	3	28.79	0.65	6 746	2.71	9
727	7	1	3	15.09	0.71	9 209	2.39	7
728	1	5	5	11.75	0.77	6 483	0.40	7
729	7	5	1	17.73	0.78	4 599	5.91	7
730	5	1	1	8.16	0.71	9 029	0.43	3
731	4	1	1	22.78	0.85	4 210	5.36	7
732	1	5	5	18.93	0.78	5 212	2.78	9
733	5	5	1	5.87	0.00	12 836	1.20	3
734	8	1	1	16.11	0.93	2 640	12.71	9
735	4	7	1	13.55	0.78	4 650	2.56	7
736	3	1	1	14.28	0.66	7 163	8.76	9
737	6	7	1	16.48	0.93	4 688	2.78	7

（续表）

小区序号	F8	F9	F10	F11	F12	F13	F14	F15
738	5	1	1	15.44	0.88	4 928	16.08	7
739	2	1	3	20.97	0.79	5 949	1.82	7
740	2	5	1	10.68	0.61	6 287	1.13	5
741	5	5	1	23.11	0.79	6 179	5.71	7
742	4	1	1	13.71	1.28	8 282	3.15	5
743	5	1	9	13.79	0.75	5 943	1.15	3
744	7	1	1	15.44	0.88	5 134	16.08	7
745	1	1	1	18.97	0.88	2 447	25.38	9
746	3	5	1	8.72	0.76	14 736	0.25	3
747	1	7	1	17.73	0.78	3 129	5.91	9
748	3	1	1	26.37	0.83	2 163	22.01	9
749	4	1	3	8.64	0.90	5 264	1.73	3
750	1	1	3	33.97	0.53	8 230	0.00	7
751	5	7	1	15.15	0.73	9 716	4.00	5
752	5	7	1	15.15	0.73	9 048	4.00	7
753	2	5	1	13.55	0.78	3 189	2.56	7
754	7	1	1	33.97	0.53	7 755	0.00	7
755	1	1	3	15.36	0.85	4 535	5.84	7
756	9	5	1	19.41	0.65	6 100	5.57	7
757	5	1	1	11.83	0.82	12 311	0.11	3
758	1	1	9	15.36	0.85	4 536	5.84	9
759	7	1	1	23.11	0.79	6 539	5.71	7
760	1	5	1	13.56	0.71	16 341	2.36	3
761	5	7	3	19.20	0.79	7 143	1.99	5
762	1	5	7	18.93	0.78	6 445	2.78	7
763	2	5	9	19.88	0.78	6 234	1.49	7
764	6	1	1	15.74	0.85	5 142	5.70	7
765	6	1	1	13.55	0.78	4 905	2.56	7
766	4	1	1	32.14	0.87	4 337	5.91	9
767	6	7	1	17.73	0.78	4 738	5.91	7
768	8	1	9	19.88	0.78	5 661	1.49	7
769	8	1	1	15.36	0.85	3 271	5.84	7
770	1	1	3	16.56	0.84	10 459	3.38	5
771	6	5	3	23.45	0.65	6 416	2.03	9
772	6	1	1	5.87	0.00	12 827	1.20	3
773	6	5	1	17.73	0.78	4 876	5.91	7
774	3	5	1	24.74	0.79	5 681	3.48	7
775	1	1	9	15.36	0.85	4 078	5.84	9
776	8	1	3	10.22	0.84	10 333	2.64	3
777	1	1	3	28.79	0.65	7 026	2.71	9
778	1	1	5	15.41	1.04	2 202	6.83	7

（续表）

小区序号	F8	F9	F10	F11	F12	F13	F14	F15
779	1	5	1	14.78	0.66	8 413	5.74	7
780	9	1	3	10.22	0.84	10 131	2.64	3
781	3	7	1	32.14	0.87	4 526	5.91	9
782	6	5	1	20.84	0.87	5 150	16.66	7
783	5	1	1	13.71	1.28	8 293	3.15	3
784	1	1	9	15.41	1.04	3 054	6.83	7
785	1	5	1	4.50	0.57	8 282	0.37	5
786	1	1	3	20.97	0.79	6 132	1.82	7
787	1	5	3	10.22	0.84	12 821	2.64	3
788	7	1	3	23.31	0.65	7 996	8.03	7
789	6	1	1	16.11	0.93	3 317	12.71	9
790	8	1	1	9.82	0.67	8 025	0.85	3
791	3	5	1	10.68	0.61	7 146	1.13	5
792	6	5	3	10.22	0.84	13 672	2.64	3
793	7	1	3	15.41	1.04	2 501	6.83	7
794	6	5	1	22.10	0.79	6 693	4.97	7
795	6	7	3	15.41	1.04	2 100	6.83	7
796	3	5	1	24.74	0.79	5 433	3.48	7
797	5	1	1	15.44	0.88	4 903	16.08	7
798	7	1	1	7.70	0.88	8 105	3.21	1
799	4	5	1	10.68	0.61	7 227	1.13	5
800	5	5	1	23.31	0.65	6 779	8.03	9
801	6	7	9	19.88	0.78	6 653	1.49	5
802	4	5	1	17.73	0.78	4 950	5.91	7
803	8	7	3	22.11	0.53	9 895	3.26	5
804	6	5	1	13.55	0.78	3 784	2.56	7
805	2	1	3	15.41	1.04	2 711	6.83	7
806	7	5	3	8.80	0.91	11 316	1.69	3
807	5	1	1	22.78	0.85	3 904	5.36	7
808	1	1	1	18.97	0.88	2 003	25.38	9
809	8	1	1	17.73	0.78	4 631	5.91	9
810	3	1	1	16.67	0.87	1 569	2.14	7
811	7	5	1	17.73	0.78	4 686	5.91	7
812	8	7	1	16.48	0.93	4 856	2.78	5
813	1	5	1	8.64	0.90	2 738	1.73	5
814	1	1	1	5.98	0.81	14 899	3.93	1
815	5	1	3	10.22	0.84	10 527	2.64	3
816	2	1	3	15.41	1.04	2 558	6.83	7
817	2	7	1	8.72	0.76	14 766	0.25	3
818	9	1	1	16.48	0.93	6 224	2.78	5
819	1	5	9	11.16	1.04	3 386	2.28	9

（续表）

小区序号	F8	F9	F10	F11	F12	F13	F14	F15
820	8	1	1	22.10	0.79	6 861	4.97	7
821	7	5	1	13.55	0.78	4 106	2.56	7
822	9	5	1	17.73	0.78	5 128	5.91	9
823	3	7	1	18.97	0.88	2 297	25.38	9
824	1	1	5	15.41	1.04	2 526	6.83	7
825	1	1	3	15.41	1.04	2 239	6.83	7
826	4	8	9	19.88	0.78	6 618	1.49	5
827	1	1	3	20.97	0.79	6 123	1.82	7
828	3	7	1	17.73	0.78	5 111	5.91	7
829	1	1	1	27.73	0.87	5 171	11.09	9
830	6	1	1	5.87	0.00	13 411	1.20	3
831	9	5	1	16.48	0.93	5 355	2.78	5
832	4	1	1	16.49	1.34	4 101	11.34	7
833	3	1	1	27.73	0.87	4 971	11.09	9
834	1	1	1	16.49	1.34	4 544	11.34	7
835	8	1	7	11.03	0.87	11 382	2.28	5
836	3	5	1	24.74	0.79	5 354	3.48	7
837	1	7	1	13.55	0.78	3 162	2.56	7
838	1	5	3	8.80	0.91	13 066	1.69	3
839	1	5	1	13.56	0.71	16 538	2.36	3
840	8	7	1	17.73	0.78	5 230	5.91	9
841	1	1	1	24.74	0.79	6 416	3.48	7
842	3	7	1	8.72	0.76	14 164	0.25	3
843	8	9	1	18.31	0.53	9 754	2.11	5
844	1	5	1	10.22	0.84	13 166	2.64	3
845	3	5	1	20.84	0.87	5 096	16.66	9
846	9	1	3	16.56	0.84	11 133	3.38	7
847	1	1	7	15.41	1.04	2 510	6.83	7
848	2	1	3	15.15	0.73	8 102	4.00	7
849	2	1	3	15.41	1.04	2 498	6.83	7
850	8	1	9	19.88	0.78	5 588	1.49	7
851	1	1	9	15.41	1.04	3 059	6.83	7
852	1	5	7	18.93	0.78	6 110	2.78	7
853	9	1	5	11.03	0.87	9 953	2.28	3
854	7	7	1	13.55	0.78	3 734	2.56	7
855	4	5	1	5.98	0.81	13 150	3.93	3
856	5	1	3	21.51	0.53	7 551	5.19	9
857	6	7	1	13.55	0.78	4 330	2.56	7
858	7	5	1	19.59	0.77	4 408	2.92	7
859	1	1	3	25.84	0.53	8 218	0.00	7
860	7	1	3	15.36	0.85	3 159	5.84	7

（续表）

小区序号	F8	F9	F10	F11	F12	F13	F14	F15
861	6	1	1	19.82	0.77	3 229	5.85	9
862	8	1	1	10.22	0.84	10 402	2.64	3
863	1	1	1	18.97	0.88	2 619	25.38	9
864	8	5	1	16.48	0.93	5 330	2.78	7
865	7	5	1	17.73	0.78	4 520	5.91	7
866	1	1	5	15.41	1.04	2 692	6.83	7
867	6	9	9	19.88	0.78	6 855	1.49	5
868	1	7	9	15.41	1.04	2 574	6.83	7
869	3	1	3	14.28	0.66	7 980	8.76	7
870	4	1	3	15.25	0.57	9 566	1.77	3
871	5	1	3	10.22	0.84	12 070	2.64	1
872	2	1	3	17.94	0.53	8 653	4.67	7
873	1	7	9	19.88	0.78	6 145	1.49	7
874	3	1	1	19.82	0.77	3 739	5.85	7
875	1	5	9	11.75	0.77	6 438	0.40	7
876	2	1	9	15.41	1.04	2 760	6.83	7
877	5	7	3	15.41	1.04	2 089	6.83	7
878	1	5	3	10.22	0.84	12 831	2.64	3
879	1	7	5	11.75	0.77	7 057	0.40	5
880	1	1	1	15.44	0.88	6 889	16.08	9
881	8	1	1	9.82	0.67	9 388	0.85	3
882	1	1	7	11.16	1.04	3 359	2.28	7
883	1	5	1	5.98	0.81	14 283	3.93	1
884	1	5	3	10.22	0.84	12 544	2.64	3
885	3	5	1	22.02	0.87	3 155	5.45	9
886	2	7	9	13.79	0.75	6 277	1.15	5
887	6	5	9	18.93	0.78	4 796	2.78	9
888	3	5	1	7.70	0.88	6 434	3.21	3
889	3	7	1	8.72	0.76	15 613	0.25	3
890	7	1	1	24.74	0.79	5 444	3.48	7
891	1	7	1	5.98	0.81	14 779	3.93	1
892	7	5	1	17.73	0.78	4 472	5.91	7
893	1	8	1	15.66	0.61	5 620	2.96	7
894	6	1	3	10.22	0.84	10 488	2.64	3
895	1	7	5	15.42	0.82	12 414	4.14	7
896	8	1	1	22.10	0.79	6 589	4.97	7
897	5	1	1	16.18	0.53	8 626	3.42	7
898	7	1	3	23.31	0.65	7 942	8.03	9
899	6	5	1	5.87	0.00	12 638	1.20	3
900	2	1	3	20.97	0.79	5 948	1.82	7

（续表）

小区序号	F8	F9	F10	F11	F12	F13	F14	F15
901	6	5	1	5.87	0.00	13 912	1.20	3
902	6	5	3	20.90	0.77	7 326	3.24	5
903	4	1	1	13.71	1.28	7 932	3.15	5
904	6	7	1	24.99	0.87	4 755	8.97	7
905	7	5	1	13.71	1.28	6 998	3.15	3
906	4	1	3	19.20	0.79	6 641	1.99	7
907	1	7	9	18.93	0.78	6 122	2.78	7
908	9	5	3	10.22	0.84	13 405	2.64	3
909	6	1	3	16.56	0.84	10 321	3.38	3
910	9	1	1	20.94	0.79	7 214	0.86	7
911	7	7	1	16.48	0.93	4 757	2.78	5
912	4	5	3	14.08	0.61	10 168	0.39	3
913	1	8	9	18.93	0.78	3 824	2.78	9
914	9	1	3	23.31	0.65	7 954	8.03	7
915	2	1	9	15.41	1.04	2 698	6.83	7
916	8	7	1	13.55	0.78	4 354	2.56	7
917	5	7	3	22.11	0.53	9 604	3.26	5
918	7	1	1	22.10	0.79	6 640	4.97	7
919	5	5	1	13.55	0.78	3 528	2.56	7
920	8	1	1	23.11	0.79	6 317	5.71	9
921	8	5	1	5.87	0.00	13 480	1.20	3
922	3	1	1	14.28	0.66	7 667	8.76	7
923	1	5	1	12.83	0.80	11 866	1.59	3
924	1	8	1	8.72	0.76	14 944	0.25	3
925	4	1	1	4.50	0.57	10 532	0.37	1
926	7	1	3	12.78	0.95	14 062	1.68	1
927	3	5	3	28.79	0.65	6 836	2.71	9
928	1	5	3	12.78	0.95	16 528	1.68	3
929	8	5	1	25.59	0.65	5 083	8.31	9
930	3	5	1	7.08	0.96	13 186	2.66	3
931	4	5	1	15.15	0.73	8 891	4.00	7
932	4	1	1	7.08	0.96	13 402	2.66	3
933	1	1	9	15.36	0.85	3 863	5.84	7
934	8	1	1	23.11	0.79	6 564	5.71	7
935	1	1	1	9.39	0.73	21 708	1.44	1
936	4	1	1	23.99	0.65	5 431	8.17	9
937	7	5	1	16.58	0.89	8 818	2.51	3
938	6	5	1	23.11	0.79	6 378	5.71	7
939	1	5	3	10.22	0.84	12 355	2.64	3
940	1	8	9	19.88	0.78	6 386	1.49	5

（续表）

小区序号	F8	F9	F10	F11	F12	F13	F14	F15
941	2	5	3	28.79	0.65	6 928	2.71	9
942	5	5	1	7.70	0.88	6 269	3.21	3
943	1	5	5	11.75	0.77	7 353	0.40	5
944	9	1	3	15.41	1.04	2 557	6.83	7
945	6	5	1	11.66	0.64	11 352	3.21	3
946	6	1	3	23.45	0.65	7 032	2.03	9
947	1	1	3	25.84	0.53	7 951	0.00	9
948	4	7	9	11.75	0.77	6 954	0.40	5
949	5	7	3	15.71	0.80	10 672	1.32	3
950	7	5	1	13.71	1.28	7 728	3.15	5
951	1	5	1	14.08	0.61	11 652	0.39	3
952	3	5	3	28.79	0.65	6 781	2.71	9
953	1	1	1	10.74	0.62	11 760	1.69	3
954	7	5	1	15.66	0.61	4 455	2.96	7
955	1	5	3	15.42	0.82	12 076	4.14	7
956	1	1	7	11.16	1.04	3 420	2.28	7
957	5	1	5	15.41	1.04	2 507	6.83	7
958	1	1	1	5.98	0.81	15 184	3.93	1
959	6	1	1	15.66	0.61	4 336	2.96	7
960	8	1	1	23.11	0.79	6 513	5.71	7
961	2	1	1	15.66	0.61	5 392	2.96	5
962	4	1	1	23.99	0.65	5 895	8.17	9
963	1	1	5	18.41	0.87	9 040	3.86	7
964	1	1	1	33.97	0.53	8 245	0.00	7
965	1	1	3	20.97	0.79	6 128	1.82	7
966	1	5	3	15.15	0.73	8 228	4.00	7
967	6	1	3	19.20	0.79	6 859	1.99	5
968	8	7	3	22.11	0.53	9 828	3.26	5
969	4	1	3	23.31	0.65	7 228	8.03	9
970	6	5	1	20.97	0.79	4 952	1.82	7
971	1	5	1	12.78	0.95	16 483	1.68	3
972	8	5	1	13.71	1.28	6 526	3.15	3
973	9	1	5	11.03	0.87	9 942	2.28	3
974	1	8	1	8.72	0.76	14 491	0.25	3
975	4	5	1	20.94	0.79	7 486	0.86	5
976	1	5	3	10.22	0.84	12 828	2.64	3
977	4	1	3	17.94	0.53	8 514	4.67	7
978	3	1	7	15.41	1.04	2 505	6.83	7
979	1	1	5	11.75	0.77	6 339	0.40	7
980	1	1	1	24.74	0.79	6 053	3.48	7
981	3	1	3	20.97	0.79	5 849	1.82	7

（续表）

小区序号	F8	F9	F10	F11	F12	F13	F14	F15
982	5	5	1	17.73	0.78	5 083	5.91	9
983	7	5	1	16.48	0.93	4 298	2.78	7
984	1	1	3	33.97	0.53	8 176	0.00	7
985	4	5	1	17.73	0.78	5 066	5.91	7
986	3	1	1	15.36	0.85	4 181	5.84	7
987	4	5	1	13.55	0.78	3 997	2.56	7
988	8	9	1	18.31	0.53	9 759	2.11	5
989	8	1	3	15.09	0.71	9 130	2.39	7
990	8	7	1	16.48	0.93	5 033	2.78	7
991	7	1	1	22.10	0.79	7 801	4.97	5
992	4	5	3	15.09	0.71	8 788	2.39	7
993	1	1	3	20.97	0.79	6 049	1.82	7
994	1	1	1	10.74	0.62	12 176	1.69	3
995	9	9	1	18.31	0.53	9 660	2.11	5
996	2	1	3	12.78	0.95	17 005	1.68	3
997	6	5	3	20.90	0.77	7 155	3.24	7
998	1	5	1	25.03	0.83	1 524	3.18	9
999	1	1	3	20.97	0.79	5 974	1.82	7
1000	7	1	1	15.36	0.85	3 702	5.84	7
1001	1	1	5	15.41	1.04	2 951	6.83	7
1002	8	1	3	23.45	0.65	6 930	2.03	9
1003	7	1	1	15.66	0.61	4 214	2.96	7
1004	4	5	1	5.98	0.81	15 584	3.93	3
1005	3	5	1	17.76	0.77	4 228	13.19	5
1006	9	5	1	10.22	0.84	10 137	2.64	1
1007	1	1	3	30.54	0.65	7 423	1.89	9
1008	2	1	1	27.73	0.87	5 178	11.09	9
1009	6	7	1	17.73	0.78	3 634	5.91	7
1010	4	1	1	24.74	0.79	5 654	3.48	7
1011	5	1	1	33.97	0.53	8 018	0.00	7
1012	1	1	1	2.97	0.77	20 989	0.16	1
1013	2	5	3	15.71	0.80	10 370	1.32	3
1014	7	1	1	16.48	0.93	5 730	2.78	7
1015	7	1	1	7.08	0.96	13 661	2.66	3
1016	4	1	3	21.51	0.53	7 607	5.19	9
1017	1	5	5	10.22	0.84	13 185	2.64	3
1018	1	5	1	13.56	0.71	15 795	2.36	3
1019	1	1	1	18.97	0.88	2 307	25.38	9
1020	2	5	1	17.94	0.53	8 861	4.67	7
1021	1	1	1	18.97	0.88	2 397	25.38	9
1022	6	5	1	19.41	0.65	5 595	5.57	7

（续表）

小区序号	F8	F9	F10	F11	F12	F13	F14	F15
1023	7	1	5	11.03	0.87	10 073	2.28	5
1024	7	1	1	22.10	0.79	6 659	4.97	7
1025	3	5	3	22.11	0.53	9 301	3.26	5
1026	1	1	3	16.36	0.71	10 590	2.83	5
1027	7	1	1	13.55	0.78	4 849	2.56	7
1028	4	1	1	32.14	0.87	3 897	5.91	7
1029	7	1	1	15.74	0.85	4 278	5.70	7
1030	2	1	3	7.09	0.55	23 293	1.70	3
1031	1	7	3	10.22	0.84	14 399	2.64	3
1032	3	1	7	15.41	1.04	2 498	6.83	7
1033	1	1	1	19.20	0.79	6 915	1.99	5
1034	4	5	1	22.10	0.79	7 424	4.97	5
1035	4	1	3	33.97	0.53	7 835	0.00	7
1036	5	1	3	19.20	0.79	6 842	1.99	5
1037	9	5	1	5.87	0.00	12 200	1.20	3
1038	4	7	1	5.87	0.00	12 264	1.20	3
1039	1	1	3	21.51	0.53	7 715	5.19	9
1040	7	1	1	4.50	0.57	10 797	0.37	1
1041	8	5	1	15.03	0.87	3 756	2.44	7
1042	2	5	1	22.10	0.79	7 294	4.97	5
1043	1	1	1	20.97	0.79	6 252	1.82	7
1044	6	1	3	16.56	0.84	10 835	3.38	7
1045	1	8	1	15.66	0.61	5 470	2.96	5
1046	8	5	1	5.87	0.00	13 181	1.20	3
1047	4	5	1	8.64	0.90	2 563	1.73	5
1048	1	1	5	18.41	0.87	9 577	3.86	7
1049	6	1	1	8.16	0.71	8 870	0.43	3
1050	1	1	9	15.41	1.04	2 786	6.83	7
1051	1	1	3	25.84	0.53	7 979	0.00	9
1052	8	1	1	33.69	0.79	7 605	1.39	7
1053	3	1	7	15.36	0.85	2 881	5.84	7
1054	7	1	3	15.25	0.57	10 069	1.77	3
1055	6	7	3	15.09	0.71	8 634	2.39	7
1056	9	1	1	16.48	0.93	6 392	2.78	5
1057	3	5	1	10.68	0.61	6 575	1.13	5
1058	5	5	3	14.08	0.61	10 385	0.39	3
1059	3	1	3	14.28	0.66	7 786	8.76	7
1060	3	1	7	15.41	1.04	2 422	6.83	7
1061	7	1	1	11.83	0.82	13 187	0.11	3
1062	7	1	1	22.78	0.85	4 483	5.36	7
1063	3	1	3	7.09	0.55	21 563	1.70	3

（续表）

小区序号	F8	F9	F10	F11	F12	F13	F14	F15
1064	9	1	1	9.39	0.73	19 641	1.44	3
1065	9	5	1	11.66	0.64	11 766	3.21	3
1066	2	1	1	15.66	0.61	5 450	2.96	5
1067	1	1	9	15.36	0.85	3 642	5.84	7
1068	4	1	1	14.28	0.66	7 553	8.76	7
1069	1	5	1	16.49	1.34	5 079	11.34	5
1070	1	1	1	18.97	0.88	2 786	25.38	9
1071	6	1	1	28.79	0.65	6 311	2.71	9
1072	6	1	3	15.25	0.57	9 821	1.77	3
1073	1	5	9	19.88	0.78	6 251	1.49	5
1074	1	1	5	15.41	1.04	3 105	6.83	7
1075	1	5	3	10.22	0.84	12 160	2.64	3
1076	6	5	1	15.74	0.85	4 783	5.70	7
1077	1	1	3	21.51	0.53	7 897	5.19	9
1078	1	1	7	11.16	1.04	2 868	2.28	7
1079	1	1	1	5.87	0.00	12 480	1.20	3
1080	7	1	1	23.11	0.79	6 077	5.71	7
1081	2	1	3	23.45	0.65	6 634	2.03	9
1082	9	5	1	11.66	0.64	12 085	3.21	3
1083	7	1	1	7.70	0.88	6 503	3.21	3
1084	6	1	1	11.83	0.82	12 883	0.11	3
1085	9	1	1	33.69	0.79	7 421	1.39	7
1086	4	1	1	22.78	0.85	3 990	5.36	7
1087	8	1	1	15.66	0.61	4 099	2.96	7
1088	9	1	1	17.76	0.77	3 259	13.19	9
1089	5	1	3	13.50	0.68	9 893	0.34	5
1090	7	1	7	11.03	0.87	11 308	2.28	5
1091	1	5	3	28.79	0.65	6 884	2.71	9
1092	3	5	1	19.59	0.77	4 126	2.92	7
1093	3	1	7	9.98	0.69	4 082	0.85	7
1094	1	1	5	18.41	0.87	8 982	3.86	7
1095	2	5	1	8.72	0.76	14 115	0.25	3
1096	3	5	1	10.68	0.61	6 706	1.13	5
1097	7	1	1	15.74	0.85	4 532	5.70	7
1098	9	1	3	23.45	0.65	6 652	2.03	9
1099	8	1	1	9.82	0.67	8 074	0.85	3
1100	1	1	9	16.58	0.89	11 524	2.51	7
1101	3	5	1	10.68	0.61	7 320	1.13	5
1102	1	1	5	15.41	1.04	2 850	6.83	7
1103	1	1	9	15.36	0.85	3 590	5.84	7
1104	1	7	5	11.75	0.77	7 025	0.40	5

（续表）

小区序号	F8	F9	F10	F11	F12	F13	F14	F15
1105	5	1	1	15.74	0.85	5 179	5.70	7
1106	4	7	1	23.31	0.65	6 832	8.03	9
1107	5	5	1	10.68	0.61	6 956	1.13	3
1108	1	7	1	8.72	0.76	14 374	0.25	3
1109	2	1	1	14.28	0.66	8 101	8.76	7
1110	7	5	1	22.10	0.79	7 690	4.97	5
1111	4	5	1	17.94	0.53	8 984	4.67	7
1112	7	5	1	17.73	0.78	4 521	5.91	7
1113	3	1	1	4.50	0.57	9 953	0.37	3
1114	8	1	1	25.84	0.53	8 823	0.00	7
1115	1	1	9	15.36	0.85	3 851	5.84	7
1116	5	1	1	13.71	1.28	7 992	3.15	5
1117	6	5	1	13.71	1.28	8 131	3.15	3
1118	4	5	1	24.74	0.79	5 820	3.48	7
1119	1	1	3	15.41	1.04	2 622	6.83	7
1120	4	5	1	9.82	0.67	8 672	0.85	3
1121	4	7	3	15.09	0.71	8 499	2.39	7
1122	1	1	1	9.39	0.73	21 856	1.44	1
1123	1	7	1	15.66	0.61	5 704	2.96	5
1124	9	1	9	13.79	0.75	5 593	1.15	5
1125	1	1	1	14.78	0.66	8 906	5.74	7
1126	5	5	1	9.82	0.67	10 923	0.85	3
1127	4	5	1	13.55	0.78	3 455	2.56	7
1128	2	1	1	17.94	0.53	8 797	4.67	7
1129	7	1	1	4.50	0.57	10 855	0.37	1
1130	1	1	1	12.83	0.80	10 810	1.59	3
1131	1	5	9	19.88	0.78	6 346	1.49	5
1132	9	5	1	13.71	1.28	6 819	3.15	3
1133	6	1	1	25.84	0.53	8 659	0.00	7
1134	4	1	3	23.31	0.65	7 309	8.03	9
1135	6	5	1	15.66	0.61	4 585	2.96	7
1136	9	1	1	28.79	0.65	6 188	2.71	9
1137	8	1	1	23.11	0.79	5 885	5.71	9
1138	7	1	3	20.97	0.79	5 240	1.82	7
1139	6	1	1	16.11	0.93	3 903	12.71	7
1140	8	1	1	7.70	0.88	8 684	3.21	1
1141	4	1	1	15.66	0.61	4 310	2.96	7
1142	1	1	3	8.80	0.91	13 130	1.69	5
1143	9	5	3	13.50	0.68	11 310	0.34	3
1144	1	1	1	33.97	0.53	8 111	0.00	7
1145	1	1	9	11.16	1.04	3 498	2.28	9

（续表）

小区序号	F8	F9	F10	F11	F12	F13	F14	F15
1146	9	5	1	16.48	0.93	5 984	2.78	7
1147	1	5	1	12.83	0.80	11 836	1.59	3
1148	9	1	3	11.03	0.87	9 803	2.28	5
1149	1	5	3	12.83	0.80	10 235	1.59	3
1150	2	1	3	14.28	0.66	7 803	8.76	7
1151	4	5	1	7.70	0.88	7 732	3.21	1
1152	3	7	7	11.75	0.77	7 122	0.40	5
1153	3	7	1	13.55	0.78	5 045	2.56	7
1154	1	1	1	2.97	0.77	21 441	0.16	1
1155	1	5	1	10.68	0.61	7 535	1.13	5
1156	2	5	1	22.78	0.85	5 097	5.36	7
1157	5	7	3	22.11	0.53	9 621	3.26	5
1158	7	5	1	15.74	0.85	4 174	5.70	7
1159	1	8	9	19.88	0.78	6 615	1.49	5
1160	1	7	1	19.20	0.79	7 071	1.99	5
1161	8	8	1	18.31	0.53	9 350	2.11	5
1162	5	5	1	16.48	0.93	4 421	2.78	7
1163	2	1	3	14.28	0.66	8 164	8.76	7
1164	1	1	5	15.41	1.04	3 199	6.83	7
1165	3	5	1	17.94	0.53	8 943	4.67	7
1166	2	1	3	23.45	0.65	6 555	2.03	9
1167	6	5	3	14.08	0.61	10 700	0.39	3
1168	8	5	5	13.50	0.68	10 281	0.34	5
1169	1	1	5	18.41	0.87	9 701	3.86	7
1170	5	5	1	9.82	0.67	10 619	0.85	3
1171	7	9	9	19.88	0.78	6 948	1.49	5
1172	6	5	7	8.56	0.77	12 619	0.80	5
1173	1	1	9	15.36	0.85	4 000	5.84	7
1174	1	5	1	10.22	0.84	13 944	2.64	3
1175	6	1	1	15.66	0.61	4 133	2.96	7
1176	1	7	9	13.79	0.75	6 227	1.15	5
1177	4	1	3	23.45	0.65	6 734	2.03	9
1178	1	5	1	13.56	0.71	16 400	2.36	3
1179	4	5	1	13.55	0.78	4 374	2.56	7
1180	5	1	3	23.45	0.65	6 818	2.03	9
1181	1	5	1	10.68	0.61	6 980	1.13	7
1182	1	7	1	14.78	0.66	9 155	5.74	7
1183	7	5	1	25.59	0.65	4 933	8.31	9
1184	1	1	1	2.97	0.77	20 700	0.16	1
1185	5	5	3	14.08	0.61	10 214	0.39	3
1186	5	5	1	16.48	0.93	4 531	2.78	5

（续表）

小区序号	F8	F9	F10	F11	F12	F13	F14	F15
1187	4	1	1	11.83	0.82	12 786	0.11	3
1188	6	5	3	15.71	0.80	8 715	1.32	5
1189	3	1	3	14.28	0.66	8 046	8.76	7
1190	7	1	1	23.11	0.79	6 488	5.71	7
1191	3	1	1	20.90	0.77	8 186	3.24	5
1192	1	5	7	18.93	0.78	6 077	2.78	7
1193	4	1	1	33.69	0.79	8 305	1.39	7
1194	3	7	1	8.16	0.71	11 121	0.43	1
1195	1	7	3	10.22	0.84	13 822	2.64	3
1196	1	1	3	8.80	0.91	12 632	1.69	5
1197	1	1	1	9.39	0.73	21 246	1.44	1
1198	7	1	3	23.31	0.65	7 870	8.03	9
1199	1	7	9	18.93	0.78	3 139	2.78	9
1200	2	1	1	15.44	0.88	5 785	16.08	9
1201	3	5	1	17.76	0.77	4 271	13.19	5
1202	1	1	5	18.41	0.87	8 922	3.86	7
1203	1	1	3	25.84	0.53	8 152	0.00	7
1204	1	5	1	11.83	0.82	13 547	0.11	3
1205	2	7	9	19.88	0.78	6 283	1.49	5
1206	1	5	7	18.93	0.78	5 488	2.78	7
1207	5	1	3	15.53	0.57	10 102	1.50	3
1208	4	1	1	9.82	0.67	11 170	0.85	1
1209	8	1	5	11.03	0.87	9 965	2.28	5
1210	1	1	5	15.41	1.04	3 580	6.83	5
1211	5	5	3	15.71	0.80	8 854	1.32	5
1212	1	5	1	12.83	0.80	11 242	1.59	3
1213	1	5	5	18.41	0.87	9 864	3.86	7
1214	6	5	1	5.87	0.00	13 511	1.20	3
1215	8	5	1	8.84	1.00	6 532	0.34	3
1216	2	1	3	25.84	0.53	8 305	0.00	7
1217	1	1	9	11.16	1.04	3 612	2.28	9
1218	2	7	9	13.79	0.75	6 243	1.15	5
1219	1	5	7	11.75	0.77	6 824	0.40	5
1220	7	1	7	11.03	0.87	11 837	2.28	5
1221	1	5	1	10.22	0.84	14 246	2.64	3
1222	1	5	1	11.66	0.64	12 237	3.21	3
1223	2	1	3	16.56	0.84	10 913	3.38	7
1224	1	5	1	15.66	0.61	5 585	2.96	5
1225	3	7	3	13.56	0.71	17 603	2.36	3
1226	1	1	5	15.41	1.04	3 202	6.83	7
1227	4	5	1	15.66	0.61	4 621	2.96	7

（续表）

小区序号	F8	F9	F10	F11	F12	F13	F14	F15
1228	6	7	1	15.66	0.61	4 630	2.96	7
1229	5	1	1	5.87	0.00	13 368	1.20	3
1230	1	5	3	15.53	0.57	10 222	1.50	3
1231	9	5	1	17.76	0.77	3 343	13.19	7
1232	2	1	3	20.97	0.79	5 534	1.82	7
1233	1	1	5	18.41	0.87	9 817	3.86	7
1234	5	5	3	17.94	0.53	8 692	4.67	7
1235	4	1	7	15.36	0.85	2 698	5.84	7
1236	1	1	5	15.41	1.04	3 444	6.83	7
1237	1	5	1	15.44	0.88	7 094	16.08	7
1238	2	5	1	9.82	0.67	10 601	0.85	3
1239	1	1	1	5.98	0.81	15 249	3.93	1
1240	8	5	1	16.18	0.53	8 922	3.42	5
1241	7	1	3	10.22	0.84	11 081	2.64	3
1242	5	1	3	16.56	0.84	10 705	3.38	5
1243	5	1	1	7.08	0.96	13 518	2.66	3
1244	9	1	3	15.25	0.57	9 835	1.77	3
1245	8	5	1	16.49	1.34	3 671	11.34	9
1246	5	1	3	11.83	0.82	12 169	0.11	3
1247	1	1	5	15.41	1.04	2 976	6.83	7
1248	1	5	9	16.58	0.89	11 223	2.51	7
1249	8	5	1	15.36	0.85	4 953	5.84	7
1250	5	5	1	16.11	0.93	4 075	12.71	7
1251	2	7	1	14.78	0.66	9 452	5.74	7
1252	8	1	1	20.94	0.79	7 261	0.86	7
1253	2	5	1	22.11	0.53	9 155	3.26	7
1254	3	1	1	24.74	0.79	5 924	3.48	7
1255	1	1	3	14.28	0.66	8 208	8.76	7
1256	1	1	9	15.36	0.85	3 697	5.84	7
1257	8	5	3	7.52	0.76	10 314	0.83	5
1258	1	1	3	20.97	0.79	5 852	1.82	7
1259	5	1	5	15.41	1.04	2 585	6.83	7
1260	1	5	5	18.93	0.78	5 677	2.78	7
1261	1	5	5	18.41	0.87	9 483	3.86	7
1262	2	5	1	16.58	0.89	9 880	2.51	5
1263	1	5	1	10.22	0.84	14 030	2.64	3
1264	1	1	3	16.58	0.89	10 275	2.51	5
1265	1	5	3	28.79	0.65	6 762	2.71	9
1266	7	5	1	10.68	0.61	7 122	1.13	5
1267	7	7	1	18.31	0.53	9 398	2.11	5
1268	6	5	1	16.48	0.93	4 679	2.78	5

（续表）

小区序号	F8	F9	F10	F11	F12	F13	F14	F15
1269	3	1	3	15.53	0.57	9 755	1.50	3
1270	1	5	3	8.80	0.91	14 139	1.69	3
1271	4	1	9	13.79	0.75	6 098	1.15	5
1272	1	1	9	11.16	1.04	3 547	2.28	9
1273	1	1	1	11.83	0.82	13 804	0.11	3
1274	1	5	9	11.75	0.77	6 351	0.40	7
1275	1	1	7	11.16	1.04	3 303	2.28	7
1276	1	1	1	15.44	0.88	5 912	16.08	7
1277	1	5	1	8.72	0.76	15 216	0.25	3
1278	1	1	3	20.97	0.79	5 578	1.82	7
1279	3	5	1	17.94	0.53	8 806	4.67	7
1280	1	5	3	12.78	0.95	16 519	1.68	3
1281	7	5	1	22.78	0.85	4 485	5.36	7
1282	5	7	1	15.66	0.61	4 837	2.96	7
1283	1	1	5	15.41	1.04	3 305	6.83	7
1284	1	1	5	15.41	1.04	3 043	6.83	7
1285	2	1	3	17.94	0.53	8 650	4.67	7
1286	1	5	9	19.88	0.78	6 257	1.49	7
1287	1	1	1	11.83	0.82	12 610	0.11	3
1288	1	1	1	15.44	0.88	6 307	16.08	7
1289	6	1	3	15.53	0.57	10 101	1.50	3
1290	4	5	1	19.59	0.77	5 038	2.92	5
1291	6	5	1	5.87	0.00	12 663	1.20	3
1292	1	5	1	14.78	0.66	8 328	5.74	7
1293	1	1	9	11.16	1.04	3 604	2.28	9
1294	5	1	1	17.76	0.77	3 967	13.19	7
1295	3	5	1	19.59	0.77	4 384	2.92	7
1296	1	1	1	11.83	0.82	12 585	0.11	3
1297	1	1	3	10.74	0.62	12 445	1.69	3
1298	7	5	1	10.68	0.61	7 164	1.13	5
1299	1	5	1	4.50	0.57	8 478	0.37	5
1300	8	1	1	9.82	0.67	9 662	0.85	3
1301	2	5	1	16.49	1.34	4 660	11.34	7
1302	1	5	5	18.41	0.87	9 004	3.86	7
1303	7	5	1	9.82	0.67	9 759	0.85	3
1304	1	1	7	11.16	1.04	3 774	2.28	7
1305	1	1	7	18.93	0.78	4 971	2.78	9
1306	7	5	1	17.76	0.77	3 954	13.19	7
1307	4	7	1	15.66	0.61	4 771	2.96	7
1308	2	1	3	15.15	0.73	8 112	4.00	7
1309	5	1	1	13.71	1.28	7 972	3.15	5

（续表）

小区序号	F8	F9	F10	F11	F12	F13	F14	F15
1310	5	1	1	5.27	1.05	19 916	0.47	3
1311	1	5	1	22.10	0.79	7 190	4.97	5
1312	1	5	1	14.78	0.66	8 375	5.74	7
1313	4	1	3	11.50	0.80	9 687	3.16	3
1314	6	5	1	10.68	0.61	7 125	1.13	3
1315	4	1	3	20.97	0.79	5 419	1.82	7
1316	7	7	9	19.88	0.78	6 844	1.49	5
1317	3	5	5	18.41	0.87	8 883	3.86	7
1318	1	7	3	15.66	0.61	6 003	2.96	7
1319	1	5	1	15.66	0.61	5 563	2.96	5
1320	3	1	7	15.41	1.04	2 666	6.83	7
1321	3	1	7	16.58	0.89	11 485	2.51	7
1322	4	5	1	17.76	0.77	4 167	13.19	5
1323	3	5	3	15.09	0.71	8 636	2.39	7
1324	4	7	1	6.51	1.05	16 208	0.56	1
1325	1	5	5	10.22	0.84	14 008	2.64	3
1326	2	8	1	15.66	0.61	5 283	2.96	5
1327	1	1	7	16.58	0.89	10 640	2.51	7
1328	1	7	1	8.72	0.76	14 406	0.25	3
1329	1	1	3	30.54	0.65	7 573	1.89	9
1330	8	1	1	11.83	0.82	12 854	0.11	3
1331	1	1	5	15.41	1.04	3 295	6.83	7
1332	1	1	3	15.53	0.57	9 861	1.50	3
1333	1	1	5	11.75	0.77	6 261	0.40	7
1334	8	1	1	3.72	1.17	10 752	0.16	1
1335	6	1	1	23.11	0.79	5 926	5.71	7
1336	5	1	1	15.36	0.85	3 631	5.84	7
1337	1	5	5	18.41	0.87	9 978	3.86	7
1338	1	5	1	15.66	0.61	5 600	2.96	5
1339	3	5	1	22.10	0.79	7 249	4.97	5
1340	5	1	3	17.94	0.53	8 646	4.67	7
1341	7	5	1	23.11	0.79	6 475	5.71	7
1342	9	5	1	15.66	0.61	4 414	2.96	7
1343	4	5	1	14.28	0.66	6 868	8.76	7
1344	4	5	5	15.41	1.04	2 316	6.83	7
1345	1	1	1	22.10	0.79	7 051	4.97	5
1346	4	1	3	25.84	0.53	8 477	0.00	7
1347	8	1	9	19.88	0.78	5 486	1.49	7
1348	7	5	1	16.18	0.53	8 828	3.42	5
1349	1	5	3	27.16	0.67	8 480	4.84	7
1350	4	5	3	15.71	0.80	8 938	1.32	3

（续表）

小区序号	F8	F9	F10	F11	F12	F13	F14	F15
1351	1	1	3	16.36	0.71	10 554	2.83	5
1352	9	1	1	16.48	0.93	5 791	2.78	5
1353	2	5	1	22.78	0.85	5 391	5.36	7
1354	1	1	9	15.36	0.85	3 900	5.84	7
1355	4	5	3	17.94	0.53	8 256	4.67	7
1356	2	1	3	15.41	1.04	2 626	6.83	7
1357	8	8	1	18.31	0.53	9 686	2.11	5
1358	1	5	1	10.22	0.84	13 990	2.64	3
1359	1	1	3	16.36	0.71	10 132	2.83	5
1360	1	1	3	16.36	0.71	10 019	2.83	5
1361	8	1	3	12.78	0.95	17 916	1.68	1
1362	2	1	1	9.82	0.67	9 904	0.85	3
1363	4	1	3	12.78	0.95	17 453	1.68	3
1364	1	1	3	12.78	0.95	18 061	1.68	3
1365	1	1	1	9.39	0.73	22 749	1.44	1
1366	1	1	3	17.94	0.53	8 402	4.67	7
1367	1	5	1	8.72	0.76	15 566	0.25	3
1368	1	5	7	18.41	0.87	10 175	3.86	7
1369	6	1	3	20.90	0.77	7 628	3.24	5
1370	3	5	1	22.78	0.85	5 265	5.36	7
1371	7	1	1	15.66	0.61	4 153	2.96	7
1372	8	5	1	15.66	0.61	4 554	2.96	7
1373	2	5	1	17.94	0.53	8 893	4.67	7
1374	5	5	1	15.66	0.61	4 598	2.96	7
1375	5	7	3	15.09	0.71	8 824	2.39	7
1376	7	1	3	11.75	0.77	7 995	0.40	3
1377	2	8	7	11.75	0.77	7 029	0.40	5
1378	1	5	1	6.51	1.05	15 565	0.56	3
1379	1	5	3	10.22	0.84	14 035	2.64	3
1380	3	1	3	14.28	0.66	7 972	8.76	7
1381	8	5	1	9.82	0.67	8 577	0.85	3
1382	2	5	1	10.68	0.61	6 715	1.13	5
1383	5	5	3	13.50	0.68	11 294	0.34	3
1384	5	7	3	14.08	0.61	10 109	0.39	3
1385	4	7	1	5.87	0.00	12 393	1.20	3
1386	4	5	1	5.87	0.00	13 331	1.20	3
1387	1	1	9	15.36	0.85	4 122	5.84	7
1388	7	1	9	19.88	0.78	5 571	1.49	7
1389	1	1	3	10.74	0.62	13 041	1.69	3
1390	3	5	3	13.56	0.71	18 050	2.36	3
1391	8	1	3	11.03	0.87	10 078	2.28	3

（续表）

小区序号	F8	F9	F10	F11	F12	F13	F14	F15
1392	5	1	1	23.45	0.65	5 593	2.03	9
1393	1	1	3	16.36	0.71	10 385	2.83	5
1394	3	1	7	11.03	0.87	10 930	2.28	5
1395	2	5	1	4.50	0.57	8 618	0.37	5
1396	2	1	3	20.97	0.79	6 425	1.82	7
1397	7	5	3	7.09	0.55	22 437	1.70	3
1398	8	5	1	16.48	0.93	4 861	2.78	5
1399	1	1	1	24.74	0.79	6 440	3.48	7
1400	4	1	3	23.45	0.65	6 679	2.03	9
1401	1	1	1	9.44	1.02	22 073	1.19	1
1402	5	5	1	13.55	0.78	3 874	2.56	7
1403	4	7	3	15.09	0.71	8 515	2.39	7
1404	7	5	3	8.80	0.91	11 426	1.69	3
1405	3	5	3	15.53	0.57	9 954	1.50	3
1406	6	1	1	20.97	0.79	5 630	1.82	7
1407	1	1	1	19.20	0.79	6 687	1.99	7
1408	6	1	7	16.56	0.84	11 693	3.38	7
1409	6	1	9	16.56	0.84	11 973	3.38	7
1410	6	1	3	21.51	0.53	8 192	5.19	7
1411	5	5	3	14.08	0.61	10 374	0.39	3
1412	1	5	1	8.72	0.76	14 889	0.25	3
1413	5	5	1	13.56	0.71	17 159	2.36	3
1414	5	5	1	17.94	0.53	9 030	4.67	7
1415	7	5	3	22.11	0.53	9 180	3.26	7
1416	1	5	7	18.93	0.78	6 156	2.78	7
1417	2	7	9	13.79	0.75	6 135	1.15	5
1418	3	5	1	17.76	0.77	4 094	13.19	7
1419	6	7	3	22.11	0.53	9 687	3.26	5
1420	3	1	7	11.03	0.87	11 066	2.28	5
1421	5	7	1	11.66	0.64	11 554	3.21	3
1422	2	5	1	4.50	0.57	8 724	0.37	5
1423	1	1	1	12.78	0.95	17 130	1.68	3
1424	2	1	7	9.98	0.69	4 055	0.85	7
1425	8	1	1	9.82	0.67	8 901	0.85	3
1426	8	5	3	11.75	0.77	7 187	0.40	5
1427	1	1	5	18.41	0.87	8 938	3.86	7
1428	1	5	3	11.66	0.64	11 037	3.21	3
1429	1	1	5	18.41	0.87	8 829	3.86	7
1430	1	5	3	18.41	0.87	8 754	3.86	7
1431	7	1	1	33.97	0.53	7 682	0.00	7
1432	6	1	1	25.84	0.53	8 724	0.00	7

（续表）

小区序号	F8	F9	F10	F11	F12	F13	F14	F15
1433	1	5	5	18.93	0.78	5 625	2.78	7
1434	9	1	1	16.48	0.93	5 903	2.78	7
1435	6	1	7	11.03	0.87	11 247	2.28	5
1436	1	1	3	15.41	1.04	2 493	6.83	7
1437	1	1	3	20.97	0.79	6 215	1.82	7
1438	5	1	1	15.44	0.88	5 345	16.08	7
1439	9	1	3	27.16	0.67	7 777	4.84	7
1440	1	1	9	15.41	1.04	2 852	6.83	7
1441	1	5	5	18.41	0.87	9 060	3.86	7
1442	2	1	1	22.10	0.79	6 888	4.97	7
1443	1	5	1	3.91	0.88	12 887	0.50	3
1444	6	1	1	17.76	0.77	3 852	13.19	7
1445	5	5	5	18.79	0.67	9 080	0.35	7
1446	1	1	1	16.58	0.89	10 083	2.51	5
1447	5	5	1	15.66	0.61	5 762	2.96	5
1448	2	5	5	3.91	0.88	17 351	0.50	3
1449	1	1	1	14.78	0.66	8 280	5.74	7
1450	1	1	7	18.41	0.87	10 266	3.86	7
1451	3	1	3	14.28	0.66	7 880	8.76	7
1452	6	5	1	22.10	0.79	6 653	4.97	7
1453	1	1	3	16.36	0.71	9 830	2.83	5
1454	1	7	1	8.72	0.76	14 970	0.25	3
1455	7	5	1	5.87	0.00	12 526	1.20	3
1456	5	1	1	15.44	0.88	5 238	16.08	7
1457	3	7	1	8.72	0.76	14 152	0.25	3
1458	3	5	1	22.11	0.53	9 090	3.26	7
1459	8	5	1	9.82	0.67	10 833	0.85	1
1460	5	1	1	25.84	0.53	8 625	0.00	7
1461	1	5	1	10.22	0.84	14 139	2.64	3
1462	1	1	5	8.80	0.91	11 543	1.69	7
1463	3	1	1	24.74	0.79	5 673	3.48	7
1464	1	1	1	12.78	0.95	17 549	1.68	3
1465	2	5	1	9.82	0.67	10 477	0.85	3
1466	5	5	1	9.82	0.67	10 737	0.85	3
1467	1	1	3	12.78	0.95	16 969	1.68	3
1468	4	5	1	9.82	0.67	10 563	0.85	3
1469	1	1	5	18.41	0.87	9 064	3.86	7
1470	1	1	3	20.97	0.79	5 609	1.82	7
1471	1	1	9	11.16	1.04	3 405	2.28	9
1472	3	5	1	9.82	0.67	10 669	0.85	3
1473	8	5	1	9.39	0.73	20 021	1.44	1

（续表）

小区序号	F8	F9	F10	F11	F12	F13	F14	F15
1474	7	5	3	15.71	0.80	8 922	1.32	3
1475	1	1	1	33.97	0.53	8 137	0.00	7
1476	6	1	1	9.82	0.67	8 337	0.85	3
1477	6	1	1	17.76	0.77	3 776	13.19	7
1478	8	1	1	9.82	0.67	8 426	0.85	3
1479	3	1	3	15.53	0.57	10 124	1.50	3
1480	5	7	3	13.56	0.71	17 779	2.36	3
1481	8	1	3	13.71	1.28	7 678	3.15	5
1482	1	7	3	11.66	0.64	10 962	3.21	3
1483	6	5	3	14.08	0.61	10 323	0.39	3
1484	7	5	1	22.10	0.79	6 609	4.97	7
1485	1	5	1	10.22	0.84	14 087	2.64	3
1486	7	5	3	11.75	0.77	6 998	0.40	5
1487	1	1	5	15.41	1.04	2 336	6.83	7
1488	1	5	3	14.08	0.61	11 405	0.39	3
1489	1	1	7	11.16	1.04	3 062	2.28	7
1490	8	1	3	27.16	0.67	7 838	4.84	7
1491	1	5	3	12.78	0.95	17 648	1.68	3
1492	8	7	9	19.88	0.78	6 820	1.49	5
1493	4	1	1	9.82	0.67	9 935	0.85	3
1494	1	5	3	18.41	0.87	8 870	3.86	7
1495	4	5	1	7.08	0.96	12 919	2.66	3
1496	5	8	1	14.08	0.61	11 331	0.39	3
1497	7	5	3	11.75	0.77	7 090	0.40	5
1498	1	7	9	18.93	0.78	3 506	2.78	9
1499	8	1	7	15.42	0.82	12 486	4.14	7
1500	1	1	3	16.36	0.71	10 701	2.83	5
1501	7	5	3	11.50	0.80	10 387	3.16	3
1502	4	1	1	15.66	0.61	5 502	2.96	5
1503	3	1	1	22.11	0.53	9 257	3.26	7
1504	4	1	1	12.78	0.95	17 774	1.68	3
1505	7	5	1	9.82	0.67	8 345	0.85	3
1506	5	5	3	14.08	0.61	10 147	0.39	3
1507	1	1	3	28.79	0.65	6 605	2.71	9
1508	9	1	1	22.10	0.79	6 678	4.97	7
1509	5	1	5	15.41	1.04	2 399	6.83	7
1510	1	1	3	16.36	0.71	10 217	2.83	5
1511	4	7	3	14.08	0.61	10 815	0.39	3
1512	1	1	1	9.39	0.73	23 125	1.44	1
1513	1	1	1	12.83	0.80	10 422	1.59	3
1514	7	5	1	13.71	1.28	7 937	3.15	3

（续表）

小区序号	F8	F9	F10	F11	F12	F13	F14	F15
1515	3	5	5	11.75	0.77	7 529	0.40	3
1516	7	1	1	9.82	0.67	9 517	0.85	3
1517	3	5	1	9.82	0.67	10 370	0.85	3
1518	3	1	7	15.41	1.04	2 467	6.83	7
1519	9	1	3	12.78	0.95	17 799	1.68	1
1520	1	1	5	18.41	0.87	8 743	3.86	7
1521	1	5	5	16.58	0.89	10 457	2.51	7
1522	1	1	1	22.10	0.79	6 781	4.97	7
1523	1	1	5	18.41	0.87	9 031	3.86	7
1524	1	1	1	15.53	0.57	10 705	1.50	3
1525	4	1	1	4.50	0.57	9 104	0.37	3
1526	7	1	3	8.80	0.91	10 777	1.69	3
1527	8	1	3	12.78	0.95	17 408	1.68	3
1528	2	1	3	12.78	0.95	17 440	1.68	3
1529	3	5	1	9.82	0.67	10 668	0.85	3
1530	6	1	3	15.71	0.80	9 047	1.32	3
1531	8	5	1	11.83	0.82	12 819	0.11	3
1532	1	5	7	18.93	0.78	5 094	2.78	9
1533	7	1	1	17.76	0.77	3 804	13.19	7
1534	5	8	1	14.08	0.61	11 331	0.39	3
1535	1	1	7	16.58	0.89	11 133	2.51	7
1536	7	1	1	9.73	0.84	10 170	4.40	5
1537	1	1	3	16.36	0.71	10 596	2.83	5
1538	9	5	1	20.90	0.77	6 843	3.24	7
1539	1	1	1	11.83	0.82	13 772	0.11	3
1540	1	5	3	14.08	0.61	11 364	0.39	3
1541	7	1	1	11.83	0.82	12 448	0.11	3
1542	1	1	5	11.03	0.87	10 535	2.28	5
1543	2	1	1	14.28	0.66	7 707	8.76	7
1544	1	1	9	11.16	1.04	3 407	2.28	9
1545	6	5	7	13.79	0.75	6 391	1.15	3
1546	7	5	1	13.71	1.28	7 817	3.15	5
1547	8	1	1	9.82	0.67	10 377	0.85	3
1548	8	7	1	6.51	1.05	16 251	0.56	1
1549	6	1	1	22.78	0.85	4 662	5.36	7
1550	6	1	7	11.03	0.87	11 255	2.28	5
1551	1	1	7	16.58	0.89	10 329	2.51	7
1552	7	5	3	20.90	0.77	7 138	3.24	7
1553	9	1	1	12.78	0.95	18 146	1.68	1
1554	9	1	1	9.82	0.67	9 361	0.85	3
1555	5	5	1	19.82	0.77	3 941	5.85	7

（续表）

小区序号	F8	F9	F10	F11	F12	F13	F14	F15
1556	1	1	3	12.83	0.80	11 637	1.59	3
1557	5	5	3	18.79	0.67	8 729	0.35	7
1558	4	5	1	17.76	0.77	4 165	13.19	5
1559	8	1	1	9.82	0.67	9 173	0.85	3
1560	5	5	1	20.94	0.79	7 455	0.86	7
1561	3	7	3	14.08	0.61	10 573	0.39	3
1562	1	1	3	16.58	0.89	10 196	2.51	5
1563	1	5	3	16.36	0.71	10 633	2.83	5
1564	5	1	3	11.50	0.80	9 323	3.16	3
1565	9	1	1	4.50	0.57	11 016	0.37	1
1566	7	1	1	33.97	0.53	7 769	0.00	7
1567	1	5	1	12.83	0.80	11 876	1.59	3
1568	6	7	1	5.87	0.00	12 913	1.20	3
1569	7	1	3	12.78	0.95	17 565	1.68	3
1570	1	1	1	12.78	0.95	17 689	1.68	3
1571	4	1	1	22.78	0.85	4 733	5.36	7
1572	1	5	1	15.53	0.57	10 608	1.50	3
1573	8	5	1	13.71	1.28	8 191	3.15	3
1574	1	5	7	16.58	0.89	11 376	2.51	7
1575	3	1	3	33.97	0.53	7 737	0.00	9
1576	3	5	1	15.44	0.88	3 979	16.08	7
1577	1	5	1	4.50	0.57	8 904	0.37	3
1578	3	1	1	23.99	0.65	5 836	8.17	9
1579	1	1	3	12.78	0.95	16 759	1.68	3
1580	6	1	1	5.87	0.00	12 750	1.20	3
1581	5	1	1	9.82	0.67	9 543	0.85	3
1582	1	5	9	16.58	0.89	11 340	2.51	5
1583	1	1	3	15.15	0.73	7 945	4.00	7
1584	1	1	3	18.41	0.87	8 801	3.86	7
1585	1	5	3	14.08	0.61	11 456	0.39	3
1586	7	1	1	15.36	0.85	3 723	5.84	7
1587	1	5	3	20.97	0.79	4 908	1.82	7
1588	5	1	7	15.42	0.82	12 597	4.14	7
1589	1	1	3	16.36	0.71	10 177	2.83	5
1590	6	7	1	22.11	0.53	9 688	3.26	5
1591	7	1	1	9.82	0.67	8 939	0.85	3
1592	2	5	3	8.80	0.91	11 165	1.69	5
1593	4	1	1	22.78	0.85	4 051	5.36	7
1594	5	5	3	18.79	0.67	8 172	0.35	7
1595	4	5	3	15.71	0.80	8 870	1.32	5
1596	9	1	3	20.90	0.77	7 806	3.24	5

（续表）

小区序号	F8	F9	F10	F11	F12	F13	F14	F15
1597	4	1	1	15.66	0.61	5 522	2.96	5
1598	1	5	1	15.53	0.57	11 056	1.50	3
1599	6	7	3	13.56	0.71	18 017	2.36	3
1600	3	5	3	18.79	0.67	8 525	0.35	7
1601	1	5	3	30.54	0.65	7 283	1.89	9
1602	6	1	1	9.82	0.67	10 032	0.85	3
1603	1	5	3	14.08	0.61	11 168	0.39	3
1604	4	5	1	9.82	0.67	10 792	0.85	3
1605	4	7	3	14.08	0.61	10 454	0.39	3
1606	5	1	5	10.22	0.84	10 806	2.64	3
1607	2	1	3	16.36	0.71	10 622	2.83	5
1608	9	5	1	13.71	1.28	7 442	3.15	5
1609	2	1	3	7.09	0.55	21 287	1.70	3
1610	1	1	5	18.41	0.87	8 792	3.86	7
1611	1	1	3	9.44	1.02	22 421	1.19	1
1612	1	5	5	18.41	0.87	9 903	3.86	7
1613	1	5	1	15.53	0.57	10 867	1.50	3
1614	3	5	1	15.66	0.61	5 210	2.96	5
1615	3	7	3	14.08	0.61	10 488	0.39	3
1616	1	5	1	15.66	0.61	5 554	2.96	5
1617	1	5	5	16.58	0.89	10 569	2.51	7
1618	5	8	1	14.08	0.61	12 085	0.39	3
1619	1	8	1	15.66	0.61	5 769	2.96	7
1620	1	7	5	18.41	0.87	11 017	3.86	5
1621	6	1	3	20.90	0.77	7 718	3.24	7
1622	8	1	1	9.82	0.67	9 588	0.85	3
1623	2	1	7	15.42	0.82	12 608	4.14	7
1624	1	1	3	9.44	1.02	22 560	1.19	1
1625	6	1	1	9.82	0.67	8 626	0.85	3
1626	9	7	1	22.11	0.53	9 742	3.26	5
1627	1	1	1	9.44	1.02	22 014	1.19	1
1628	1	1	5	15.41	1.04	3 318	6.83	7
1629	1	5	1	12.78	0.95	17 074	1.68	3
1630	5	5	3	20.97	0.79	5 111	1.82	7
1631	1	1	9	18.93	0.78	4 379	2.78	9
1632	9	1	1	9.82	0.67	9 426	0.85	3
1633	1	1	9	11.16	1.04	3 366	2.28	9
1634	8	5	1	9.82	0.67	8 456	0.85	3
1635	5	8	3	13.50	0.68	10 965	0.34	5
1636	1	5	3	16.36	0.71	10 684	2.83	5
1637	1	5	3	12.78	0.95	17 379	1.68	3

（续表）

小区序号	F8	F9	F10	F11	F12	F13	F14	F15
1638	1	1	9	18.93	0.78	4 859	2.78	9
1639	1	1	3	16.36	0.71	10 132	2.83	5
1640	1	5	5	18.41	0.87	9 565	3.86	7
1641	2	1	1	19.59	0.77	4 281	2.92	7
1642	8	1	1	9.82	0.67	9 436	0.85	3
1643	7	7	1	11.00	0.77	9 622	2.99	3
1644	8	1	1	33.69	0.79	7 784	1.39	7
1645	1	5	1	9.44	1.02	21 730	1.19	1
1646	1	1	3	15.53	0.57	10 216	1.50	3
1647	6	1	1	9.82	0.67	8 680	0.85	3
1648	3	5	9	11.75	0.77	6 671	0.40	5
1649	1	1	1	12.78	0.95	17 449	1.68	3
1650	2	7	1	22.10	0.79	7 304	4.97	5
1651	6	1	1	11.83	0.82	12 725	0.11	3
1652	6	1	1	4.50	0.57	9 155	0.37	3
1653	8	1	1	9.82	0.67	9 461	0.85	3
1654	1	5	1	12.78	0.95	17 036	1.68	3
1655	9	1	3	7.00	0.90	22 623	0.71	1
1656	8	1	3	20.90	0.77	7 850	3.24	5
1657	1	5	5	20.90	0.77	9 350	3.24	7
1658	1	5	5	20.90	0.77	9 497	3.24	7
1659	6	7	3	20.90	0.77	7 707	3.24	7
1660	9	1	1	9.82	0.67	9 500	0.85	3
1661	6	1	3	6.51	1.05	18 277	0.56	1
1662	1	1	9	15.36	0.85	4 638	5.84	9
1663	2	5	1	15.66	0.61	5 195	2.96	5
1664	1	1	5	16.58	0.89	10 877	2.51	7
1665	7	1	1	9.82	0.67	9 557	0.85	3
1666	1	1	3	18.41	0.87	8 684	3.86	7
1667	2	5	3	18.41	0.87	8 590	3.86	7
1668	1	7	7	15.41	1.04	2 523	6.83	7
1669	1	5	5	18.41	0.87	9 771	3.86	7
1670	7	1	3	11.50	0.80	9 901	3.16	3
1671	1	1	5	15.41	1.04	3 281	6.83	7
1672	2	5	3	7.09	0.55	20 548	1.70	3
1673	2	7	3	14.08	0.61	10 963	0.39	3
1674	7	1	1	9.82	0.67	9 594	0.85	3
1675	7	7	3	13.56	0.71	17 941	2.36	3
1676	1	5	7	16.58	0.89	10 397	2.51	7
1677	6	1	1	23.11	0.79	5 748	5.71	9
1678	1	5	3	16.58	0.89	10 314	2.51	7

（续表）

小区序号	F8	F9	F10	F11	F12	F13	F14	F15
1679	2	1	5	12.78	0.95	16 066	1.68	3
1680	1	1	5	18.41	0.87	9 748	3.86	7
1681	1	1	1	7.08	0.96	13 282	2.66	1
1682	6	5	3	11.50	0.80	10 339	3.16	3
1683	8	5	1	13.71	1.28	7 605	3.15	5
1684	6	1	1	9.82	0.67	8 711	0.85	3
1685	8	5	5	11.03	0.87	12 275	2.28	3
1686	7	1	1	9.82	0.67	9 636	0.85	3
1687	5	5	3	13.50	0.68	10 070	0.34	5
1688	3	7	1	13.71	1.28	6 833	3.15	5
1689	6	5	3	16.36	0.71	10 994	2.83	5
1690	2	5	1	17.76	0.77	4 195	13.19	7
1691	1	5	1	4.50	0.57	8 843	0.37	5
1692	6	7	3	13.56	0.71	18 217	2.36	5
1693	5	5	5	18.79	0.67	9 371	0.35	7
1694	1	1	5	18.41	0.87	8 766	3.86	7
1695	1	1	3	7.09	0.55	20 606	1.70	3
1696	1	1	3	16.36	0.71	10 427	2.83	5
1697	1	5	3	18.41	0.87	8 706	3.86	7
1698	1	1	5	18.41	0.87	9 201	3.86	7
1699	1	1	5	18.41	0.87	9 708	3.86	7
1700	9	1	1	33.69	0.79	7 481	1.39	7
1701	1	5	3	16.36	0.71	10 198	2.83	5
1702	5	1	7	11.03	0.87	11 114	2.28	5
1703	4	5	1	4.50	0.57	8 334	0.37	5
1704	1	1	1	9.44	1.02	22 189	1.19	1
1705	3	8	1	14.08	0.61	11 411	0.39	3
1706	1	1	3	16.36	0.71	10 611	2.83	5
1707	3	1	3	20.97	0.79	5 371	1.82	7
1708	1	5	5	16.58	0.89	10 164	2.51	7
1709	6	7	1	8.56	0.77	13 901	0.80	3
1710	1	1	3	9.39	0.73	22 900	1.44	3
1711	1	7	1	10.68	0.61	7 691	1.13	5
1712	9	1	1	9.82	0.67	9 315	0.85	3
1713	7	1	3	16.56	0.84	11 022	3.38	7
1714	2	5	3	24.28	0.68	19 778	2.83	3
1715	6	7	3	13.50	0.68	12 005	0.34	3
1716	5	1	1	13.71	1.28	7 931	3.15	5
1717	3	1	1	4.50	0.57	8 836	0.37	3
1718	3	7	3	14.08	0.61	11 182	0.39	3
1719	1	1	3	16.36	0.71	10 596	2.83	5

（续表）

小区序号	F8	F9	F10	F11	F12	F13	F14	F15
1720	7	5	1	9.82	0.67	8 211	0.85	3
1721	5	1	9	16.58	0.89	11 877	2.51	7
1722	4	1	3	8.80	0.91	11 970	1.69	3
1723	1	1	5	18.41	0.87	9 125	3.86	7
1724	1	1	1	12.83	0.80	10 677	1.59	3
1725	3	5	3	8.80	0.91	11 136	1.69	5
1726	4	7	3	24.28	0.68	18 378	2.83	5
1727	1	5	5	16.58	0.89	10 381	2.51	7
1728	4	1	7	11.03	0.87	11 151	2.28	5
1729	1	8	1	4.50	0.57	8 514	0.37	5
1730	3	1	7	11.03	0.87	11 006	2.28	5
1731	5	7	3	13.56	0.71	18 853	2.36	3
1732	3	8	1	14.78	0.66	9 305	5.74	7
1733	3	1	3	9.39	0.73	22 774	1.44	3
1734	2	5	5	16.36	0.71	10 805	2.83	5
1735	1	1	3	16.58	0.89	10 274	2.51	5
1736	1	1	3	9.39	0.73	22 831	1.44	3
1737	7	1	1	9.82	0.67	8 879	0.85	3
1738	1	5	5	18.41	0.87	10 025	3.86	7
1739	1	5	5	18.41	0.87	9 992	3.86	7
1740	6	1	3	11.03	0.87	10 055	2.28	5
1741	1	5	5	9.39	0.73	23 036	1.44	3
1742	1	5	5	16.58	0.89	11 098	2.51	7
1743	1	1	3	16.36	0.71	10 523	2.83	5
1744	1	1	5	16.58	0.89	11 082	2.51	7
1745	1	5	1	14.08	0.61	11 679	0.39	3
1746	9	5	3	13.50	0.68	11 798	0.34	5
1747	7	1	7	11.03	0.87	11 267	2.28	5
1748	3	7	5	13.50	0.68	10 536	0.34	5
1749	3	1	3	16.36	0.71	10 811	2.83	5
1750	4	1	1	8.56	0.77	14 130	0.80	3
1751	4	1	3	11.03	0.87	10 331	2.28	5
1752	2	1	3	8.80	0.91	12 102	1.69	3
1753	1	1	7	8.56	0.77	13 065	0.80	5
1754	7	5	3	16.36	0.71	11 077	2.83	5
1755	1	5	3	14.08	0.61	11 591	0.39	3
1756	4	1	1	11.83	0.82	12 794	0.11	3
1757	9	1	3	11.03	0.87	10 569	2.28	5
1758	2	1	3	9.39	0.73	22 667	1.44	3
1759	7	1	3	11.03	0.87	9 964	2.28	5
1760	9	5	3	20.90	0.77	6 926	3.24	7

（续表）

小区序号	F8	F9	F10	F11	F12	F13	F14	F15
1761	8	5	3	13.50	0.68	11 172	0.34	5
1762	1	5	3	18.79	0.67	8 389	0.35	7
1763	1	7	5	18.41	0.87	9 786	3.86	7
1764	2	1	5	11.03	0.87	10 817	2.28	5
1765	6	1	5	12.78	0.95	16 525	1.68	3
1766	1	1	5	18.41	0.87	9 838	3.86	7
1767	5	1	3	11.03	0.87	10 136	2.28	5
1768	1	1	3	9.39	0.73	22 943	1.44	3
1769	9	5	1	9.98	0.69	8 458	0.85	1
1770	3	1	5	11.03	0.87	10 426	2.28	5
1771	1	1	5	18.41	0.87	9 777	3.86	7
1772	1	5	7	18.41	0.87	9 945	3.86	7
1773	1	5	3	9.44	1.02	21 566	1.19	1
1774	8	5	3	6.51	1.05	17 660	0.56	1
1775	4	8	3	13.50	0.68	11 053	0.34	5
1776	1	1	3	9.39	0.73	22 796	1.44	3
1777	4	5	3	7.09	0.55	21 138	1.70	3
1778	4	5	3	13.56	0.71	17 880	2.36	3
1779	1	5	7	16.58	0.89	11 122	2.51	7
1780	5	5	3	20.90	0.77	7 408	3.24	7
1781	1	5	5	16.58	0.89	10 261	2.51	7
1782	5	7	5	13.50	0.68	10 422	0.34	5
1783	6	7	5	13.50	0.68	10 620	0.34	5
1784	2	1	3	9.12	0.81	22 409	3.52	3
1785	6	8	9	10.22	0.84	14 020	2.64	3
1786	9	1	3	13.50	0.68	11 367	0.34	3
1787	4	1	3	8.68	0.93	18 616	0.40	1
1788	2	5	7	8.56	0.77	13 042	0.80	5
1789	7	5	1	9.82	0.67	8 734	0.85	3
1790	1	1	3	9.39	0.73	22 668	1.44	3
1791	1	5	5	18.41	0.87	9 513	3.86	7
1792	1	7	7	18.41	0.87	10 097	3.86	7
1793	3	7	3	18.79	0.67	8 327	0.35	7
1794	4	5	3	13.50	0.68	11 268	0.34	5
1795	4	1	3	11.03	0.87	10 357	2.28	5
1796	5	1	7	11.03	0.87	11 147	2.28	5
1797	1	7	3	3.91	0.88	17 751	0.50	3
1798	1	5	7	18.41	0.87	9 983	3.86	7
1799	5	1	3	11.03	0.87	10 385	2.28	5
1800	2	7	3	8.56	0.77	12 570	0.80	3
1801	1	1	3	9.39	0.73	22 704	1.44	3
1802	8	1	5	12.78	0.95	15 748	1.68	3

附表 3

珠江三角洲 400 个镇街的住房成交价格（2018—2019 年）

房价位序	镇街名称	区县名称	城市名称	住房价格/（元/㎡）	房价等级
1	粤海	南山区	深圳市	94 768	高
2	香蜜湖	福田区	深圳市	91 829	高
3	华强北	福田区	深圳市	91 157	高
4	蛇口	南山区	深圳市	87 538	高
5	招商	南山区	深圳市	82 943	高
6	沙河	南山区	深圳市	81 553	高
7	猎德	天河区	广州市	79 166	高
8	冼村	天河区	广州市	79 150	高
9	南山	南山区	深圳市	77 624	高
10	莲花	福田区	深圳市	76 997	高
11	南头	南山区	深圳市	73 777	中高
12	福保	福田区	深圳市	71 338	中高
13	华乐	越秀区	广州市	70 585	中高
14	西丽	南山区	深圳市	68 987	中高
15	园岭	福田区	深圳市	68 663	中高
16	新安	宝安区	深圳市	68 277	中高
17	桃源	南山区	深圳市	66 961	中高
18	建设	越秀区	广州市	66 929	中高
19	天河南	天河区	广州市	66 328	中高
20	沙头	福田区	深圳市	66 166	中高
21	梅林	福田区	深圳市	65 266	中高
22	翠竹	罗湖区	深圳市	65 070	中高
23	东门	罗湖区	深圳市	64 455	中高
24	福田	福田区	深圳市	64 164	中高
25	华富	福田区	深圳市	60 937	中高
26	东湖	罗湖区	深圳市	60 606	中高
27	大浪	龙华区	深圳市	60 408	中高
28	民治	龙华区	深圳市	59 884	中高
29	西乡	宝安区	深圳市	59 394	中高
30	南园	福田区	深圳市	58 435	中高
31	黄花岗	越秀区	广州市	58 308	中高
32	黄贝	罗湖区	深圳市	58 034	中高
33	五山	天河区	广州市	57 848	中高
34	大塘	越秀区	广州市	57 627	中高
35	林和	天河区	广州市	56 484	中高
36	农林	越秀区	广州市	56 246	中高
37	石牌	天河区	广州市	56 193	中高

（续表）

房价位序	镇街名称	区县名称	城市名称	住房价格/（元/㎡）	房价等级
38	梅花村	越秀区	广州市	55 904	中高
39	桂园	罗湖区	深圳市	55 767	中高
40	大东	越秀区	广州市	55 147	中高
41	东晓	罗湖区	深圳市	55 073	中高
42	航城	宝安区	深圳市	54 864	中高
43	笋岗	罗湖区	深圳市	53 582	中高
44	坂田	龙岗区	深圳市	53 480	中高
45	莲塘	罗湖区	深圳市	53 100	中高
46	福海	宝安区	深圳市	52 475	中高
47	琶洲	海珠区	广州市	52 275	中高
48	沙河	天河区	广州市	51 932	中高
49	南湖	罗湖区	深圳市	50 122	中高
50	龙津	荔湾区	广州市	50 068	中高
51	北京	越秀区	广州市	49 097	中等
52	鱼珠	黄埔区	广州市	48 724	中等
53	白云	越秀区	广州市	48 399	中等
54	沙园	海珠区	广州市	48 380	中等
55	棠下	天河区	广州市	47 727	中等
56	沙井	宝安区	深圳市	47 438	中等
57	赤岗	海珠区	广州市	47 381	中等
58	海山	盐田区	深圳市	47 341	中等
59	沙头角	盐田区	深圳市	46 691	中等
60	天园	天河区	广州市	46 667	中等
61	福永	宝安区	深圳市	46 419	中等
62	车陂	天河区	广州市	46 354	中等
63	金花	荔湾区	广州市	46 261	中等
64	石岩	宝安区	深圳市	46 108	中等
65	龙凤	海珠区	广州市	46 079	中等
66	龙华	龙华区	深圳市	46 024	中等
67	沙面	荔湾区	广州市	45 944	中等
68	滨江	海珠区	广州市	45 341	中等
69	马田	宝安区	深圳市	45 013	中等
70	光塔	越秀区	广州市	44 998	中等
71	六榕	越秀区	广州市	44 717	中等
72	清水河	罗湖区	深圳市	44 519	中等
73	昌岗	海珠区	广州市	44 502	中等
74	新桥	宝安区	深圳市	43 741	中等
75	南湾	龙岗区	深圳市	43 384	中等
76	凤凰	宝安区	深圳市	43 258	中等
77	同和	白云区	广州市	43 075	中等

(续表)

房价位序	镇街名称	区县名称	城市名称	住房价格/（元/㎡）	房价等级
78	站前	荔湾区	广州市	43 018	中等
79	新港	海珠区	广州市	42 931	中等
80	观湖	龙华区	深圳市	42 697	中等
81	南源	荔湾区	广州市	42 608	中等
82	布吉	龙岗区	深圳市	42 581	中等
83	海幢	海珠区	广州市	42 520	中等
84	流花	越秀区	广州市	42 308	中等
85	东沙	荔湾区	广州市	42 157	中等
86	昌华	荔湾区	广州市	41 866	中等
87	江南中	海珠区	广州市	41 852	中等
88	黄村	天河区	广州市	41 851	中等
89	吉华	龙岗区	深圳市	41 829	中等
90	江海	海珠区	广州市	41 558	中等
91	园山	龙岗区	深圳市	41 314	中等
92	登峰	越秀区	广州市	41 133	中等
93	素社	海珠区	广州市	40 989	中等
94	京溪	白云区	广州市	40 963	中等
95	盐田	盐田区	深圳市	40 939	中等
96	松岗	宝安区	深圳市	40 893	中等
97	公明	宝安区	深圳市	40 860	中等
98	光明	宝安区	深圳市	40 771	中等
99	凤阳	海珠区	广州市	40 551	中等
100	永平	白云区	广州市	40 309	中等
101	龙城	龙岗区	深圳市	40 143	中等
102	官洲	海珠区	广州市	40 000	中等
103	华洲	海珠区	广州市	39 884	中等
104	福城	龙华区	深圳市	39 883	中等
105	新塘	天河区	广州市	39 843	中等
106	员村	天河区	广州市	39 576	中等
107	横岗	龙岗区	深圳市	39 482	中等
108	南洲	海珠区	广州市	39 395	中等
109	小谷围	番禺区	广州市	38 750	中等
110	平湖	龙岗区	深圳市	38 705	中等
111	长兴	天河区	广州市	38 629	中等
112	瑞宝	海珠区	广州市	38 590	中等
113	兴华	天河区	广州市	38 354	中等
114	横琴	香洲区	珠海市	38 209	中等
115	元岗	天河区	广州市	38 100	中等
116	黄埔	黄埔区	广州市	37 822	中等
117	文冲	黄埔区	广州市	37 580	中等

（续表）

房价位序	镇街名称	区县名称	城市名称	住房价格/（元/㎡）	房价等级
118	嘉禾	白云区	广州市	37 545	中等
119	坪山	坪山区	深圳市	36 701	中等
120	珠吉	天河区	广州市	36 663	中等
121	西村	荔湾区	广州市	36 569	中等
122	多宝	荔湾区	广州市	35 694	中等
123	联和	黄埔区	广州市	35 516	中等
124	矿泉	越秀区	广州市	35 365	中等
125	马峦	坪山区	深圳市	35 365	中等
126	大沙	黄埔区	广州市	34 794	中等
127	梅沙	盐田区	深圳市	34 754	中等
128	宝龙	龙岗区	深圳市	34 579	中等
129	南村	番禺区	广州市	34 223	中等
130	三元里	白云区	广州市	33 825	中等
131	东漖	荔湾区	广州市	33 669	中等
132	红山	黄埔区	广州市	33 565	中等
133	景泰	白云区	广州市	33 561	中等
134	龙岗	龙岗区	深圳市	33 447	中等
135	萝岗	黄埔区	广州市	33 197	中等
136	南华西	海珠区	广州市	32 362	中等
137	观澜	龙华区	深圳市	32 315	中等
138	新市	白云区	广州市	32 243	中等
139	桥中	荔湾区	广州市	32 193	中等
140	松洲	白云区	广州市	32 048	中等
141	东环	番禺区	广州市	31 900	中等
142	冲口	荔湾区	广州市	31 797	中等
143	凤凰	天河区	广州市	31 604	中等
144	石基	番禺区	广州市	31 200	中等
145	大石	番禺区	广州市	31 189	中等
146	同德	白云区	广州市	30 559	中等
147	黄石	白云区	广州市	30 391	中等
148	翠香	香洲区	珠海市	30 241	中等
149	东山	越秀区	广州市	30 171	中等
150	茶滘	荔湾区	广州市	30 101	中等
151	大龙	番禺区	广州市	29 971	中等
152	葵涌	龙岗区	深圳市	29 788	中等
153	龙洞	天河区	广州市	29 724	中等
154	钟村	番禺区	广州市	29 643	中等
155	拱北	香洲区	珠海市	29 339	中等
156	太和	白云区	广州市	29 246	中等
157	沙头	番禺区	广州市	29 124	中等

（续表）

房价位序	镇街名称	区县名称	城市名称	住房价格/（元/㎡）	房价等级
158	金沙	白云区	广州市	28 921	中等
159	洪桥	越秀区	广州市	28 751	中等
160	均禾	白云区	广州市	28 062	中等
161	桥南	番禺区	广州市	27 374	中等
162	龙田	坪山区	深圳市	27 328	中等
163	人民	越秀区	广州市	27 048	中等
164	南岗	黄埔区	广州市	26 876	中等
165	香湾	香洲区	珠海市	26 777	中等
166	洛浦	番禺区	广州市	26 659	中等
167	吉大	香洲区	珠海市	26 524	中等
168	大鹏	龙岗区	深圳市	26 198	中等
169	松山湖管委会	东莞市	东莞市	26 164	中等
170	燕罗	宝安区	深圳市	26 018	中等
171	石楼	番禺区	广州市	25 949	中等
172	湾仔	香洲区	珠海市	25 598	中等
173	狮山	香洲区	珠海市	25 335	中等
174	棠景	白云区	广州市	25 246	中等
175	市桥	番禺区	广州市	25 025	中等
176	花地	荔湾区	广州市	24 975	中低
177	坑梓	坪山区	深圳市	24 940	中低
178	唐家湾	香洲区	珠海市	24 415	中低
179	长安	东莞市	东莞市	23 608	中低
180	夏港	黄埔区	广州市	23 106	中低
181	梅华	香洲区	珠海市	23 086	中低
182	南沙	南沙区	广州市	22 472	中低
183	石井	白云区	广州市	22 364	中低
184	石壁	番禺区	广州市	22 170	中低
185	永宁	增城区	广州市	22 109	中低
186	大朗	东莞市	东莞市	21 965	中低
187	石围塘	荔湾区	广州市	21 882	中低
188	海龙	荔湾区	广州市	21 824	中低
189	麻涌	东莞市	东莞市	21 774	中低
190	碧岭	坪山区	深圳市	21 687	中低
191	人和	白云区	广州市	21 626	中低
192	凤岗	东莞市	东莞市	21 597	中低
193	九龙	黄埔区	广州市	21 584	中低
194	永和	黄埔区	广州市	21 457	中低
195	中南	荔湾区	广州市	21 027	中低
196	新塘	增城区	广州市	20 965	中低
197	东区	黄埔区	广州市	20 949	中低

（续表）

房价位序	镇街名称	区县名称	城市名称	住房价格/（元/㎡）	房价等级
198	东区	中山市	中山市	20 949	中低
199	仙村	增城区	广州市	20 646	中低
200	南城	东莞市	东莞市	20 610	中低
201	坪地	龙岗区	深圳市	20 563	中低
202	桂城	南海区	佛山市	20 550	中低
203	温泉	从化区	广州市	20 000	中低
204	黄阁	南沙区	广州市	19 488	中低
205	南屏	香洲区	珠海市	19 457	中低
206	大沥	南海区	佛山市	19 394	中低
207	塘厦	东莞市	东莞市	19 266	中低
208	东城	东莞市	东莞市	19 235	中低
209	陈村	顺德区	佛山市	19 097	中低
210	前山	香洲区	珠海市	18 748	中低
211	新造	番禺区	广州市	18 436	中低
212	虎门	东莞市	东莞市	18 205	中低
213	沙湾	番禺区	广州市	18 194	中低
214	万江	东莞市	东莞市	18 110	中低
215	寮步	东莞市	东莞市	18 079	中低
216	东坑	东莞市	东莞市	18 063	中低
217	三灶	金湾区	珠海市	18 011	中低
218	北滘	顺德区	佛山市	17 986	中低
219	朱村	增城区	广州市	17 736	中低
220	化龙	番禺区	广州市	17 694	中低
221	东涌	南沙区	广州市	17 671	中低
222	新华	花都区	广州市	17 501	中低
223	江高	白云区	广州市	17 422	中低
224	中新	增城区	广州市	17 178	中低
225	荔城	增城区	广州市	16 925	中低
226	石湾	禅城区	佛山市	16 736	中低
227	大岭山	东莞市	东莞市	16 733	中低
228	里水	南海区	佛山市	16 701	中低
229	祖庙	禅城区	佛山市	16 646	中低
230	珠江	南沙区	广州市	16 200	中低
231	黄江	东莞市	东莞市	16 030	中低
232	厚街	东莞市	东莞市	15 916	中低
233	沙田	东莞市	东莞市	15 611	中低
234	沙田	惠阳区	惠州市	15 611	中低
235	张槎	禅城区	佛山市	15 571	中低
236	榄核	南沙区	广州市	15 491	中低
237	狮岭	花都区	广州市	15 455	中低

（续表）

房价位序	镇街名称	区县名称	城市名称	住房价格/（元/㎡）	房价等级
238	伦教	顺德区	佛山市	15 228	中低
239	增江	增城区	广州市	15 125	中低
240	江埔	从化区	广州市	15 028	中低
241	石碣	东莞市	东莞市	14 939	中低
242	新圩	惠阳区	惠州市	14 682	中低
243	道滘	东莞市	东莞市	14 670	中低
244	中堂	东莞市	东莞市	14 585	中低
245	白藤	斗门区	珠海市	14 519	中低
246	狮山	南海区	佛山市	14 455	中低
247	高埗	东莞市	东莞市	14 397	中低
248	樟木头	东莞市	东莞市	14 265	中低
249	花山	花都区	广州市	14 262	中低
250	桥东	惠城区	惠州市	14 150	中低
251	莞城	东莞市	东莞市	14 082	中低
252	望牛墩	东莞市	东莞市	14 032	中低
253	花东	花都区	广州市	13 866	中低
254	红旗	金湾区	珠海市	13 792	中低
255	大良	顺德区	佛山市	13 786	中低
256	洪梅	东莞市	东莞市	13 753	中低
257	常平	东莞市	东莞市	13 730	中低
258	石滩	增城区	广州市	13 627	中低
259	三栋	惠城区	惠州市	13 427	中低
260	棠下	蓬江区	江门市	13 402	中低
261	园洲	博罗县	惠州市	13 345	中低
262	街口	从化区	广州市	13 142	中低
263	乐从	顺德区	佛山市	13 117	中低
264	清溪	东莞市	东莞市	12 911	中低
265	汝湖	惠城区	惠州市	12 848	中低
266	平沙	金湾区	珠海市	12 813	中低
267	南区	中山市	中山市	12 782	中低
268	坦洲	中山市	中山市	12 771	中低
269	港口海龟湾自然保护区	惠东县	惠州市	12 759	中低
270	太平	从化区	广州市	12 619	中低
271	马安	惠城区	惠州市	12 616	中低
272	火炬开发区	中山市	中山市	12 409	中低
273	南庄	禅城区	佛山市	12 400	中低
274	古镇	中山市	中山市	12 269	中低
275	石岐区	中山市	中山市	12 254	中低
276	桥头	东莞市	东莞市	12 250	中低

（续表）

房价位序	镇街名称	区县名称	城市名称	住房价格/（元/㎡）	房价等级
277	容桂	顺德区	佛山市	12 158	中低
278	石排	东莞市	东莞市	12 127	中低
279	茶山	东莞市	东莞市	12 086	中低
280	白蕉	斗门区	珠海市	12 086	中低
281	万顷沙	南沙区	广州市	12 031	中低
282	五桂山	中山市	中山市	11 972	中低
283	滘北	江海区	江门市	11 882	中低
284	石湾	博罗县	惠州市	11 881	中低
285	企石	东莞市	东莞市	11 870	中低
286	城郊	从化区	广州市	11 757	中低
287	河南岸	惠城区	惠州市	11 739	中低
288	西区	中山市	中山市	11 681	中低
289	龙江	顺德区	佛山市	11 632	中低
290	南朗	中山市	中山市	11 625	中低
291	大岗	南沙区	广州市	11 594	中低
292	勒流	顺德区	佛山市	11 512	中低
293	巽寮滨海旅游度假区	惠东县	惠州市	11 367	中低
294	丹灶	南海区	佛山市	11 340	中低
295	井岸	斗门区	珠海市	11 283	中低
296	谢岗	东莞市	东莞市	11 195	中低
297	港口	中山市	中山市	11 147	中低
298	杏坛	顺德区	佛山市	11 057	中低
299	大亚湾西区	惠阳区	惠州市	11 004	中低
300	堤东	蓬江区	江门市	10 978	中低
301	桥西	惠城区	惠州市	10 945	中低
302	龙丰	惠城区	惠州市	10 868	中低
303	平海	惠东县	惠州市	10 860	中低
304	横沥	东莞市	东莞市	10 828	中低
305	西樵	南海区	佛山市	10 713	中低
306	江北	惠城区	惠州市	10 706	中低
307	石龙	东莞市	东莞市	10 658	中低
308	环市	蓬江区	江门市	10 507	中低
309	仓后	蓬江区	江门市	10 362	中低
310	梯面	花都区	广州市	10 205	中低
311	沙溪	中山市	中山市	10 090	中低
312	水口	惠城区	惠州市	10 086	中低
313	荷塘	蓬江区	江门市	10 024	中低
314	西南	三水区	佛山市	10 001	中低
315	大亚湾霞涌	惠阳区	惠州市	10 000	中低

（续表）

房价位序	镇街名称	区县名称	城市名称	住房价格/（元/㎡）	房价等级
316	淡水	惠阳区	惠州市	9 956	低
317	三乡	中山市	中山市	9 887	低
318	白沙	蓬江区	江门市	9 868	低
319	北街	蓬江区	江门市	9 831	低
320	云东海	三水区	佛山市	9 830	低
321	潮连	蓬江区	江门市	9 824	低
322	九江	南海区	佛山市	9 756	低
323	圭峰管理委员会	新会区	江门市	9 729	低
324	外海	江海区	江门市	9 670	低
325	黄圃	中山市	中山市	9 629	低
326	黄埠	惠东县	惠州市	9 438	低
327	会城	新会区	江门市	9 437	低
328	东升	中山市	中山市	9 297	低
329	小榄	中山市	中山市	9 285	低
330	大亚湾澳头	惠阳区	惠州市	9 196	低
331	东凤	中山市	中山市	9 167	低
332	均安	顺德区	佛山市	9 082	低
333	江南	惠城区	惠州市	9 000	低
334	江南	江海区	江门市	9 000	低
335	大涌	中山市	中山市	8 977	低
336	斗门	斗门区	珠海市	8 976	低
337	新会经济开发区	新会区	江门市	8 906	低
338	杜阮	蓬江区	江门市	8 849	低
339	板芙	中山市	中山市	8 796	低
340	鳌头	从化区	广州市	8 765	低
341	秋长	惠阳区	惠州市	8 763	低
342	莲塘	高要区	肇庆市	8 742	低
343	小金口	惠城区	惠州市	8 729	低
344	隆	惠阳区	惠州市	8 682	低
345	横栏	中山市	中山市	8 644	低
346	礼乐	江海区	江门市	8 599	低
347	炭步	花都区	广州市	8 353	低
348	三角	中山市	中山市	8 254	低
349	南头	中山市	中山市	8 251	低
350	民众	中山市	中山市	8 201	低
351	稔山	惠东县	惠州市	7 809	低
352	惠环	惠城区	惠州市	7 659	低
353	阜沙	中山市	中山市	7 618	低

（续表）

房价位序	镇街名称	区县名称	城市名称	住房价格/（元/㎡）	房价等级
354	荷城	高明区	佛山市	7 590	低
355	南水	金湾区	珠海市	7 550	低
356	白坭	三水区	佛山市	7 471	低
357	陈江	惠城区	惠州市	7 446	低
358	杨和	高明区	佛山市	7 377	低
359	乐平	三水区	佛山市	7 301	低
360	沙坪	鹤山市	江门市	7 229	低
361	芦苞	三水区	佛山市	7 194	低
362	惠阳经济开发区	惠阳区	惠州市	7 162	低
363	城东	端州区	肇庆市	7 133	低
364	赤坭	花都区	广州市	6 902	低
365	神湾	中山市	中山市	6 864	低
366	平山	惠东县	惠州市	6 859	低
367	明城	高明区	佛山市	6 822	低
368	黄岗	端州区	肇庆市	6 698	低
369	城西	端州区	肇庆市	6 579	低
370	三合	台山市	江门市	6 544	低
371	广利	鼎湖区	肇庆市	6 490	低
372	罗阳	博罗县	惠州市	6 483	低
373	滘头	江海区	江门市	6 450	低
374	桃源	鹤山市	江门市	6 429	低
375	乾务	斗门区	珠海市	6 322	低
376	龙溪	博罗县	惠州市	6 262	低
377	共和	鹤山市	江门市	6 129	低
378	三埠	开平市	江门市	6 081	低
379	水口	开平市	江门市	6 031	低
380	台城	台山市	江门市	5 919	低
381	东成	恩平市	江门市	5 899	低
382	福田	博罗县	惠州市	5 863	低
383	东城	四会市	肇庆市	5 862	低
384	大塘	三水区	佛山市	5 806	低
385	睦岗	端州区	肇庆市	5 656	低
386	长宁	博罗县	惠州市	5 572	低
387	桂城	鼎湖区	肇庆市	5 472	低
388	禄步	高要区	肇庆市	5 416	低
389	长沙	开平市	江门市	5 261	低
390	恩城	恩平市	江门市	5 029	低
391	公庄	博罗县	惠州市	5 004	低
392	坑口	鼎湖区	肇庆市	4 850	低

（续表）

房价位序	镇街名称	区县名称	城市名称	住房价格/（元/㎡）	房价等级
393	湖镇	博罗县	惠州市	4 770	低
394	南岸	高要区	肇庆市	4 635	低
395	贞山	四会市	肇庆市	4 598	低
396	金渡	高要区	肇庆市	4 530	低
397	肇庆高新技术产业开发区	四会市	肇庆市	4 502	低
398	鹤城	鹤山市	江门市	4 362	低
399	大沙	四会市	肇庆市	4 226	低
400	城中	四会市	肇庆市	3 471	低